U0016457

混亂世局中，我們必須重新學習的一堂課

成功的反思

THE TYRANNY OF MERIT

What's Becomes of the Common Good?

邁可・桑德爾 Michael J. Sandel 著

賴盈滿 譯

推薦序
重新想像美麗新世界

張鐵志

在未來，世界將被一群聰明有才幹的人統治。統治階級將由一個新公式決定：IQ＋努力＝才幹（merit），財富和權力是靠自己努力得來，而非世襲；民主是由受過高等教育的菁英所統治，而非依賴出身或財富。

這是一個美麗新世界。

等等，這看似不就是我們現在的社會嗎？

然而，這個「未來」是英國社會學家麥可．楊恩在一九五八年發表的反烏托邦小說，他所描述的那個未來是二〇三三年。這部作品名爲《菁英制度的興起》（*The Rise of Meritocracy*，或譯爲《才德制的崛起》）。這是「meritocracy」（才德制）這個字首次出現❶。麥可．楊恩準確地看到了時代的變化，而那個未來確實在那之後成爲現實，「才德制」主導了這個世界。只是，他對這個未來是擔心的。

當代人們認爲，相對於封建、種姓或種族制度，才德制是最公平的，畢竟學歷高、能力好、夠努力的人得到更多的報酬（名聲、金錢、資源），再自然不過。

到了二〇一六年，川普當選，英國脫歐，全球各地都出現民粹主義的反撲。有人認爲這種反撲的根源是全球化之下的階級矛盾，有人認爲是城市和鄉村人們的差距，但以《正義》一書讓公眾熟知的哈佛大學政治哲學教授邁可・桑德爾認爲，這些反彈不只是經濟因素，還有社會與道德因素，尤其是社會尊嚴。可以說，這是一種對「才德制」的反撲，因此有了本書強烈的英文書名《The Tyranny of Merit》（直譯爲「才德的暴政」）。❷

在此前著作《錢買不到的東西：金錢與正義的攻防》中，桑德爾分析與批判一九八〇年代之後出現對自由市場的高度信仰，認爲「市場掏空了公共生活中的道德辯論」。在本書中他進一步討論，當我們把市場認爲是實現共善的主要工具，會讓政治成爲一種專家和技術官僚的管理範疇❸，公民會被剝離於對共同價值的討論，這個狀況正好扣合上「才德制」的信仰：有才能的菁英應該是國家的統治者。

才德制到底有什麼問題？

桑德爾認爲，現實中的才德制其實是虛假的幻想。在當代，教育是社會流動最重要的機制，但在美國的統計數據顯示，名校學生大部分都來自富有家庭，因爲富有家庭可以給小孩更好的學習環境，再加上各種人脈關係，所以能否進入菁英學校是有階級偏差的，而不是所有人都擁有眞正公平的機會。現實世界的機會遠遠不是公平的。

而就算眞的是一個完美的才德制，亦即每個人往上爬的機會是平等的，但只是鼓勵人們追求高教育作爲回應全球化的方式，仍然是個人式的解方，並沒有解決結構性的困境，社會不平等的情況依然會愈趨惡劣，而且會被正當化，也因此社會團結將會遭到嚴重破壞。

---

❶ meritocracy目前是通俗常用的字眼，但是在中文世界的翻譯沒有高度共識，在此採取的翻譯方式爲「才德制」。

❷ 編按：因原書名中的merit/meritocracy一詞在不同的文化脈絡中，讀者的理解有些微不同，作者邁可．桑德爾主動建議海外譯本可依據本書核心精神，另行發想合適書名，並同意繁體中文版名爲《成功的反思》。

❸ 在五、六〇年代的重要思想著作如《意識形態的終結》和《單向度的人》都曾提出類似的討論。

尤其是在這樣的制度下，成功者會認爲他們的成功是靠自己的才能和努力，而與社會無關，既然成功是我自己的事，那失敗就是輸家自己的錯，這會製造出「才德的驕傲」（meritocratic hubris），對階梯下的人缺乏同理心，甚至不屑和輕蔑，因此更不會有對於共同體內同胞的相互責任。反過來，這會造成輸家對贏家的憎恨。

事實上，過去幾十年美國的主流論述是一種「躍升的修辭」（rhetoric of rising）：你要努力往上爬，只要你努力就會成功（*You can make it if you try*）。但現實是，這幾十年也是美國社會的不平等愈來愈嚴重的時期，階級翻身愈來愈困難，曾經人人相信的美國夢成爲巨大的黑色夢魘。於是我們見到當前全球最大的政治浪潮：民粹主義對於菁英的反彈情緒。

在二〇一六年美國總統大選，選民政治態度的最大分歧標準是有大學教育以上的選民和沒有大專學歷的：當年川普拿下了三分之二沒有大專學歷選民的選票。這是因爲他們無知，或者是基於白人種族主義，所以支持川普嗎？沒那麼簡單。這主要是過去幾十年來不分兩黨的菁英長期扭曲整個政治、社會和經濟資源所造成的結果。這讓中下層階級不只失去了工作，還感覺到社會不再重視他們曾經從事的勞動工作，主流政治菁英只以爲這是分配問題，不理解這是尊嚴和社會承認的問題。桑德爾說，這是一種「屈辱政治」（politics of humiliation）。而川普聰明到懂得收割這些選民的憤慨和悲傷，例如他曾公開說：「我喜歡教育程度低的人們」。

對才德制的批判近年已經愈來愈猛烈，而不只是桑德爾。另一本新書是耶魯大學法律系教授丹尼爾・馬科維茨（Daniel Markovits）近日出版的《才德篩選的陷阱》（*The Meritocracy Trap*），他批判才德制只是合理化對於優勢的不平等分配。事實是，這個制度現在已經成爲自己的反面：「一種對世代間的財富、特權和階級的鞏固機制」。

二〇二〇年的疫情又給了才德制新的反思。桑德爾在《紐約時報》爲文指出，全球疫情讓人們重新認識所謂低技術、低薪工作者的價值。「我們開始更理解自己眞正依賴的是誰，知道重要的不只是醫生和護士，而是快遞工人、雜貨店店員、倉庫工人、家庭照顧者，還有許多零工經濟工作者。我們稱呼他們爲關鍵工作者，但他們卻不是得到最好報酬、獲得最多榮耀者。」這也是另一本頗具影響力的書《40%的工作沒意義，爲什麼還搶著做？》（*Bullshit Jobs*）中的主要論證❹。

❹該書作者爲二〇二〇年過世的人類學家大衛・格雷伯，本人亦爲該書中文版撰寫導讀，讀者們可參考。

這位政治哲學上的社群主義大師的整個知識生涯，其實就是在對抗個人主義，提倡共同體精神。在本書中，他強調謙遜（humility）是此刻無比需要的公民德性。畢竟，憑著才能和努力在才德體制中獲勝者，往往也是多少托他人之福，或者是命運的偶然。我們愈覺得一切都是個人成就，就愈難學會感激和謙遜，而少了感激和謙遜，就愈難以追求共善。

就具體政策來說，他的解方包括在社會經濟政策更促進平等，他也提出在原有的成績制度加上抽籤制度來決定誰能夠進入菁英大學。

這些政策或許都不是萬靈丹，但本書卻絕對給了當今這個價值扭曲的社會一記當頭棒喝，甚至讓我們重新反思「選賢與能」的民主神話——選賢不是不好，但是民主不能只剩下這件事，因為被選出來的賢能（如果真的是賢能）可能會疏離或鄙視選民們。這反倒會淪為民主的異化。維繫民主體制另一個重要的核心是公共參與和對話。

在楊恩一九五八年的小說中，菁英統治的最後結局是一場政治反抗導致他們的垮台——這不正是二〇一六年的現實？

反抗者在小說中提出宣言，希望追求另一個世界：「如果人們的價值不是取決於他們的智力、教育、職業和權力，而是他們的仁厚、勇氣、想像力和敏感性，他們的同情心和慷慨，那麼就不會有階級……而每個人將會有平等的機會，不是在任何數字的尺度下往上爬，而是去發展自己獨特的能力，過一個豐盛的生活。」

這才是美麗新世界。

（本文作者為文化評論家、《VERSE》創辦人暨社長）

推薦序

政治哲學不但不枯燥，反而能幫我們把事情「想透澈」

朱敬一

哈佛大學哲學教授邁可．桑德爾的新書極爲精采。若想精確了解最近五、六年歐美興起的民粹主義，本書絕對是最值得推薦的一本。

分析民粹主義，要直視問題核心

桑德爾是哲學界的明星人物，是把政治哲學「科普化」的重要推手。桑德爾擅長平實呈現理論；尤其在討論民粹主義這種大家親身體驗的現象時，他的舉例、援引、文獻參照等，皆精采且具說服力。桑德爾引述柯林頓、歐巴馬、希拉蕊、川普等人的公開演講，再統計 Google 搜尋的「關鍵字出現頻率」，呈現出政治人物們的思考與盲點，以及其心底隱藴的偏見，讀起來非常有共鳴。

事實上，美國有不少政治系教授（例如史丹佛大學的戴雅門〔Larry Diamond〕、北卡教堂山分校的馬克・海瑟林頓〔Marc Hetherington〕及強納森・偉勒〔Jonathan Weiler〕等）也都討論民粹主義對民主政治的威脅，但是相對於此書，皆失之膚淺。基本上，這些政治學者提出的建議就是修改遊戲規則，「不要讓那些討厭的傢伙選上」。但如果民主的真諦是「選民最大」，那就不能不去探究近五〇%川普支持者的心理。

貴族世襲下「績效主義」的崛起

本書原文書名為《The Tyranny of Merit》，什麼是書中所談的 meritocracy 呢？Merit 是指人的成績、績效、功勳等表現；一般認為它是個人能力與努力的結果。依績效敘獎、付薪酬，即是「績效主義」（meritocracy），在政治領域方面則形成「菁英政治」。績效主義對抗的傳統，正是年資至上、貴族世襲等，只看年資與個人出身的「落伍」思維。

但 meritocracy 也不是沒有壞處。這個字的創始原本有希臘哲學傳統，近代最早則出現在一九五八年英國社會學者楊恩的著作《菁英制度的興起》。楊恩在書中描述了績效主義普遍之後的弊病，而桑德爾有許多論點，都溯源於楊恩。

績效主義的「陰暗面」

依桑德爾的解析，績效主義有以下幾點值得反思之處。

一、績效主義著重依績循賞。這代表因自己努力而得到較高報酬，是應得的（deserved），是一種社會爬升的動態平等概念。因此，任何一個時點所得分配的靜態不平等，績效主義者並不關注。例如，一九七〇至二〇一七年，美國公司 CEO 的平均薪水從一般員工的三十倍，成長爲三百倍。顯著的倍數膨脹，與大幅趨向不均的社會所得分配，績效主義者並不認爲是個問題。但是整體社會卻有不同感受，形成菁英與社會大眾之間日趨嚴重的疏離感。

二、績效主義也許趕走了貴族主義。但是後者眞的比較差嗎？假設在貴族社會有十分之一的貴族，十分之九的窮人，績效主義社會的比例也一樣，有十分之一的績優者，十分之九的落後者。桑德爾問：你想出生在哪一個社會？我們也許會理所當然地回答：績效社會。但是桑德爾提醒我們：貴族社會的下籤，完全表示「運氣不好」，「那個傢伙是貴族只是因爲他生在貴族世家，好狗命，神氣個屁啊」！但是若在績效社會抽到下籤，表示的卻是「我的能力與努力不夠」。於是，績效主義將低薪勞工標籤化了。別人認為他們是後段班，他們也自認為是魯蛇，羞辱感、邊緣感逐漸累積成柴火，等待川普這樣的人來點燃。

什麼是「應得的」報酬？

一、績效主義者認為能力與努力所創造的高報酬，是他們「應得」的。但事實上有這麼理所當然嗎？CEO的薪水是員工的三十倍與三百倍，究竟哪一個是「應該」的？判準在哪呢？有位市長自豪自己智商一五七，因此反應敏捷進而當上市長，似乎也是剛好而已。但是，智商高來自父母基因，此人「碰巧」父母智商高，與此人「碰巧」父母是貴族，有什麼差別？一個是好狗命，一個是狗命好，其為狗命者，一也！父母為貴族是備受批評的貴族主義，父母靠精子卵子傳給子女高智商，不也是世襲？智商高或是麥可．喬丹彈性佳，在道德上哪有什麼值得誇讚的？

二、經濟學家法蘭克．奈特還有一個說法，駁斥「應得論」。奈特表示，喬丹之所以薪水高，是因為他碰巧出生在一個「大眾喜歡籃球運動」的社會，這不也是一種好狗命嗎？為什麼門票收入你「應得」幾億？又如果某人有「在桌面上比腕力」的天分，可是偏偏社會上沒有人喜歡這項運動，此人「應得」的所得還能上億嗎？所以「社會」才是關鍵，個人能力倒未必。

三、績效主義者深信「應得論」，於是養成了傲慢心態，失去對其他「智商低於一五七者」的同理心。他們在言談中不時表露出優越感，經常說：「我不做蠢決策！」「她懂什麼？」貶抑之情溢於言表，累積社會的階級對立。

以上是績效主義的理論缺陷。除此之外，桑德爾也參照許多實例，幫助我們了解績效主義在歐美政治社會圈帶來的衝擊。

績效主義對政治的衝擊

一、英美政黨板塊的改變：英國工黨與美國民主黨，傳統上皆較爲親左與親勞工。但是在布萊爾、柯林頓、歐巴馬幾任總理、總統的訴求轉變下，原本親勞工的論述，漸爲績效主義所取代，使得勞工階級心灰意冷。這些政治人物論調改變，多少是受八○年代雷根與柴契爾夫人新自由主義的影響：強調政府少干預，讓人人「只要有天分、夠努力，都能出頭」。同時，這兩位魅力領袖，也塑造了「純粹自由貿易的全球化」。將製造業外移到低成本國，更加惡化了本國原來已經弱勢、被標籤化的勞工地位。勞工們討厭全球化，認爲全球化都是你們這一群菁英獲利，這正與他們民粹性支持川普、瑪琳．勒朋和英國脫歐是一體兩面。這種悲抑形成了民粹主義的土壤，也促使政黨板塊挪移。

二、績效主義在美國教育圈，也導致家長學生對明星大學的投資競賽。像惡補SAT、上各種才藝班、尋求競賽獎牌、甚至造假作弊，都是近年績效主義衍生的弊端。由於弱勢家庭無力負擔這些花樣，形成另一種「爸媽有錢，小孩容易上明星大學」的「菁英世襲」，這幾乎與貴族世襲相近，其流弊甚至更甚於以往的貴族主義。

績效主義之惡，怎麼解？

績效主義有諸多弊病，並造成民粹與反民主逆流，怎麼辦呢？這個問題很複雜。在升學方面，以哈佛大學招生爲例。桑德爾建議：如果兩萬人申請入學只錄取一千人，則「先刪除絕對不合格的大約兩成，其他八成合在一起抽籤」，以阻斷高中生拚命求高分的誘因。其基本邏輯是：成績是入學申請的審查門檻，而不是判準。

但是在政治領域，因爲牽涉層面甚廣，政府很難有一個化解菁英政治的辦法。桑德爾對於績效主義的解方說得較少，但基本上有兩個方向：一是平等自由主義（egalitarian liberalism），增加人們的同理心與平等尊重；二是社群主義（communitarianism），改善不同階級、不同身分者之間的黏著與向心力。

讀政治哲學，使我們更完整

政治哲學與形式哲學、宇宙哲學、生命哲學、科學哲學皆不同，它與現實貼切且有助於圓融思考。讀政治哲學不但不枯燥，反而能幫我們把事情「想透澈」。如果周邊的問題都能想清楚，我們就是比較「完整」的人，立身處世的思考圓融，謂之「無惑」。做人完整與完美不同；我們永遠不會完美，但是一定要努力使自己完整。了解另外百分之五十的選民，當然是重要的「無惑」功課。

（本文作者爲中央研究院院士）

目次

CONTENTS

第三章　向上流動說　103
桑德爾在哈佛大學的課堂上觀察到，愈來愈多學生相信成功是自己的功勞，是他們努力的結果；而過去四十年來，「才德思想」與「應得」成了公共論述的關鍵詞，一方面強調成功是個人責任，另一方面則描繪向上流動的願景：只要努力奮發，唯有才能與夢想能限制你爬得多高。然而，「向上流動」究竟從何時開始失去了激勵人心的力量？

第四章　文憑主義：最後的主流偏見　133
教育，眞的是不平等的唯一解藥嗎？唯有取得大專學歷，工作才有尊嚴，才有臉在社會立足嗎？當這樣的政治論述侵蝕了民主生活，貶低了不具大專文憑者對社會的貢獻，加深了對低學歷者的偏見，最終引發了民粹反撲，我們該如何才能跨出第一步，逐漸化解這份不滿，讓贏家與輸家都能想像更好的未來？

第五章　成功觀　177

要思考一個社會是否公正，可以問自己一個問題：若你不曉得自己會生在有錢或貧窮的家庭，你會選擇什麼樣的社會？假設事先知道自己會生在上層或底層家庭，是有錢或貧窮，你會希望自己活在什麼樣的社會？「只要循規蹈矩努力工作，一個人能爬多高只由才能決定」——我們眞的能相信這句話嗎？

第六章　篩選機器　233

桑德爾邀請我們重新思考看待成功的方式，質疑「成功者都是靠自己」的自大想法，因爲這種論述只會導致不滿，毒害政治並分裂我們。本章探討高等教育爲何成爲才德至上制的篩選機器，明明承諾將依據才德促進階級流動，卻鞏固了特權與成功心態，腐蝕了民主需要的休戚與共感。

混亂世局中，我們必須重新學習的一堂課

成功的反思

THE TYRANNY OF MERIT

What's Become of the Common Good?

序

二〇二〇年新冠肺炎大流行，美國和許多國家一樣措手不及。儘管公衛專家前一年才警告病毒可能蔓延全球，中國一月和病毒陷入苦戰，美國仍然欠缺抑制病毒散播的普篩能量。隨著疫情蔓延，確診人數暴增，這個全世界最富裕的國家愕然發現，他們連醫護人員需要的口罩及防護裝備都無法充足供應，醫院和政府部門爲了搶到救命的檢驗試劑與呼吸器而你爭我奪。

措手不及的原因很多。總統川普無視公衛顧問的警告，在疫情初期的關鍵幾週刻意淡化危機，於二月下旬堅稱「一切都在我們掌握之中……我們處理得非常好……疫情很快就會結束」[1]；美國疾病管制中心發放的首批檢測試劑有瑕疵，事後補救又拖延太久；數十年來的產業外包，導致美國的醫療口罩與設備幾乎完全仰賴中國和其他外國廠商進口[2]。

然而，面對這場大流行，美國不僅在後勤上缺乏準備，道德方面也無所適從。疫情爆發前，美國已經深陷分裂多年，從經濟、文化到政治莫不如此。社會不平等與文化衝突數十年來愈演愈烈，最終於二〇一六年引爆了民粹反撲，促成川普當選。而川普遭到彈劾後（但未因此下台）不久，就遇上了這場美國自二〇〇一年九一一攻擊事件以來的最大危機。儘管如此，共和與民主兩黨對立依舊。認爲媒體正確傳達疫情資訊的共和黨支持者比例極低，只有百分之七；相信川普發言可靠的民主黨支持者更只有百分之四[3]。

政黨間的嫌隙不斷惡化，偏偏病毒就在這時來襲，需要全民團結才足以對抗。但除了戰爭期間，幾乎沒有國家能做到這樣的同仇敵愾。政府呼籲人民維持社交距離，放下工作待在家中，甚至強制執行，使得無法遠端工作的人被迫失去工作與薪水。病毒對年長者威脅最大，但年輕人也可能受害；就連本身不受影響的民眾，也可能有爸媽或祖父母要操心。

疫情蔓延讓我們在道德上重新察覺人的脆弱與互相倚賴。政府官員和廣告商自然而然搬出了「我們都在一條船上」的口號，但喚起的卻是出於恐懼的團結，因爲害怕病毒擴散而「維持社交距離」。公共衛生專家呼籲民眾一條心，在脆弱中互相扶持，方法卻是彼此疏遠，自我隔離。

面對疫情蔓延，這種「隔離式團結」是有用的。除了英勇的醫護和急救人員需要親身救助患者，超市店員和外送員同樣冒著健康風險送食物及日用品給居家者。專家告訴我們，保護手足同胞的最好做法就是跟他們保持距離。

然而，隔離式團結在道德上的矛盾處，卻正好點出了「我們都在一條船上」這句口號的空洞。這句口號不僅未能傳達所有人一起守規矩、一起勒褲帶的休戚與共感，反而碰上了近乎前所未有的不平等與政黨惡鬥。市場導向的全球化不僅讓美國無法在國內生產口罩與藥物，更奪走了許多美國人的高薪工作與社會尊嚴。

與此同時，那些得力於全球化市場、供應鏈及資本流動的人，卻愈來愈不倚賴自己的同胞，既不需要同胞提供產品與服務，也無須同胞消費他們所提供的產品與服務。這些全球化贏家的經濟生活與身分不再仰仗地方或國內社群，進而將自己和輸家區隔開來，維持著另一種社交距離。

這些贏家告訴我們，政治主張的區別不再是左右之分，而是開放與封閉之別。在開放世界裡，成功仰賴教育，仰賴提升自己，好在全球經濟競爭中勝出。這代表國家必須保障教育機會人人平等，卻也顯示贏家往往認爲成功是他們應得的；而機會如果確實平等，就還意謂輸家之所以落隊是自己的問題。

這種「成功觀」讓「我們都在一條船上」變得缺乏說服力。它讓贏家感覺成功是自己的功勞，輸家覺得贏家不把他們當人看。難怪全球化的落隊者會憤怒不滿，進而受到反對菁英、誓言重新豎起國界高牆的極權民粹主義者所吸引。

此刻帶領我們對抗這場疫病的，正是這群不信任科學專業與跨國合作的政治家，因此困難重重。面對全球公衛危機，我們不只需要醫療及科學專業，更需要道德與政治的重開機。

將川普推上總統寶座的傲慢與怨憤是有毒的，不可能帶來我們此刻亟需的團結。想讓道德與公民生活重開機，就必須先了解過去四十年來，我們的社會紐帶與互相尊重是如何逐步瓦解。本書希望闡明這個瓦解的過程與原因，並思考如何找到一條邁向共善政治的道路。

邁可・桑德爾

二〇二〇年四月於美國麻州布魯克林

楔子：擠入窄門

二〇一九年三月，全美高中畢業生都在等待大學招生結果出爐，聯邦檢察官卻在此時投下一枚震撼彈，起訴了卅三位有錢家長，指控他們涉嫌舞弊讓子女進入包括耶魯、史丹佛、喬治城和南加州大學在內的一流學府[1]。

這起詐欺案的主角，是一位名叫威廉·辛格（William Singer）的大學入學顧問，服務對象全是操心兒女前途的有錢父母。近幾十年來，美國頂尖大學已經成爲年輕人日後飛黃騰達的主要管道，而辛格的公司專門玩弄競爭慘烈的大學招生制度。他靠著賄賂替學業成績並不耀眼、未達名校要求的學生廣開側門，包括收買學術評估測驗（SAT）和美國大學入學測驗（ACT）等標準化測驗的監考員，以竄改試卷拉高學生成績，或賄賂教練將根本不會某項運動的學生列爲體育特招生，甚至僞造運動專長證書，再用後製將證書上的大頭照換成學生的相片。

辛格的非法入學手段並不便宜。某知名律師事務所的總裁花了七萬五千美元，讓女兒到監考員被辛格收買的大考中心接受大學入學測驗，以拿到所需的成績。某富豪家庭更是付給辛格一百二十萬美元，讓從來沒踢過足球的女兒以足球特招生資格進入耶魯大學。辛格用四十萬美元賄賂耶魯的足球教練，這位教練後來也遭到起訴。一名電視女星和她的時尚設計師丈夫付給辛格五十萬美元，讓兩個女兒以假造的賽艇選手身分進入南加州大學。因電視影集《慾望師奶》走紅的女演員菲麗西提·霍夫曼則是拿到特價，只花了一萬五千美元就讓辛格替女兒搞定SAT分數[2]。

八年詐欺下來，辛格總共賺進了兩千五百萬美元。

這起醜聞引發了全民公憤。在這個政治極化時代，美國人幾乎什麼事情都吵，都沒有共識，唯獨這起醜聞引來媒體大幅報導，而且不分政黨派別一致譴責，從福斯新聞、MSNBC、《華爾街日報》到《紐約時報》無不例外。所有人都同意，靠賄賂舞弊進入菁英大學該當指責。然而，民眾的憤怒並不只是針對特權家長利用非法手段幫助兒女進入一流學府，而是還有更深刻的理由。所有人都明白，只是不知該如何表達，這起醜聞其實充分象徵和凸顯了一個更大的問題，那就是誰能出人頭地，還有爲什麼。

無可避免地，民怨最終還是染上了政治色彩。川普總統的支持者利用推特和福斯新聞奚落捲入醜聞的好萊塢自由派。「你們看那些人，」總統的兒媳蘿拉·川普告訴福斯新聞：「那些好萊塢和自由派的菁英，整天大談人人平等，人人都該擁有相同機會，結果卻是頭號僞君子，私下砸大錢舞弊，讓自己的兒女進好學校，擠掉原本應該獲准入學的孩子[3]。」

自由派同意詐欺入學傷害了有資格的孩子，剝奪了他們的權利。但他們認爲這起醜聞清楚顯露了另一項更普遍的不公，那就是即使沒有涉及不法，財富及特權仍然左右著大學招生。聯邦檢察官公布起訴內容時，提到自己秉持的原則就是「不該存在專屬於有錢人的大學招生制度」[4]。然而，媒體社論及評論隨即指出，金錢向來就會影響招生審查，最明顯的例子就是許多美國大學都會給校友和慷慨捐贈者的子女特殊考量。

爲了反擊總統支持者將招生醜聞歸咎於自由派，自由派引述公開報導，指出總統女婿傑瑞德·庫許納雖然學業成績平平，卻在他房地產富商父親捐贈了兩百五十萬美元之後，獲准進入哈佛大學。此外，據傳川普總統本人也在女兒伊凡卡和兒子小唐納德就讀賓州大學期間，捐贈了一百五十萬美元給華頓商學院[5]。

上大學的道德意義

招生詐欺案主嫌辛格表示，慷慨解囊有時確實能讓及格邊緣的申請者走「後門」進入大學。但他標榜自己所用的方法是「側門」，不僅划算而且有效。他告訴客戶走後門比他的舞弊手法「貴上十倍」，而且變數更多。巨額捐款給學校無法保證入學，但他靠賄賂及偽造測驗成績走「側門」可以。「許多家長就要保證。」他解釋道[6]。

雖然從後門或側門都能用錢買到入學資格，但兩者的道德意義並不相同。首先，後門是合法的，側門則否。聯邦檢察官說得很清楚：「這個案子不是捐錢蓋大樓，讓學校更可能允許你子女入學，而是欺瞞、詐騙、偽造測驗成績、偽造運動專長證書、偽造相片和賄賂大學人員[7]。」

聯邦政府起訴辛格、辛格的客戶及收賄教練，目的不在告誡校方不准出售大學入場券給申請者，而只是取締詐欺。除了合法與否，後門和側門還有一點不同：當家長慷慨捐款替兒女買下入學資格，錢是進到學校戶頭，可以用來提升軟硬體，全校師生都能受惠。但辛格的詐欺手法，錢是進到第三方人士口袋，對學校就算有幫助，也是微乎其微（辛格賄賂的教練裡，至少有一位史丹佛大學帆船教練將錢用在帆船隊上，其餘教練則都中飽私囊）。

然而，從公平的角度看，後門和側門就沒什麼區別了。兩者都讓有錢人的小孩比實際符合資格的小孩更有利，讓金錢凌駕於才德（merit）之上。

根據才能或品格決定錄取資格才是走「前門」。用辛格的話說，走前門就是「靠自己擠進去」。這是大多數人認爲公平的入學方式，申請者應該憑藉自身能力入學，而非家長的財富。

當然，現實並非如此單純。金錢的影子不僅在後門盤旋，也常在前門徘徊。能力表現始終難以擺脫經濟優勢的影響。SAT之類的標準化測驗宣稱可以客觀評量能力，家境普通的學生也能有光明未來，但SAT成績其實和家庭收入密切相關。學生家境愈好，SAT成績往往愈高[8]。

有錢家長不只會讓兒女報名補習班加強SAT，還會聘請私人顧問美化兒女的入學申請資料，讓兒女去上舞蹈和音樂課，參加菁英運動，例如擊劍、壁球、高爾夫、網球、賽艇、袋棍球和帆船，以便進入校隊。凡此種種都是有錢又積極的家長才動用得起的昂貴手段，以此協助子女搶奪入學資格。

此外，學費也是問題。全美夠有錢的大學屈指可數，可以在審核入學許可時不將學生的經濟狀況納入考量。無後顧之憂的申請者比需要學校奧援的弱勢學生更有機會拿到入學資格[9]。

基於上述種種理由，常春藤盟校有三分之二以上的學生來自全美收入前百分之二十的家庭也就不足爲奇了。在普林斯頓和耶魯大學，來自全美收入前百分之一家庭的學生比來自後百分之六十家庭的學生還多[10]，其間的不平等令人咋舌。而其原因不只包括校友禮遇及捐款回報之類的後門手段，也包括有錢家庭透過前門給予兒女的各種優勢。

批評者認爲，這證明了高等教育並非如其所宣稱的只看才能。在他們看來，大學招生醜聞只是極端的例子，反映其背後更普遍的不公平，導致高等教育無法做到其所標榜的才德至上（meritocracy）＊原則。

不論你認爲這起醜聞完全背離了標準入學審核程序，或覺得它只不過反映了招生制度的大勢所趨，其實都認同一個前提，那就是應該根據申請者的能力與天賦，而非他們自身之外的因素來決定其入學與否。換句話說，不論你持何種意見，都同意入學資格應該取決於才能與才德，並至少隱然同意憑才能錄取的人是靠自己掙得入學許可的，因此配得後來的種種好處。

倘若這個耳熟能詳的看法是對的，那麼才德至上的問題就不在於原則有錯，而在我們未能確實做到。美國保守派與自由派的政治對立證實了這一點。雙方的爭論焦點不在「才德至上」本身，而在如何達成。譬如，保守派認爲將種族和族裔納入考量的平權措施有違只看能力的錄取原則，自由派則是捍衛平權措施，認爲它可以修補長年累月的不公平，並主張唯有先抹平特權階級與弱勢者的差距，創造公平競爭的環境，才能眞正做到才德至上。

然而，保守派和自由派的爭辯忽略了一點，那就是才德至上的問題可能沒那麼單純。

＊譯註：meritocracy一詞爲英國社會學家麥可．楊恩（Michael Young）的發明，和貴族制（aristocracy）互爲對比，指的是不看出身血統，只依據個人表現（merit）給予獎賞與報償的制度，因此一般譯爲功績制度或菁英社會，先覺出版的桑德爾前作《正義：一場思辨之旅》也如此翻譯。不過，由於「merit」原意是指個人所擁有值得讚賞獎勵的能力與特質，加上桑德爾在本書提到當前社會的成功者往往自認爲一切都出於個人的能力（才能）與努力（德性），因此譯者選擇將meritocracy譯爲才德至上、菁英制度或才德至上的菁英社會，視前後脈絡而定，在此先行說明。

讓我們再回到大學招生醜聞。許多民眾氣的是舞弊和不公平。然而，激發舞弊行爲的態度同樣有問題。這起醜聞其實蘊含了一個想法，只是我們太習以爲常了，以致幾乎沒人察覺，那就是進入一流大學是人人垂涎的獎品。這起詐欺事件之所以受人矚目，不僅由於涉及明星名人和私募基金大亨，更因爲他們追求的是人人想要的入學許可，是所有人搶破頭的東西。

這是怎麼回事？進入一流學府哪時候變得如此炙手可熱，讓有錢有勢的家長寧可舞弊也要讓小孩去讀？就算不用騙的，也會花上幾萬美元聘請私人入學顧問，讓小孩去上補習班，將高中生活變成壓力不斷的軍備競賽，選讀進階先修課程、打造學習歷程，爲了提高入學機會而拚死用功？進入頂尖大學哪時候變成社會上的頭等大事，連聯邦調查局都出動大批人力查緝詐欺，招生醜聞可以連續數個月攻占媒體頭條，從起訴到判刑無一不吸引民眾關切？

大學窄門的搶手始於過去數十年來日益加劇的貧富不均，反映了「誰擠進哪裡」變得愈來愈重要的事實。美國最富裕的百分之十人口不斷拉大和其他人的距離，使得進入菁英學府的重要性也水漲船高。五十年前申請大學還沒那麼競爭，就讀四年制大專的美國人不到五分之一，而且往往選擇就近的學校，大學排名也不如現在重要[11]。

然而，隨著美國社會愈來愈不平等，擁有和沒有大專文憑的所得差距愈來愈大，大學就變得更重要，選擇學校也是。如今學生在所有進得了的大專院校裡，往往選擇入學門檻最高的就讀[12]。家長教養兒女的方式也改變了，尤其是專業階級。所得差距愈來愈大，向下流動的恐懼也愈來愈強。爲了減少風險，家長開始大幅介入子女的生活，管理小孩的時間、關切成績、爲小孩安排活動，並規畫入學準備[13]。

這套掌控一切的直升機教養方式其來有自，且如今變得相當普遍。它是焦慮的家長面對日益惡化的不平等所產生的自然反應，也是有錢人家希望後代兒女保有得來不易的中產階級生活的本能舉動。對渴望提升社經地位的人來說，名校學歷是向上流動的主要管道；對希望維持舒適生活的人來說，名校學歷是避免向下沉淪的最佳保障。正是這份心態讓不知所措的有錢家長選擇了讓子女舞弊入學。

不過，經濟焦慮只是原因之一。辛格的客戶買的不只是防止向下流動的保險，還包括另一樣東西。這樣東西更隱晦，卻更有價值。當這些家長替兒女掙得一流學府的入學資格，他們其實買下了「才德」這個借來的光環。

競標才德

在不平等社會裡脫穎而出的人，往往渴望可以正大光明表示自己的成功在道德上站得住腳。放到才德至上的社會來說，就表示贏家必須相信成功完全是個人才能與努力的結果。

弔詭的是，這正是作弊家長想送給兒女的禮物。這些家長如果只是希望兒女繼續享受富裕生活，只要替孩子成立信託基金就行了。但他們想要的不是這個，而是進入一流大學所代表的才德勳章。

辛格正是明白這點，才會說走前門就是「靠自己擠進去」，而他的詐騙手法是僅次於前門的最佳選擇。當然，靠假SAT成績或假運動專長證明上大學並不是靠自己，所以才會有那麼多家長瞞著孩子私底下進行。只要非法手段隱藏得好，從側門進大學就和走前門沒兩樣，都能贏得「憑能力入學」的光環。沒有人會自豪地說，「我是靠爸爸媽媽賄賂帆船教練進史丹佛的」。

憑才能入學的申請者就不一樣了。那些名符其實表現耀眼的入學新生會以自己的成就為傲，覺得自己是靠眞本事進去的。然而，其實並不盡然。儘管錄取大學確實代表他們非常努力，卻不能說百分之百是他們自己的功勞。一路上幫助他們的父母與老師呢？不能完全算是他們自己養成的天賦與才能呢？還有他們碰巧擁有的天賦正好受到社會重視與栽培呢？

那些憑著努力與天分在才德至上體制中勝出的人，往往是托他人之福才能成功，只是被激烈競爭所掩蓋。當能力至上的競爭變得如此殘酷，讓人完全陷入拚搏的泥淖，我們就會看不見他人的功勞。如此一來，即便一個才德至上的環境再公平，沒有舞弊賄賂也不偏袒有錢人，還是會造成錯誤印象，讓我們以爲一切成就都是自己的本事。由於錄取一流大學需要長時間努力不輟，使得絕大多數入學者都深信是自己的功勞，失敗也只能怪自己。

這對年輕學子是沉重的負擔，也會破壞公民情感。我們愈覺得一切都是個人成就，只憑自己即可，就愈難學會感激與謙遜。而少了感激與謙遜，就再也難以在乎共善。

◆◆◆

有關才德的討論不只限於大學招生制度。當代政治領域充斥著「誰應該得到什麼」

的辯論。表面上，這些爭論關注的是公平：民眾在追求想要的物品或社會地位時，是否真的人人機會平等？

然而，對於才德，我們不只在公平這一點上意見不同；在如何定義成敗與輸贏，以及勝者又該用什麼態度對待較不成功的人等方面，我們也沒有定論。這些都是極為敏感的話題，我們總是逼不得已才會討論。

面對當前的極化政治，我們必須重新思考才德方能找到出路。過去數十年來，才德的意義是如何被改寫，導致工作尊嚴遭到破壞，許多人感覺菁英瞧不起他們？全球化的贏家認為成功全是自己掙來的，因此配得獎賞，這樣的看法站得住腳嗎？抑或是才德至上者的傲慢？

當反菁英的怒火燒得民主制度岌岌可危，才德的問題就變得更加迫切。所有人都必須捫心自問：想解決政治的紛擾惡鬥，我們是要更加堅守才德至上原則，還是超越篩選與拚搏，一起追求共善。

第一章

贏家與輸家

當前是民主的危機時刻。威脅顯現在仇外心態的提高，以及挑戰民主底線的獨裁政客愈來愈受民眾支持。這些趨勢本身就令人憂心，此外還要加上主流政黨與政治人物的失職，他們對造成全球政治動盪的不滿情緒幾乎毫不理解。

面對民粹國族主義抬頭，有些政黨和政治人物認爲那只不過是反移民、反多元文化的種族主義與仇外心態作祟，有些政黨和政治人物則從經濟角度出發，認爲是新科技和貿易全球化導致失業所引發的抗議風潮。

然而，不論將民粹示威視爲盲目偏執或經濟上的不滿，都劃錯了重點。如同脫歐行動在英國取得公投勝利，二〇一六年川普當選美國總統也是憤怒人民做出的判決。過去數十年來社會愈來愈不平等，而全球化雖然造福了上層階級，卻讓升斗小民感覺自己只能任人宰割。此外，脫歐勝利和川普勝選也證明了技術官僚治國的失敗。面對人民覺得自己在經濟上和文化上都被拋棄而不滿，這些官僚卻是充耳不聞。

現實是殘酷的。川普之所以勝選，正是由於他從民眾其來有自的焦慮、挫折與怨憤中擷取了廣大的支持，而主流政黨對這些情緒卻提不出任何有力的解方。這些政黨若想贏回民心，就必須重新思考自身的使命與目的。爲此，他們必須向拉他們下台的民粹示威學習；不是仿效其仇外心態和張揚的國族主義，而是認眞看待那些醜惡心態背後錯綜複雜但情有可原的不滿情緒。

思考的起點，是正視這些怨憤不僅涉及經濟因素，也包含道德及文化層面；不只針對薪資與工作，也牽涉社會尊嚴。

主流政黨和政府菁英發現自己成爲民粹示威者的箭靶，卻不了解這些不滿情緒，不是將之視爲仇視移民、少數種族與弱勢族裔的敵意，就是理解成面對全球化與科技變革的焦慮。但這兩種看法都錯失了重點。

民粹不滿的兩種診斷

第一種診斷將反菁英的民粹怨憤視爲對種族、族裔和性別多元化的反撲。支持川普的勞動階級白人男性習慣舊有的社會階序，眼看自己即將成爲「自己」國家裡的少數、「自己土地上的陌生人」，因而備感威脅。他們感覺自己遭受到的歧視比女性和少數種族還嚴重，感覺自己被講求「政治正確」的公共論述所壓迫。這種診斷從社會地位受損的角度出發，特別針對民粹情緒的醜惡面，也就是川普和其他國族主義民粹分子鼓吹的排外、厭女與種族歧視。

第二種診斷將勞動階級的不滿視爲全球化科技時代迅速變革所造成的徬徨失落。面對新的經濟秩序，從一而終的工作觀不再適用；創新、彈性、創業精神和樂於持續學習新技能成爲新的關鍵。然而，根據這類診斷，許多勞工並不高興自己的工作被外包到低薪國家或由機器人取代，導致他們被迫革新。這些勞工（或許出於懷舊心態）渴望原有的穩固社群與穩定職業，面對勢不可擋的全球化與科技浪潮深感失落，因而反對移民、自由貿易及統治階層。然而，他們的憤怒被導錯了方向，因爲他們不明白自己所反對的力量跟天氣一樣無法改變。化解焦慮的最好方法是職業訓練及其他就業輔導方案，協助他們適應全球化和科技發展必然帶來的改變。

兩種診斷都有道理，卻也有失公允。不論將民粹示威視爲出於仇視或誤解，都讓統治階層規避了他們當負的責任。是他們促成的社會條件導致工作尊嚴流失，許多人覺得不受尊重，只能任人宰割。過去幾十年來，勞動者的經濟和文化地位日益滑落，原因並非全球化與科技變革不可阻擋，而是主流政黨和菁英階層的統治方式出了問題。

如今，面對川普和民粹獨裁者崛起，民主常軌受到威脅，這群統治菁英總算察覺苗頭不對了（他們早該明白才對）。但他們並未醒悟，促成民粹主義反撲的那股不滿其實和他們脫不了關係，也沒有看出我們目前經歷的紛擾其實是對一場空前的政治失敗所做出的政治反應。

技術官僚治國與市場導向全球化

這場政治失敗，主因出在主流政黨過去四十年來構思和推行的全球化方案。這個方案有兩個面向促成了當前的民粹示威，一是從技術官僚的角度構思共善，二是從才德的角度定義贏家與輸家。

從技術官僚的角度構思政治，就不得不提到「相信市場」。相信市場不代表全面支持不受約束的放任資本主義，而是廣義地相信市場機制是實現共善的首要工具。這種政治思維非常技術官僚，因爲它將具體的道德討論摒除在公共論述之外，無視問題中意識形態有爭論的部分，只從經濟效率和專業領域的角度看。

技術官僚取向的「相信市場」最終引發了民粹不滿，這點不難理解。因爲市場導向的全球化不僅造成社會愈來愈不平等，更減損了認同與效忠國家的價值。當商品和資本可以自由跨國流動，那些乘著全球經濟起飛的人紛紛自號「世界公民」，且視之爲啓蒙進步的身分，以區別於狹隘、地域色彩濃厚的保護主義、部落主義與鬥爭。根據他們的說法，眞正的政治對抗不再是左右派之分，而是開放與封閉之爭。因此，批評外包、自由貿易協議和資本自由流動的人是心態封閉、部落思維，和擁有開放心態及全球思維的人相反[1]。

◆ ◆ ◆

此外，技術官僚取向的政治治理常視公共事務爲技術專業，一般公民沒有能力處理。這種做法不僅限縮了民主辯論的範圍，讓公共論述淪爲空談，更導致民眾對政治產生無力感。

主流政黨不分左右，都從市場導向和技術官僚的角度構思全球化，但以中間偏左政黨接受市場思維和市場價值所造成的影響最大，不論對全球化本身或全球化引發的民粹示威都是如此。川普當選美國總統時，民主黨已經成爲一個技術官僚自由主義政黨，跟專業階級更加意氣相投，而非傳統的藍領與中產階級支持者；脫歐公投期間的英國工黨及歐洲各國的社會民主黨也是如此。

中間偏左政黨的轉變起自一九八〇年代[2]。美國總統雷根和英國首相柴契爾夫人認爲政府是問題來源，市場才是解方。兩人卸任後，繼之而起的中間偏左政治領袖，包括美國總統柯林頓、英國首相布萊爾和德國總理施若德，雖然修正了前人的極端立場，卻也讓「相信市場」從此落地生根。他們削去了放任式市場的稜角，卻沒有挑戰雷根和柴契爾時代的基本前提，亦即市場機制是實現共善的首要工具。他們秉持同樣的思維，不僅接受了市場導向的全球化，更開門迎接經濟金融化。

一九九〇年代，柯林頓政府和共和黨聯手推動全球貿易協議，鬆綁金融業。儘管這些政策的好處大多流向了上層階級，民主黨卻幾乎放手不管，既沒有處理惡化的不平等現象，也沒有關切金錢對政治的影響愈來愈大。自由派就這樣偏離了規訓資本主義、讓經濟對民主負責的傳統使命，也失去了感染人心的力量。

歐巴馬進入政壇後，事情似乎有了轉機。他在二〇〇八年競選期間使用了一套不同於技術官僚語言的論述方式，打破了自由派的公共論述窠臼，令世人耳目一新。歐巴馬的論述方式讓我們看到，進步派也能從道德與精神使命的角度談論政治。

然而，歐巴馬並未將競選時展現的道德力量與公民理想主義帶入總統任內。他在金融危機期間走馬上任，延請柯林頓時代推動金融法規鬆綁的人擔任經濟顧問。在顧問的勸說下，他同意有條件紓困銀行。然而，那些條件不僅無法要求銀行爲他們引發危機的行爲負責，對失去家園的人也幾乎沒有幫助。

面對華爾街，歐巴馬成了道德啞巴，非但沒有振聾發聵替人民表達怒火，反而嘗試著安撫民怨。紓困引發的憤怒久久不散，爲歐巴馬的施政蒙上了陰影，最終更成爲情緒導火線，引發了民粹反彈，而且左右派都有：左派是占領華爾街運動和桑德斯（Bernie Sanders）出馬角逐總統，右派則是茶黨運動及川普勝選。

美國、英國和歐洲出現的民粹浪潮基本上是對菁英的反撲，受創最重的卻是自由派與中間偏左政黨，包括美國民主黨、英國工黨、德國社會民主黨、義大利民主黨及法國社會黨。德國社會民主黨二〇一七年國會大選得票率創下歷史新低；義大利民主黨的得票率跌到百分之二十以下；法國社會黨的總統候選人在二〇一七年大選第一輪投票更只拿到百分之六的選票。

這些政黨若想贏回人民支持，就必須檢討市場取向的技術官僚治理方式。此外，他們還需要反省另一個問題。這個問題更隱而不顯，卻同樣影響深遠，那就是看待成功與失敗的心態。只要檢視過去幾十年來日益惡化的不平等，就會見到這個心態。政黨們必須思考，那些未能在新經濟體制內發達的人爲何會覺得贏家不把他們當人看。

向上流動說

所以，是什麼激怒了勞動和中產階級選民，讓他們許多人對菁英感到不滿？答案始於過去幾十年來持續加劇的不平等，但卻不止於此。歸根結柢，這份不滿來自獲得社會認可及尊嚴的條件變了。

簡單來說，全球化時代的報償並不是雨露均霑。美國自一九七〇年代晚期以來的國內所得成長絕大多數都進了頂端百分之十人口的口袋，底層百分之五十人口分得的趨近於零。就業年齡男性的所得中位數約為三萬六千美元，比四十年前還低。現今最富有的百分之一美國人賺的比底層一半人口的所得總和還多[3]。

然而，不平等急遽惡化並非引爆民粹怒火的主因。美國人向來接受所得不平等與財富不均，因為他們相信一個人不論出身高低，都可能由貧轉富。美國夢的核心精神就是所有人都有機會向上流動。

因此，面對日益嚴重的不平等，美國主流政黨與政治領袖的回應就是讓機會更平等，包括重新訓練因全球化和新科技而失業的勞工、廣開高等教育大門，以及去除種族、族裔和性別的障礙。這套「機會論」如果用一句口號來表達，就是循規蹈矩努力工作的人「只有能力是他們的天花板」。

過去幾十年來，美國共和民主兩黨動不動就搬出這個口號，簡直像念咒一般。共和黨的雷根總統、小布希總統和盧比歐參議員說過，民主黨的柯林頓總統、歐巴馬總統和希拉蕊參議員也說過。歐巴馬尤其喜歡出自某首流行歌曲的說法：「只要去試就能做到。」兩任總統期間，他在各種演講及文告中提到這句話不下一百四十次[4]。

不過，這套「向上流動說」如今聽來異常空洞。要在當前的經濟體制內向上流動並不容易。出身貧困家庭的美國人長大以後往往依舊貧困。出生在所得爲最低五等分位家庭的美國人，爬到最高五等分位的比例只有大約二十分之一[5]。加拿大、德國、丹麥和歐洲其他國家的窮人都比美國窮人容易翻身[6]。

美國人多年來始終相信，不平等要靠向上流動來解決。然而，上述現實卻牴觸了這份信念。我們總是跟自己說，美國比階級分明的歐洲社會更不需要擔心不平等的問題，因爲向上流動在這裡是可能的。百分之七十的美國人相信窮人能靠自己翻身，卻只有百分之卅五的歐洲人這麼想。或許就是因爲相信人有可能向上流動，美國的福利制度才會不若大多數歐洲國家那麼慷慨[7]。

然而，目前向上流動最容易的國家往往均富程度也最高。由此看來，向上流動的能力出於貧窮的刺激較少，更多來自提供教育、健保和其他資源，讓人民有本事在職場上成功。

近年不平等急遽惡化，非但沒有加速社會流動，反而讓上層階級進一步鞏固了自身優勢，傳給下一代。過去五十多年，美國頂尖大專院校破除了許多種族、宗教、性別與族裔藩籬，讓入學者不再只限於權貴後代，學術評量測驗更是出於「依據學業能力而非階級或家族權勢來招生」的理想而誕生。然而時至今日，才德至上制已經變成了固化世襲菁英的手段。

三分之二的哈佛與史丹佛學生來自所得爲最高五等分位的家庭。儘管常春藤聯盟提供慷慨的獎助學金，來自所得爲最低五等分位家庭的學生仍然不到百分之四。在哈佛及其他常春藤名校，來自所得爲頂層百分之「一」（年所得六十三萬美元以上）家庭的學生總數比所得爲底層百分之五十家庭的學生還多[8]。

美國人相信只要才能加上努力，人人都可以往上爬。這個想法已經不符現實。這或許可以解釋「機會論」爲何不若以往那般打動人心，因爲向上流動再也無法彌補不平等所造成的落差。任何認眞思考貧富差距的人，都必須嚴肅面對權力與財富的不平等，而非滿足於提供各種計畫，協助人們抓著愈隔愈遠的階級之梯往上爬。

才德至上論

才德至上論的問題不只是現實不若理想，否則解決之道很簡單，只要促成眞正的機會平等，實現一個人人不論出身高低，全憑才能與努力決定爬得多高的社會就可以了。然而，就算徹底做到才德至上，這樣的社會在道德或政治上是否眞能令人滿意，其實還大有可議。

才德特出的人理當享有市場化社會給予成功者的極大報償，這一點在道德上有何根據並不清楚。才德至上論的中心思想，就是我們不該基於自身以外的因素而得到獎賞或阻礙。然而，擁有或缺少某些才能眞的是自身因素嗎？如果不是，那就很難理解那些由於才能正巧被市場化社會看中而向上流動的人爲何比同樣努力但才能稍嫌不足的人配得更多報償。

推崇才德至上論，並視之爲核心政治主張的人都忽略了這個道德問題。他們還忽略了另一個更有政治後座力的東西，那就是才德至上論會促成一種道德上不可取的心態，不只在贏家心中，也在輸家心裡——勝者會驕傲自大，敗者會受辱不滿。反菁英民粹示威背後的關鍵正是這些道德情緒。民怨不只反移民和產業外包，更反才德霸權

（the tyranny of merit），而且確實有理。

不斷強調我們要打造公平的才德世界，讓社會地位只取決於努力與才能，毒害了我們看待成功（與不成功）的心態。「制度只獎勵才能與努力」的想法會讓贏家認爲成功是自己掙得的，自己才德配位，進而瞧不起不若他們幸運的人。

這種誕生於才德至上論的菁英傲慢，往往讓贏家太過陶醉於個人成就，忘了一路上有運氣與機遇相助。他們志得意滿認爲上層者爬到上層、下層者淪落下層都是天注定。這就是伴隨技術官僚政治而來的道德心態。

當人強烈感受到命運的偶然，就會變得謙卑：「若非上帝施恩或機緣湊巧，我也難逃如此那般。」然而，完美的才德至上制卻會否定一切恩賜與恩典，讓我們不再有能力將所有人視爲命運共同體，而那種因爲察覺天賦與機運純屬偶然而可能產生的休戚與共感也就很難出現。這就是才能成爲專制和不公正統治的原因。

屈辱政治

對下層者而言，上層菁英的傲慢令人備覺難堪。沒有人喜歡被瞧不起，但才德至上論不只造成挫折，還帶來了羞辱。「命運掌握在自己手中」和「只要去試就會成功」的想法是一把雙面刃，既能激勵人心，也能惹人不快；雖然褒獎贏家，卻正大光明詆毀輸家。找不到糊口工作的人很難擺脫這樣一個令人喪氣的想法，失敗是他個人問題，自己就是缺乏才能與動力才無法成功。

屈辱政治和不正義政治的不同點就在於此。反抗不正義是對外的，是抗議制度有弊端、贏家是靠不正當手段和操弄而得以上位。反抗屈辱則屬於內心層面，結合了對贏家的不滿和對自己的無止境懷疑：有錢人之所以有錢，或許眞的因爲他們比窮人更行，而窮人之所以不幸，或許眞的是自找的。

由於屈辱政治的這個特性，使得它比其他政治情緒更容易激化。引發民粹示威的憤怒與不滿裡頭，就含有這個一觸即發的強力元素。川普本人雖然是億萬富豪，卻很了解並利用了這份不滿。他和三句話不離「機會」的歐巴馬與希拉蕊不同，絕少提到這個字眼，而是經常大談贏家與輸家——值得玩味的是，桑德斯身爲社會民主民粹主義者也很少提到機會與社會流動，只談權力與財富的不平等。

除此之外，菁英太過推舉大專學歷，既視之爲向上流動的管道，又以此爲社會尊嚴的基礎，導致他們難以理解才德至上可能造就的傲慢心態，以及其強加在沒上大學者身上的嚴苛評價，而這種心態正是民粹反撲和川普勝選背後的關鍵要素。

今日美國政治領域最嚴重的分歧就出現在「有大專學歷」和「沒有大專學歷」的陣營之間。二〇一六年總統大選，川普拿下了三分之二沒有大專學歷的白人選票，希拉蕊則是獲得大專以上學歷者的全面支持。英國脫歐公投也有同樣的分歧。不具大專學歷的選民一面倒支持脫歐，碩士以上學歷者則大多贊成留歐[9]。

總統大選結束一年半後，希拉蕊回顧當時，言談間仍然顯露著當初導致她敗選的菁英傲慢。「我拿下的選區貢獻了全美國三分之二的國內生產毛額，」二〇一八年，她在印度孟買一場會議上表示：「換句話說，投票給我的選民是樂觀、多元、充滿活力和向前看的。」希拉蕊說，反觀川普的支持者，全是「不想讓黑人得到應有的權利」或「不希望女人……出門工作」的傢伙。她拿下的是全球化贏家的選票，支持川普的盡是全球化的輸家[10]。

民主黨曾經和工農階級站在一起對抗權貴。但在這個才德至上的年代，敗選的民主黨旗手卻自豪表示，全國最有錢、最開明的人民都選擇了她。

川普很熟悉屈辱政治。從經濟公平的角度看，川普的民粹主義是假民粹，是財閥統治的民粹。他提出的健保計畫和稅務法案會讓他的許多勞工支持者失去健保，讓有錢人大幅減稅。然而，罵他僞善其實抓錯了重點。

當他宣布美國退出《巴黎協定》，表面上的理由是保障美國人的就業機會，但背後的眞正原因與政治考量，其實出現在一段看似離題的發言裡：「美國作爲一個國家，從什麼時候開始被人看扁，開始被人嘲笑的？……我們再也不想讓其他國家和各國領袖嘲笑我們了[11]。」

讓美國擺脫氣候協定的重擔，其實和就業或全球暖化無關。在川普的政治觀裡，退出是爲了擺脫屈辱，而川普的支持者對此心有戚戚焉。即使他們在乎氣候變遷，也一樣認同川普的感受。

技術官僚菁英制與道德判斷

能者治國的想法並非現代獨有。中國古代的孔子就曾表示國家應該交給有賢有能的人治理；古希臘的柏拉圖則想像社會由哲學家皇帝統治，並由具備公共精神的守護者們輔佐；亞里斯多德雖然反對柏拉圖的哲學家皇帝，卻同樣主張賢能者應在公共事務上享有最大的話語權。他認爲和統治有關的才能不是財富，也不是貴族血統，而是具備卓越的公民德性與實踐智慧（phronesis），能合理思考共善[12]。

美利堅合眾國的立國者自稱「才德之士」，並且希望和他們一樣知識德性兼備的賢能之輩選上總統。他們反對世襲貴族，卻又不欣賞直接民主，害怕直接民主會讓煽動家掌權，於是努力構思各種制度，例如以間接選舉選出參議員和總統，好讓賢能者治理國家。傑佛遜寧願選擇具備「德性與才能」的「自然貴族」，也不要「建立在財富與血統上的假貴族」。他寫道，「只會選出自然貴族擔任公職的治理模式，才是最好的」[13]。

從孔子、柏拉圖到共和黨人，這些過去的賢能治國理想雖然各有不同，卻有一個共通的看法，就是治國才能少不了道德及公民德性。因爲這些前人都同意，共善（至少部分）包括公民的道德教育。

然而，我們目前的技術官僚菁英制卻將道德判斷排除在治國才能之外。經濟上，這套模式直接用國內生產毛額來理解共善，人民對國家的貢獻完全由他們賣出的貨品或服務的市場價值來決定。掌理國家時，這套模式認爲治國才能就是技術專業。

於是，我們看到經濟學家擔任政策顧問的角色愈來愈吃重，社會愈來愈倚賴市場機制來定義和實現共善，公共論述也不再探討應該置於政治論辯核心的重大道德與公民議題，包括我們應該如何面對日益惡化的不平等？國界的道德意義何在？什麼能帶來工作尊嚴？身爲公民，我們互相虧欠對方什麼？

這套治國模式看待才德和共善的角度在道德上非常狹隘，導致民主社會在許多方面遭到削弱。首先也是最明顯的一點：過去四十年來，才德至上產生的菁英在治國方面表現並不出色。美國一九四〇至八〇年代的治國菁英表現優秀許多，不僅打贏了二次世界大戰、協助歐洲和日本重建、打造福利國家、解除種族隔離，還創造了四十年的經濟成長，而且窮人富人雨露均霑。反觀之後的治國菁英，卻只爲我們帶來了大多數勞工薪資停滯四十多年、所得和財富不均直逼一九二〇年代的歷史紀錄、伊拉克戰爭和打了十九年遲遲未果的阿富汗戰爭、金融業鬆綁、二〇〇八年金融危機、基礎建設凋敝、全球最高的監禁率，以及一套視民主爲兒戲的競選財務及選區劃分制度。

技術官僚菁英統治不只是一套失敗的治國模式，還窄化了公民範疇。如今共善大多從經濟的角度來理解，不再重視培養休戚與共感或加深公民之間的連結，而是以國內生產毛額來衡量，以滿足消費者喜好爲依歸，結果就是公共論述變得貧瘠與狹隘。

近年來的政治爭論不是充斥狹隘的技術官僚管理式語言，絲毫不打動人心，就是咆哮比賽，兩黨各說各話，誰也沒有眞的在聽。所有民眾不分黨派，都覺得這些公共論述空洞得讓人挫折無力。他們正確觀察到，就算缺乏健全的公共討論，政府政策依然會產生，只是在別處，由行政單位（往往先被受其規範的產業掌握）、中央銀行、債券市場和利用政治獻金影響公職人員的企業遊說團體決定，遠離公眾視線之外。

然而不只如此。技術官僚菁英統治除了掏空公共論述，還重新界定了取得社會認可的資格與條件，墊高有照專業階級的聲譽與威望，貶低大多數勞工的貢獻，貶損他們的社會地位與尊嚴。正是技術官僚菁英統治的這一面向，最直接促成了當前極化的憤怒政治。

民粹起義

六十年前，英國社會學家麥可．楊恩（Michael Young）預見了才德至上制將帶來傲慢與不滿。事實上，才德至上的菁英社會（meritocracy）一詞就是他發明的。他在一九五八年出版的《菁英制度的興起》書裡問，人類若有一天眞的去除了階級障礙，人人機會平等，可以全憑才能往上爬，結果會是如何？[14]

理論上，這是件好事。勞動階級的子女終於能和權貴後代公平競爭。然而，楊恩認爲這樣的發展並非全然的勝利，因爲它注定造成贏者傲慢、輸者屈辱。贏家會認爲自己的成功「是基於自身才能、努力與不可否認的成就所應得的報償」，因此會鄙視不如他們成功的人；未能爬到上層的人則會覺得不能怪誰，只能怪自己[15]。

在楊恩眼中，菁英社會不是值得追求的理想，而是社會衝突的導火線。他在幾十年前就已經嗅到了這套毒害現今政治、挑起民粹怒火的粗暴菁英統治邏輯。對才德霸權的受害者來說，問題不僅僅是薪資凍漲，還失去了社會尊嚴。

勞動階級不只被科技與產業外包搶走了工作，還感覺社會不再敬重他們所從事的那些勞動。隨著經濟活動從物品製造轉移至金錢管理，社會巨額獎勵華爾街銀行家、避險基金經理人及專業階級，過往賦予勞動的那種尊嚴也變得岌岌可危。

主流政黨和菁英都忽略了政治的這一面，以爲市場導向的全球化出差錯只是分配不均的問題，只是全球貿易、新科技和經濟金融化的得益者未能適當補償未得利者。

然而，這不僅僅是對民粹不滿的誤解，也反映出技術官僚治國的缺陷。公共論述不談道德及政治判斷，以爲可以外包給市場、專家和技術官僚，已經讓探討目的與意義的民主討論淪爲空談。公共意義的眞空，必然會被粗暴威權的身分及歸屬論述所塡滿，不是被宗教基本教義派搶走，就是被極端國族主義給霸占。

這就是我們目前看到的情況。過去四十年的市場導向全球化掏空了公共論述，讓一般民眾備感無力，並且造成民粹反撲，意圖用仇恨排外的國族主義當遮羞布，掩蓋赤身露體的公共論壇。

想重啓民主政治，我們必須設法找到道德上更健全的公共論述；對於破壞社會紐帶，讓公共生活難以維繫的才德拚搏，我們更要嚴肅以待。

第二章

「良善故偉大」：才德思想簡史

依據才能雇人並沒有錯，而且基本上是正確的。我家裡馬桶壞了需要修理，或牙齒痛需要治療，一定會找最厲害的水電工或牙醫師。嗯，也許不是最厲害的，因爲我不會找遍全世界，但絕對要找能力夠的。

工作上才能很重要，這至少有兩個理由。首先是效率，有能力的水電工或牙醫師肯定比沒能力的對我更有幫助。其次是公平，因爲種族、宗教或性別偏見而拒絕最有能力的水電工或牙醫師，而去找一個能力比較差的，這樣做是不對的。就算爲了個人偏見而接受馬桶或根管治療處理得不好也無所謂，這種差別待遇仍然不公平。能力較高的水電工或牙醫師有權抗議自己受到了不公正對待。

既然以才擇人是好事，合情合理，才德至上制怎麼會有問題呢？如此立意良善的原則怎麼會引爆如此強烈的不滿，甚至轉化了全世界的民主政治？才德至上哪時候變成了毒藥？又怎麼會這樣？

才德的重要

社會應該依據才德分配經濟報償與職務，這個構想很有吸引力有幾個原因。其中兩個跟依據才能雇人的理由相同，也就是效率與公平。獎勵努力、主動與天賦的經濟制度比不論貢獻大小報償都一樣的制度更有生產力，也比靠關係分配社會位置的制度更有效能。完全依據才德給予報償還有另一個好處，那就是公平。沒有人會因為才德以外的因素而受到差別待遇。

獎勵才德的社會還有一點吸引人，就是激勵效果，因為這種社會不僅效率高、反差別待遇，還彰顯了某種自由觀，也就是人的命運掌握在自己手中，成功不受自身以外的因素影響，一切都看自己怎麼做。我們不是環境的奴隸，而是命運的主人，能爬多高完全由自己的努力、才能與夢想來決定。

這種操之在我的人類能動性（agency）令人振奮，並且伴隨著一個道德上寬慰人心的結論：我們不論得到什麼，都是自己當得的。既然成功是我自己掙來的，是我憑才德與努力得到的，我當然能引以為傲，確信所有報償都是自己當得的。因此，才德至上的社會比其他社會加倍激勵人心，不僅彰顯一種強有力的自由觀，還能讓人獲得自己掙得並因此當得的一切。

然而，才德至上原則儘管激勵人心，卻可能轉為專制。當國家社會做不到才德至上的時候是如此，做到了也是如此。事實上，做到了更可能如此。才德至上理想的黑暗面就埋藏在它最動人的許諾裡，深植在「人是自己的主人」和「操之在我」的應許中，只是這個許諾沉重得難以負荷。才德至上理想賦予個人責任極大的分量。要人爲自身行爲負責是好事，基本上。這是尊重人作爲道德主體與公民有自主思考和行動的能力。但在道德上要人爲自己的行爲負責是一回事，以此認定我們每個人都該爲自己的命運負責就另當別論了。

其實「命運」一詞本身就代表特定的道德觀，暗示人所要承擔的責任有其限度。因爲命「運」意謂機運，代表結果不是由個人努力，而是由宿命、機遇和天意決定[1]；並非取決於才能與抉擇，而是涉及偶然與巧合，甚至神的恩典。這讓我們想到，最早針對才德的重大討論不是關於所得與工作，而是神的垂青：恩典是人掙得的，還是神的賞賜？

才德世界觀

命運反映才德的想法深植於西方文化的道德觀之中。基督教神學教導我們，萬事萬物出現都有理由。好天氣和豐收是神對善行的獎賞，乾旱及瘟疫是神對人犯罪的懲罰。船在海上遭遇暴風雨，船員就會追究誰惹惱了上帝[2]。

對身處科學時代的我們來說，這種看法不僅天真，甚至幼稚。但這種看法其實並不像我們所想的已經過去了，因爲它正是才德至上思想的起源。它反映了這樣一種信念：宇宙是講道德的，才德會帶來興旺，犯錯將招致苦難。這其實跟現代人認爲財富反映才能與努力、貧窮代表懶惰的想法相去不遠。

《聖經》的世界觀有兩個特點讓人聯想到現代的才德至上制。一是強調人的能動性，二是嚴苛看待命運不幸者。表面上看，現代的才德至上制強調人的能動性與意志，《聖經》的世界觀則將一切力量歸於上帝。畢竟實施獎懲的是神，是祂決定降下洪水、乾旱或甘霖。

然而，《聖經》的世界觀其實非常人類中心，因爲神幾乎時時刻刻都在看管人間事，賞善罰惡。如此看來，反倒是神對我們負有責任。既然祂公正不阿，就不得不依據我們的行爲對待我們。儘管獎懲都出於神，但祂會按照人的才德而定，並非任意爲之。因此就算有神，人的命運也是自己掙來的，人人都會得到自己應得的命運。

其次，這種「才德配位」思想會讓人冷眼看待命運不幸者。當事者愈不幸，我們就愈懷疑他應該是咎由自取。想想《舊約·約伯記》。約伯爲人正直，卻不斷遭逢難以形容的苦難，連兒女都死於狂風之中，讓虔信上帝的約伯百思不解，不曉得苦難為何降臨在他身上（他不知道自己是一場豪賭的犧牲品，只因為神想向撒旦證明，約伯不論遭遇何種考驗都不會動搖信仰）。

約伯痛失家人後，朋友（如果這種人還算得上朋友的話）堅稱一定是他犯了什麼滔天大罪，逼他想想自己到底做了什麼[3]。這就是上古發生的才德霸權。約伯的朋友認定苦難必然代表犯了罪，因此非但沒有安慰約伯，反而嚴厲指控他肯定有所踰越，將兒女的死都怪罪於他。而約伯明明知道自己什麼都沒做，卻認同朋友的應報說，才會向神哭喊，問神為何他完全正直，卻會遭逢如此巨大的苦難。

最後神對約伯說話了。祂駁斥「譴責受害者」這種不寬容的看法，否認約伯和他朋友認定的應報說。神從旋風中回答約伯，並非萬事都是對人行為的獎懲。不是每場大雨都是為了獎勵義人而降下的甘霖，也並非每場乾旱都是為了懲罰惡人。畢竟有些大雨降在無人之地，降在杳無人煙的荒野。上帝造物不只為了人。宇宙比人間更大更廣，神的行事比人類中心思維所理解的更神秘[4]。

神肯定約伯的正直，但責備他自以為理解神統治萬事萬物的道德法則。這大幅偏離了《創世紀》及《出埃及記》裡呈現的應報神學觀[5]。神否認宇宙是應報的，以此展現自己的權能不受任何限制，要約伯學會謙卑。信仰神意謂著接受神創造萬事萬物的偉大與神秘，而非期盼神依據各人的才能或功德而施行獎懲。

救贖與自助

才德的問題同樣出現在基督教對於救贖的討論中：信徒能靠謹守教義規範和行善獲得救贖，還是完全取決於神，和人如何行事無關[6]？前者感覺更爲公正，因爲賞善罰惡，但在神學上卻會造成問題，因爲它挑戰了神的全能。若人可以靠自己掙得救贖，只要做得對就理當得到，那神就不得不以我們的才德爲依歸。如此一來，救贖就至少部分出於自助，也就代表神的權能並非無限。

第二個選項視救贖爲神恩，人無法自己掙得。這個選項肯定神的全能，卻衍生另一個問題：假若萬事萬物皆爲神所造，那罪惡的存在也是祂造成的。但神既然是公正的，又有能力遏阻苦難與罪惡，爲何仍讓苦難與罪惡發生？神若是全能的，那罪惡的存在似乎蘊含祂並不公正。在神學上，神是公正的、神是全能的和罪惡存在這三件事似乎無法同時成立[7]。

其中一個解決之道是賦予人自由意志。如此一來，罪惡存在的責任就從神轉移到我們身上。若神除了立下律法，還賜予我們每個人決定是否遵守律法的自由，那選擇為惡而非為善就是我們自己的責任。為惡之人該當接受神的懲罰，不論此生或來世。他們受苦不再是罪惡，而只是踰越律法的公正懲罰[8]。

抱此立場的古人當中，有一位是五世紀的不列顛修士伯拉糾（Pelagius）。雖然他不算知名，但近來有學者認為，由於伯拉糾在基督教神學發展初期就主張自由意志與個人責任，因此可說是自由主義的先驅[9]。

然而，伯拉糾的主張在當時飽受抨擊，尤其遭到最負盛名的基督教哲學家奧古斯丁的強烈反對。奧古斯丁認為，讓人擁有自由意志等於否認神的全能，也讓神賜予世人的超級禮物（基督在十字架上犧牲）失去了意義。若人是自足的，可以靠善行及行聖禮自行贏得救贖，基督降生為人就變成多此一舉。人從此可以昂然仰仗自己，不再需要謙卑期盼神的恩典[10]。

儘管奧古斯丁堅持救贖只能來自神恩，教會的做法卻給功德（merit）開了後門。不論受洗、禱告、望彌撒或行聖禮，儀禮和儀式若不能讓信徒覺得不是白費力氣，就難以長久延續。人很難堅持這樣的信念，安然接受信守宗教戒律與行善不會贏得神的青睞或累積功德。當信仰體現於外在行為，並受到教會各種複雜儀禮的影響與加強，原本主張感謝與恩典的神學觀幾乎注定終將式微，被強調自尊與自助的神學觀取代。至少這正是奧古斯丁痛斥功德救贖說的一千一百年後，馬丁路德對羅馬天主教廷的批判。

新教改革便是為了反對功德說而起。馬丁路德之所以反抗天主教會，贖罪劵只是理由之一。當時天主教會允許富人以這種腐敗的手法購買救恩（但嚴格來說，贖罪劵只能加快救贖，縮短待在煉獄的時間），但馬丁路德的批評更根本。他和奧古斯丁一樣，認為救贖完全取決於神的恩典，不受任何博神青睞的行為左右，不論行善或奉行儀禮皆然。我們無法用錢買進天國，也無法靠禱告。路德認為，揀選是上帝的恩賜，人完全無法靠自己掙得。想靠聖餐、彌撒或其他方式說服神認可我們的功德，藉此提高進天國的機會，都是近乎瀆神的冒犯[11]。

路德的恩典說極為嚴苛，徹底反對功德論，反對行善能得救贖，並且不留任何餘地給人的自由與自為。但弔詭的是，路德所發起的新教改革卻促成了極端才德取向的工作倫理，並由清教徒及後繼者帶到了美洲。德國社會學家馬克斯．韋伯在《新教倫理與資本主義精神》書裡解釋了箇中緣由[12]。

清教徒深受喀爾文神學影響，而喀爾文和路德一樣，認爲救贖完全出自於神恩，與人的功德或應得無關。誰得救、誰下地獄是預先就定下的，不因人一生如何度過而改變，就算行聖禮也沒有用。雖然人必須行聖禮來榮耀神，這卻「不是獲得神恩的手段」[13]。

不難想像，喀爾文教派的預定論讓許多信徒掛慮到無法承受。若你在乎死後會在哪裡勝過塵世發生的一切，肯定會想知道自己將蒙揀選，還是被定罪。然而，神不會事先透露。我們無法憑藉人的行爲判別誰被神選中，誰會被定罪。選民是「神的不可見的教會」[14]。

韋伯寫道：「我是蒙揀選之人嗎？每位信徒心中遲早都會浮現這個疑問，將其他問題甩到腦後。還有就是：我如何確保這份恩典？」由於這個問題揮之不去又至關重要，使得喀爾文教派產生了一套工作倫理觀——既然每個人活在世上，神都會召喚他從事某項行業，那麼埋首天職就是救贖的徵兆[15]。

在這種觀點下，工作不是爲了享受財富，而是榮耀神，因此爲了豪奢消費而工作就是偏離目標，是一種腐敗。喀爾文主義結合了辛勤工作與禁慾。韋伯指出這種勤工作、少消費、重紀律的工作觀導致個人財富大量累積，進而促成了資本主義。即使最初的宗教動機已經消失，新教的工作倫理與清心寡慾仍然提供了資本主義積累財富的文化基礎。

不過，就我們討論的議題而言，重點在於功德與恩典之間的對立。終生謹守紀律從事天職並非救贖之道，而是了解自己是否（已經）蒙揀選的途徑；是救贖的「徵兆」，而非管道。

然而，事實證明人很難不將埋首天職視爲蒙揀選的管道，而非徵兆。人在心理上很難接受神完全不在意他們爲了榮耀祂而虔誠從事的工作。教會一旦鼓勵大家這樣想，只要好好工作就是選民，人就很難不認爲自己蒙受揀選是好好工作的結果。藉由事工而得救贖的這種功德思想，其實很早就隱身幕後。從天主教強調儀式和聖禮，到猶太教主張信守律法及遵行西奈之約的道德誡命能贏得神的青睞，都暗含了功德思想。

當清教徒的工作倫理吸取了喀爾文派的天職觀，就很難抗拒其背後的功德思想：救贖是掙得的，工作不只是救贖的徵兆，也是管道。「具體來說就是天助自助者，」韋伯表示：「因此，就像有些人說的，喀爾文派信徒打造自己的救贖；或者更準確地說，是打造自己將會得救的信心。」部分路德派信徒不同意，認爲這種觀點「走回了功德救贖說的老路」，也就是路德認爲有辱神恩的那種教義[16]。

喀爾文派的預定說，加上選民必須透過埋首天職來證明自己蒙受揀選的觀點，促成了以下看法：世俗成就是誰注定會得救的可靠指標。「神為每個人都安排了天職，沒有例外，而人應當接受，並埋首投入。」韋伯解釋道。這不僅意謂神認可分工，還支持「從天命的角度詮釋經濟秩序」[17]。

透過世俗行動證明某人蒙恩與否，讓功德說起死回生。中世紀的修士修女是「屬靈的貴族」，遠離俗務、棄絕慾望追求天職。但喀爾文派興起之後，基督教的克修苦行從此「跨出修道院的大門……走入市場」。所有基督徒都應當工作，用世俗行動證明自己的信仰。喀爾文主義將「倫理觀建立在預定說上」，從而讓「修士這群位於塵世之外之上的屬靈貴族被選民這群位於塵世之內的屬靈貴族」所取代[18]。

選民深信自己蒙受揀選，因而蔑視顯然注定下地獄的人。韋伯在此察覺到了一種道德情緒，我稱之為古代版的菁英傲慢。韋伯說：「神聖選民意識到神恩的同時，也會對鄰人的罪產生某種態度，不是因為意識到自身的軟弱而同理對方，而是憎恨與輕蔑，視對方為神的仇敵，帶有永刑的印記[19]。」

因此，新教的工作倫理不僅促成了資本主義精神，還催生了自助及「人要為自己的命運負責」之道德觀，和功德思想不謀而合。這套倫理觀讓人戰戰兢兢、汲汲營營，從而累積大量財富，卻也顯露了責任與自爲的黑暗面。面對神恩的無助謙卑就這樣讓位給相信功勞在我的傲慢。

天命觀：過去與現在

對路德、喀爾文和新教徒來說，功德的爭執焦點在救贖：選民是自己掙得揀選，因此當得救贖，還是出於神恩，不受我們掌控？對我們現代人來說，才德的爭執焦點則在世俗成就：贏家是自己掙得成功，所以當得報償，還是出於不受他們掌控的因素？

乍看之下，這兩場爭辯似乎沒什麼共同點。一個關於宗教，另一個關於世俗。但仔細檢視就會發現，我們現在的才德至上論仍然帶有當初的神學印記。新教徒的工作倫理起於一場關於恩典與功德、無助與自助的辯論，最後功德趕走了恩典，自主和自爲的道德觀壓過了感恩與謙卑的道德觀。工作與努力擺脫了喀爾文教派的預定論，不再是急切尋求救贖徵兆的方法，而是從手段變成了目的。

我們很容易將自主和功德思想的勝出歸因於現代社會的世俗化。人對神的信仰減弱，對個人能動性的信心增強。我們愈覺得自己是自爲自足的，就愈沒有理由覺得自己的成功需要歸功或感謝別人。

然而，即便時至今日，我們面對成功的態度還是甩不開我們有時以爲早已拋到腦後的天命思想。我們自認爲是自由的主體，能憑著自身努力往上爬或成功，這種想法只是才德至上制的其中一面。另外一個同樣重要的面向就是我們深信成功者配得成功。才德至上論的這種「勝者爲王」觀，不僅導致了贏家心生傲慢，輸家備感屈辱，同時反映了在我們這個幾乎已經全面世俗化的社會裡，仍然有天命思想殘留在道德語彙中。

「幸運者很少以幸運爲滿足，」韋伯觀察到，「他還想知道自己『有權』如此幸運，希望確定自己『配得』好運，而且比他人更有資格。他希望自己有權相信，不幸之人之所以不幸也是因爲該當如此[20]。」

才德霸權會興起，至少部分源自於此。現代的才德至上論將成功道德化，其實呼應了古代的天命思想：雖然成功者的能力與財富並非出於神的左右，而是歸功於他們自身的努力與付出，但其成功反映了他們才德出眾。富人之所以有錢，是因爲他們比窮人更配得財富。

才德至上論的勝者爲王觀是一種無神的天命論；就算有神，也是不會干預人類事務的神明。成功者是靠自己成功的，但其成功證明了他們才德不凡。這種思想提高了經濟競爭的道德價值，在道德上高舉贏家，貶低敗者。

儘管喀爾文派的預定論和原罪說早已不再，天命思想卻陰魂不散，美國文化歷史學家傑克森・李爾斯（Jackson Lears）對此提出了解釋。對喀爾文和新教徒而言，「所有人在神眼中都一樣卑劣」，沒有人值得被救，因此救贖完全取決於神的恩典[21]。

然而，當解放神學開始強調人有能力靠自己得到救贖，成功便開始同時象徵個人才德與天命。雖然推推拖拖，但新教對天命的信仰還是穩穩當當地……替經濟現狀蓋上了信仰的許可章……天命就這樣隱而不顯地成了財富不均的背書[22]。

在李爾斯看來，美國大眾文化就是一場機運道德觀與自爲道德觀的不平等對抗，後者顯然具有壓倒性的優勢。機運道德觀明白人生有許多面向超越人的理解與掌控，才德不一定能帶來相應的報償。這樣的道德觀爲神秘、悲劇和謙遜留下了空間，也承繼了《舊約・傳道書》裡表達的感觸：「我又轉念：見日光之下，快跑的未必能贏；力戰的未必得勝；智慧的未必得糧食；明哲的未必得資財；靈巧的未必得喜悅。所臨到眾人的是在乎當時的機會[23]。」

相較下，操之在我的自爲道德觀則是將「人的選擇置於屬靈秩序的中心」[24]。這樣做不是揚棄神，而是重新定義神的角色。李爾斯闡明了自我成就與掌控的道德觀起源於福音派內，最後成爲主流。這個道德觀用「路德痛斥的功德之約取代了恩典之約」，而且到了十九世紀中，「功德不再意指聖禮（如同傳統天主教），而是指世俗的道德努力」[25]。不過，這些世俗努力仍然具有得自天命的道德優越性。

新教仍然相信天命掌管一切……只是人類可以自由選擇是否參與神的安排，服從神的目的。福音派思想兼顧兩者，一方面相信天意支配一切，另一方面又前所未有地頌揚人的努力[26]。

人的努力加上天命應許，給了才德至上論一飛沖天的燃料。它揚棄機運道德觀，主張世俗成就和道德正當性互爲表裡。「一個文化愈不堅持人有責任掌握自己的命運，就愈可能更加寬容、仁厚和體恤」；愈清楚察覺命運與機遇的不可預測，就愈「可能鼓勵幸運之人想像自己身陷不幸，跳脫才德配位的迷思與傲慢，了解到人人得其所當得是多麼偶然，無法預測[27]。」

李爾斯語重心長地提到功德說和才德至上論對公民與道德的傷害：

自以為是的世俗版基督教天命論主導了美國的道德觀長達兩百年。操之在己的文化延續了這套論述，只不過偏愛的語彙從宗教轉成了技術官僚式的。這套天命觀的傲慢來自它習慣將世俗神聖化，油腔滑調地向我們保證，所有人都是天命（或演化）的一部分，而且能夠從現有的社經結構，甚至全球權力競逐的結果中見到神的安排[28]。

人人得其所當得這個天命論的概念，在當代公共論述裡出現了迴響，一個傲慢，一個懲戒，兩者都強調人該爲自己的命運負責，不論命好或命壞。二〇〇八年的金融危機就是天命式傲慢的著名實例。華爾街銀行的貪婪冒險導致全球經濟差一點瓦解，只能求納稅人大力紓困。然而，正當一般家庭和中小企業苦苦掙扎，力求能從泥淖翻身，華爾街銀行家卻搶著發給自己數百億美元的紅利。記者問高盛集團執行長勞爾德．貝蘭克梵（Lloyd Blankfein），民怨沸騰之際，他如何爲如此高額的獎金自圓其說。貝蘭克梵表示，他和其他銀行家只是「爲上帝工作」[29]。

而近來幾次致命颶風或天災過後，總會聽到某些基督教保守派做出極具懲戒版天命論色彩的發言。二〇〇五年，卡崔娜颶風重創美國紐奧良，法蘭克林・葛拉罕（Franklin Graham）牧師便說颶風是爲了懲戒這個「邪惡之城」，因爲當地不只舉辦狂歡嘉年華（Mardi Gras），還充斥各種「性變態」、縱慾及其他罪行[30]。二〇〇九年，海地超級地震奪走了超過二十萬條人命，電視布道家帕特・羅伯遜（Pat Robertson）宣稱地震是爲了懲罰海地，因爲據傳他們的奴隸祖先於一八〇四年挺身反抗法國[31]。

二〇〇一年九月十一日，紐約世貿中心遭到恐怖攻擊。幾天後，牧師傑瑞・法威爾（Jerry Falwell）在羅伯遜的電視布道節目上表示，這起襲擊事件是神對美國犯下罪行的懲罰：

替人墮胎者必須負一定責任，因為人不能嘲弄神。我們屠殺了四千萬個小生命，讓神大發雷霆。我真的認為那些想要將這種生活方式變為可接受的異教徒、替人墮胎者、女性主義者和同性戀，還有美國公民自由聯盟……所有試圖讓美國世俗化的人，我要指著他們的臉說，你們全是幫兇[32]。

將重大災難解釋爲神的懲罰，並非基督教天命論的專利。二〇一一年，大地震和海嘯重創日本，導致核能電廠爐心熔毀。經常發表民族主義言論的東京都知事石原愼太郎就表示這是「天罰」（tenbatsu），是神懲戒日本太過物慾。「我們需要海嘯捲走自私，因爲自私已經腐蝕日本人心太久了。」他說[33]。

健康與財富

近幾十年來，美國基督教派發明了一種全新的樂觀天命論，叫做成功神學（prosperity gospel，直譯爲豐盛福音）。這是由電視布道家和全美超大型教會牧師所提倡的神學，主張神會用財富與健康獎勵信仰。成功神學完全不將恩典視爲天賜的禮物，神秘且無法靠人掙得，而是強調人的意志與能動性。二十世紀初爲成功神學運動奠下基礎的美國布道家肯揚（E. W. Kenyon）便鼓勵基督徒呼喊：「神的能力是我的，神的力量是我的，祂的成就是我的。我是贏家，是征服者[34]。」

美國歷史學家凱特．鮑勒（Kate Bowler）說，成功神學可以用「我是蒙福的」這句話一語道盡，而財富與健康就是蒙福的證明[35]。知名成功神學布道家約爾．歐斯汀

（Joel Osteen）在休士頓一所全美國最大的教會擔任牧師。他告訴歐普拉「耶穌犧牲自己，好讓我們過上豐盛的生活」[36]。而他出版的暢銷書裡全是信仰帶來福報的例子，包括他住的豪宅和搭飛機被升等爲商務艙等等[37]。

感覺上，強調蒙福的福音應該讓人面對幸運感到謙卑，而非形成功德思想，認爲健康與財富是才德的象徵。但鮑勒發現，「蒙福」一詞模糊了天賜與獎勵的界線：

> 蒙福可以是純粹感激之詞：「主啊，謝謝你，我無法靠自己做到這件事。」但也可以表示這是當得的：「謝謝我自己，因為是我把事情做對了。」對相信美國夢立於努力而非運氣之上的美國社會來說，蒙福這個詞真是再恰當不過了[38]。

雖然提倡成功神學的超大型教會信眾只有一百萬人左右，但由於成功神學呼應了相信努力與自助的美國精神，使得它影響力大增。《時代》雜誌民調顯示，將近三分之一的美國基督徒相信「只要將財富奉獻給神，神就會給你更多財富」；相信「神希望人豐盛富足」的比例更高達百分之六十一[39]。

到了廿一世紀初，強調努力、向上流動與正向思考的成功神學幾乎已經和美國夢成了同義詞。「成功神學運動不僅給了美國人一套適用於這個白手起家之國的福音觀，」鮑勒寫道，「還認可了私人企業所仰賴的基本經濟結構。」這套福音觀還鞏固了富裕象徵才德的思想。如同之前的豐盛福音，成功神學信任市場可以「獎善懲惡，有德者將得到豐厚的報償，邪惡者終將失足」[40]。

成功神學之所以打動人心，部分原因在於它強調「命運掌握在個人手中」[41]。這是個令人振奮鼓舞的主張。神學上，它提倡救贖是成就，是人掙得的。世俗上，它帶給人信心，只要努力和信仰足夠，就能獲致健康與財富。這是一種極致的才德思想。如同其他才德配位觀，它高舉個人責任，這在諸事順利時會給人極大的滿足感，但在諸事不順時卻會令人喪志，甚至自我責罰。

就拿健康來說吧。有什麼想法比「健康操之在己」，病人可以藉由禱告而痊癒，病痛能靠良善度日和敬愛上帝而治好更振奮人心的呢？然而，這種極度擴張能動性的看法有其黑暗面。疾病不再只是厄運，還是缺乏才德的證據，甚至死亡的意義也被放大。鮑勒寫道，「信徒生病或喪命除了令人哀傷，還帶來羞愧。面對我們失去的摯愛之人便是如此，他們未能通過信仰的試煉[42]。」

檢視健保爭議，就能見到成功神學的無情面[43]。川普總統和共和黨國會議員試圖廢除歐巴馬健保，用其他方案取而代之。他們最常提出的論點就是新的市場取向方案可以促進競爭，壓低價格，同時不忘保障帶病投保者。然而，阿拉巴馬州的保守派共和黨眾議員莫·布魯克斯（Mo Brooks）卻不認爲。他承認共和黨提出的健保方案確實規定需求較高者支付較多保費，但這是好事，而非罪惡，因爲這樣做是獎勵生活習慣良好的人。允許保險公司向健保需求較大的人收取較高的保費不僅符合成本效益，更合乎道德。對患病者收取較高保費可以減低「生活習慣良好的人」的花費。這些人「身體健康，並且努力保持健康，然而保費飆漲的卻是這些行事正確的人」[44]。

布魯克斯反對歐巴馬健保所用的理由，正是從清教徒到成功神學一脈相承、嚴苛無情的才德思想：若富裕是救贖的徵兆，受苦就是犯罪的記號。不一定要有信仰才會接受這套邏輯。凡是認爲自由代表個人意志不受任何限制，人應該爲自身命運完全負責的道德觀，都具備這個特點。

二〇〇九年，歐巴馬健保首度登上公共論壇。全食（Whole Foods）超市創辦人約翰·麥基（John Mackey）投書《華爾街日報》，反對健保是基本人權。雖然他以放任自由主義爲前提，而不是依據信仰，卻和成功福音布道家一樣標榜自強奮發的個人責任觀，強調健康主要靠自己：

我們有許多健保問題都是自作自受：目前美國有三分之二的民眾體重過重，三分之一肥胖。從心臟病、癌症、中風、糖尿病到肥胖，這些致命疾病耗去了將近七成的健保費用，然而其中絕大部分都是能靠著正確飲食、運動、戒菸、盡量少喝酒和其他健康生活習慣而預防的[45]。

麥基表示，許多不健康的人都是咎由自取。不是因爲他們不信仰上帝，而是無視科學及醫療證據，不曉得低脂、多蔬果的飲食「可以預防甚至反轉致死力強、治療昂貴的退化性疾病。我們所有人都應該可以無病無痛活到九十幾歲，甚至一百多歲。」儘管麥基並未明講生病者是罪有應得，卻堅持這些人無權期待同胞協助。「我們每個人都要爲自己的生活與健康負責。」他說[46]。

在麥基和成功神學布道家眼中，不論在超大型教會的長椅上追求也好，在全食超市的貨架上尋找也罷，健康都是才德的象徵。

自由主義天命論

從讚揚和譴責的角度看待健康與財富，是非常功德取向的生命觀。它絲毫不留餘地給機運或恩典，主張人完全爲自己的命運負責，一切事情都是對個人選擇和生活方式的獎懲。這種思想標榜徹底的操之在我道德觀，從而促成了菁英傲慢。它讓成功者相信自己是「爲上帝工作」，鄙視受厄運打擊之人。不論颶風、海嘯或疾病，受害者自己也有責任。

這種傲慢不僅出現在成功神學保守人士和批評福利國家的放任自由主義者身上，也是自由進步政治的一大特色。用老掉牙的天命語言解釋美國的強盛富庶，認爲原因出在美國是神選之國或公義之邦，就是很好的例子。二〇一六年，希拉蕊於民主黨大會上發表接受提名演說時表示：「歸根結柢，川普就是不了解這一點：美國偉大，是因爲美國良善。[47]」她在大選期間經常搬出這套說法，希望說服選民川普品性不端，貪贓枉法，和他的競選承諾「讓美國再次偉大」根本自相矛盾。

然而，良善與偉大並沒有必然的關聯。不論國家或個人，公義是一回事，力量與財富是另一回事。稍微回顧歷史就會發現，強國不必然講求公義，道德崇高的國家不必然強大。

如今「美國因爲良善而偉大」這句話實在太耳熟能詳，以致我們忘了它所蘊含的天命思想。它呼應了美國人長久以來的信念，美國在這個世界上擁有神授的使命，注定要征服某片大陸或確保世界有利於民主發展。即使國祚神授的概念不再，政治人物仍然反覆宣稱美國的偉大來自於我們的良善。

這句口號其實沒那麼久遠。最早喊出的總統是艾森豪，而他誤以爲這句口號來自名著《民主在美國》作者托克維爾（Alexis de Tocqueville）。一九五三年，艾森豪總統引用「一位造訪過美國的法國智者」對美國成功之道的見解，表示那位法國智者曾經說：「直到我走進美國的教堂，聽見牧師講道燃燒著公義的光芒，我才明白美國擁有如此天才與力量的秘訣。美國偉大是因爲美國良善；當其不再良善，也就不再偉大[48]。」

雖然這些話並未出現在托克維爾的書中[49]，卻廣受後來的總統青睞，尤其共和黨出身的總統。福特、雷根和老布希都曾在激勵人心的場合引用過這句話，特別是對有信仰的聽眾[50]。一九八四年在基督教傳道人大會上，雷根總統就明白點出了這句口號背後的天命意涵：

美國的所有物質富裕及影響力都建立在信仰上帝和隨信仰而來的根本價值之上。據傳一百五十年前，偉大的法國哲學家托克維爾曾說，美國偉大，是因為美國良善；當其不再良善，也就不再偉大[51]。

一九九〇年代，民主黨爲了讓論述帶有神聖意涵，也開始引用這句口號。柯林頓八年總統任內提到這句口號九次，前國務卿凱瑞（John Kerry）和希拉蕊也在大選期間多次引述[52]。

歷史正確面

相較於「颶風是對罪惡的懲罰」，「美國因良善而偉大」代表較爲光明和振奮人心的那一面，是將才德思想套用在國家上。根據長久以來的天命思維，世俗成功在宗教上是救贖的徵兆，在現世中則是良善的表徵。然而，以這種角度詮釋美國的歷史定位卻給自由派帶來了難題：假若富強的國家是因爲有德而壯盛，那麼有錢有勢的上層人民不也一樣？

許多自由派與進步派都抗拒這種想法，尤其平等觀念強烈的人更是反對有錢人之所以有錢，是因爲他們比窮人更配得財富。他們認爲這種寡情的泛道德論是有心人士用來反對向富人課稅以幫助弱勢的說詞。這些具有平等思想的自由派不同意「富裕代表才德出眾」的主張，強調機運的偶然。他們指出在市場化社會裡，勝敗不只取決於品德與才能，也倚賴機遇與環境。從道德的角度看，許多區別贏家和輸家的因素都純屬隨機與偶然。

然而，既支持「國家因良善而強大」這種泛道德的天命思想，又反對「富人因有德而發財」這種泛道德的才德配位觀，其實並不容易。若對國家而言，強大就代表正確，那同樣的道理也適用於「頂層百分之一」。從道德或神學的角度看，美國對外的天命思想和對內的才德配位觀都是一體兩面，無法單獨成立。

近幾十年來，美國政治人物雖然不曾坦言這兩種主張其實自相矛盾，卻於外於內慢慢接受了才德思想，從而化解了矛盾。這套思想不只隱含在「因良善而偉大」的天命式口號裡，也出現在美國國內對於共同體、責任與福利國家政策的辯論中。自一九八〇和九〇年代起，自由派愈來愈認同保守派對福利國家政策的批評論點，包括高標準的個人責任觀。雖然他們仍未主張財富及健康出自有德的行為，但包括美國總統柯林頓和英國首相布萊爾在內的許多政治人物都做過類似嘗試，更加倚賴個人責任和是否應得來判斷取得福利的資格[53]。

美國外交與內政事務還有另一個論調轉向，也能讓人瞥見當代自由主義的天命色彩，那就是政治人物愈來愈習慣用「站在歷史的正確面」來捍衛自己或盟友的政策，用「站到歷史錯誤面」來抨擊政敵。或許有人覺得站在歷史「正確面」和「錯誤面」的說法應該最常見於冷戰時期，共產和反共產陣營互相用來指責對手，宣稱自己的體制會是最後的贏家。但讓人意想不到的是，冷戰期間沒有一位美國總統使用過這套說詞[54]。

直到一九九〇至二〇〇〇年代，歷史「正確面」和「錯誤面」才成爲美國政壇的流行語彙，而且多半出自民主黨口中。小布希總統只說過一次，二〇〇五年告訴美國陸軍官兵，中東恐怖分子「正節節敗退，因爲他們站在歷史的錯誤面」。他還說，多虧美國入侵伊拉克，中東才能再次捲起「自由的浪潮」。一年後，副總統錢尼登上航空母艦捍衛發動伊拉克戰爭的決定，向美軍保證「我們的使命必要而且公正，因爲我們站在歷史的正確面」[55]。

不過，這種勝者爲王式的說詞主要仍出自民主黨總統之口。柯林頓八年總統任內說了廿五次，歐巴馬更提及卅二次[56]。歐巴馬有時跟小布希和錢尼一樣，用它來描述美國和伊斯蘭激進恐怖主義的對抗。「蓋達組織及其側翼都是站在歷史錯誤面的小人。」他在西點軍校演講時如此說道。此外，他在美國空軍官校致詞時則說，伊斯蘭國恐怖組織（ISIL）永遠無法「強大到摧毀美國與我們的生活方式」，因爲「我們站在歷史的正確面」[57]。

然而，柯林頓和歐巴馬也會在其他場合使用這套說詞，充分反映出他們深信柏林圍牆倒塌和蘇聯垮台後，歷史正勢不可擋地走上自由民主與自由市場的道路。一九九四年，柯林頓表示他對俄國首位民選總統葉爾欽的未來非常樂觀，因爲葉爾欽「相信民主，站在歷史的正確面」。歐巴馬在首任總統就職演說中提到穆斯林世界的民主火花時，則是嚴正警告專制獨裁政權：「那些靠著貪腐、欺騙與鎮壓異議者維持權力的暴君與獨夫，你們要明白自己已經站在歷史的錯誤面[58]。」

二〇〇九年伊朗人民上街反抗專制政權，歐巴馬發言讚美「那些爲正義挺身而出的人永遠站在歷史的正確面」。二〇一一年的阿拉伯之春讓許多人燃起希望，認爲北非與中東的獨裁政權將被民主取代。歐巴馬再次搬出歷史證言，指出利比亞獨裁者格達費「已站在歷史的錯誤面」，並支持他下台。面對外界質疑美國政府對埃及解放廣場的民主示威默不作聲，歐巴馬回應表示「我深信歷史終究會這樣記載，埃及的每個關鍵時刻我們都站在歷史的正確面」[59]。

於事發前就對歷史鐵口直斷有兩個問題。首先，預測未來一向很危險。推翻海珊並未促成中東走向民主自由，就連阿拉伯之春也很快被捲土重來的專制獨裁寒流所吹散。而從目前普丁治下的俄國看來，葉爾欽的民主時光猶如一場殘夢。

其次，就算歷史可以預測，也不能作爲道德判斷的基礎。事實證明，站在歷史正確面的人是普丁，而非葉爾欽，至少最後勝出的是他的專制政權。敘利亞獨裁者巴沙爾·阿塞德（Bashar al-Assad）熬過了殘酷的內戰，因此也算站在了歷史的正確面。然而，這不表示他的政權在道德上是站得住腳的。

正義不是不到

那些以「站在歷史正確面」捍衛自身立場的人或許會回說，他們看的不是眼前，而是更長遠的歷史。然而，這個回應預設了更大的一件事：不論過程有多曲折，只要時間夠長，歷史終將邁向公義。這個假設點明了隱含在「站在歷史正確面」這一說法中的天命思想。支持此論點的人相信歷史走向是由神指引的，或是有一股世俗力量將之引向道德的提升與改進。

歐巴馬就這樣認爲，並且經常提起。他多次引述金恩博士的名言，「道德世界的未來長路漫漫，卻向著公義而行」，對這句話鍾愛有加，不僅在總統任內於演說和文告裡引用了卅三次，甚至要人繡在白宮橢圓辦公室的地毯上[60]。

這套天命思想不僅替歷史「正確面」和「錯誤面」這樣的說法做了道德背書，也支持美國因良善而偉大的主張。因爲唯有當國家替神行道，或推動歷史走向自由與正義，它的強大才能代表良善。

不論相信自己的計畫與目的符合神的安排，或認爲歷史朝自由正義邁進，都能帶給人希望，尤其正在對抗不義的人。一九五〇至六〇年代，金恩博士「向著公義」的教誨鼓舞了當時的民權運動者繼續街頭遊行，就算面對種族隔離者的暴力反對也不沮喪。這句名言改編自十九世紀麻州牧師西奧多．帕克（Theodore Parker）的講道詞。帕克支持廢奴，他的說法雖然不若金恩簡潔，卻能讓我們清楚見到天命神學如何成爲受壓迫者的希望之泉：

回顧這世界發生的事實，你就會發現正道持續贏得最後勝利。我不敢說自己了解道德世界。長路漫漫，我的眼睛只看得到一小段距離。我沒有能力推算未來，根據自己的見識補足空缺，只能憑良知臆測。但就我所見，我相信未來乃是向著公義而行。事物無法忍受長久失當。傑佛遜一想到蓄奴及神的公義就全身顫慄，我相信不久整個美國也會顫抖[61]。

對金恩和帕克而言，相信道德世界的未來向著公義而行是一個振奮人心的預言，號召眾人起身對抗不義。但這套天命思想既能為弱勢者帶來希望，也能在權勢者心裡種下傲慢。美國自由派近幾十年來的情緒轉向就是一個例子。民權運動時代的道德急迫感消失了，變成了冷戰後勝者為王的自滿。

蘇聯垮台和柏林圍牆倒塌讓許多西方人認為歷史證明了他們看法正確，他們所採行的自由民主與市場資本主義模式是對的。受到這個想法鼓舞，他們開始推動新自由主義全球化，包括自由貿易協議、金融鬆綁和其他有利於國與國貨物、資本與人才流動的措施。他們信心滿滿，認為全球化市場發展將促進國與國互相倚賴，減少國際戰爭，緩和國族主義，並提高人權保障。而全球通商和新資訊科技帶來的好處，甚至能誘使獨裁政權減少高壓，逐漸朝自由民主邁進。

但歷史並未如此發展。全球化最終導致了二〇〇八年金融危機，並於八年後引發劇烈的政治反撲。國族主義和獨裁政權非但沒有式微，反而在全球各地捲土重來，威脅民主社會內部的自由體制與規範。

然而，一九八〇和九〇年代，市場導向全球化取得上風之際，當時的菁英對歷史走向幾乎毫無疑慮。根據谷歌搜尋結果，一九八〇年代初期到二〇〇八年，書籍裡「歷史正確面」一詞的出現次數增加了八倍以上[62]。

全球化的支持者深信歷史站在他們那邊。一九九三年，美國總統柯林頓敦促國會通過北美自由貿易協定。雖然他努力平撫協定可能威脅美國勞工就業的疑慮，但他最害怕的還是協定不成將重挫全球化的進程。「我最擔心此舉將讓美國站到歷史的錯誤面……在廿一世紀即將到來的此刻，我只要想到這一點就無暇憂心其他事。」一九九八年，柯林頓在柏林讚揚德國「完成了轉型爲全球化經濟的艱鉅任務」。他告訴在場民眾，儘管多數德國人民「可能還沒感覺到好處」，但德國擁抱全球化「顯然站在了歷史的正確面」[63]。

對自由派來說，站在歷史的正確面並非擁抱自由放任市場經濟，而是對外推動全球化資本主義，對內消除歧視，促進機會平等。從健保改革、家庭與醫療假法、大專學費抵稅到頒布行政命令防止聯邦政府承包商歧視非異性戀（LGBT）員工，這些政策都是柯林頓和歐巴馬任內基於「歷史正確面」而推行的措施。二〇〇八年，柯林頓在美國民主黨全國代表大會上發言支持歐巴馬競選總統。他回想當年共和黨抨擊他太年輕，缺乏經驗，無法勝任國家領袖，但自己還是贏得大選。「這招一九九二年沒有奏效，因爲我們站在了歷史的正確面。這招今年還是不會奏效，因爲歐巴馬同樣站在歷史的正確面。」他這樣告訴支持群眾[64]。

反對歧視和增加機會都是値得追求的目標，希拉蕊也以這兩點作爲她二〇一六年總統大選的競選主軸。但當時新自由主義全球化已經造成所得與財富嚴重不均，經濟體制被金融業主宰，政壇上錢講話比人民大聲，加上憤怒的國族主義興起，促進機會平等的計畫因而聽起來遙不可及，只像是天命式盼望的無力呻吟。

歐巴馬不只表示道德世界向著公義而行，還加上一句金恩博士沒說過的保證：「美國最後總是能走對[65]。」然而，這句話讓金恩那句名言的精神改變了。

隨著任期推移，歐巴馬的天命論愈來愈缺乏預言色彩，不再號召改變，而是成了自以爲義的托詞、再次訴諸美國例外論的自我安慰。二〇一二年，他在加州比佛利山莊的募款活動上表示，進步「並非總是直線，而是曲曲折折。有時人民會走偏，有時某些人會被遺落。但美國之所以例外，就在於我們最後總是能走對。金恩博士說道德世界的未來乃是向著公義而行。正是這點讓美國與眾不同，讓美國獨一無二[66]。」

◆ ◆ ◆

一八九五年，美國衛斯理女子學院教授暨社會改革家凱瑟琳．李．貝茲（Katharine Lee Bates）發表了一首愛國詩，取名爲〈美哉，美利堅〉。十五年後，一位教會管風琴手爲它譜了曲。這首讚頌美國美好的詩歌成了美國最受歡迎的愛國歌曲，甚至有許多人希望它成爲國歌[67]。

和美國的正版國歌〈星條旗〉不同，〈美哉，美利堅〉是一首和平禮讚。它讚揚美國擁有「巍巍群山」，而不是「火箭閃閃發光，炸彈轟轟作響」。這首歌的副歌是祈求上帝恩典的禱告：

美利堅！美利堅！
上帝賜恩典於妳，
為著妳的好，而讓
四海之內皆愛妳[68]！

然而，提到上帝恩典的那句歌詞卻有兩種解釋。既可能表達企盼：「願」上帝賜恩典於妳；也可能代表既成的事實：上帝「已」賜恩典於妳[69]。

從前後歌詞可以很清楚知道，詩人的想法是前者，是祈求上帝施恩。下一行歌詞說得很明白，是「而」讓，不是「故」讓，因此表達的是企盼，是求神這麼做。

無可避免地，許多美國人都將「上帝賜恩典於妳」理解成後者，認爲歌詞表達既成的事實。這反映了美國天命思想的獨斷，而非激勵人心的那一面。美國人認爲神的恩典不是無法靠人掙得的恩賜，而是我們應當得到也已經得到的東西。「美國偉大，因爲美國良善」。

人很難在功德與恩典之間保持平衡。從清教徒到成功神學布道家，強調掙得與成就的道德觀散發著幾乎難以抵擋的魅力，總是覬覦著取代強調希望與禱告、感激與恩賜的道德觀。功德不是趕走恩典，就是將恩典變成它的形狀，變成我們應得的事物。

二〇〇一年十月廿八日，九一一恐怖攻擊事件發生幾週後，美國職棒世界大賽第二場比賽開始前，自幼失明的非裔美國靈魂樂傳奇歌手雷．查爾斯（Ray Charles）以極為動人的歌喉演唱了〈美哉，美利堅〉。查爾斯向來以無人能出其右的歌曲詮釋能力而出名，總是讓人聽得痛徹心扉，又能感受到救贖的喜悅。那天晚上，查爾斯一如既往即興加了歌詞，讓聽眾感覺美國蒙受恩典不是企盼或祈求，而是既成的事實：

美利堅！美利堅！
上帝賜了恩典於妳，哦，祂真賜了。
為著妳的好——我想你們忘了——才讓
四海之內皆愛妳[70]。

隨著歌末和弦在體育館內迴盪，四架F-16戰鬥機凌空而過，查爾斯歌聲裡的悲傷沉重被冷酷無情的武器聲所取代，顯露了天命信仰的獨斷。道德世界或許向著公義而行，但神只幫助那些自助者。

第三章

向上流動說

如今我們看待成功的態度就和清教徒對救贖的看法一樣，不是出於機運或恩典，而是我們自己努力拚搏得來的報償。這是才德觀的中心思想。它高舉自由（憑藉努力掌握自身命運的能力）與應得：若我手上擁有大量世間事物（所得、財富、權勢與地位）都是自己掙來的，那我必然配得它們。成功是才德的象徵，富裕是我應得的回報。

這種思想非常振奮人心。它鼓勵人視自己爲命運的主人，而非受役於不受他們掌控的力量。但這種思想也有黑暗面。我們愈認爲人是自爲自足的，就愈不可能在乎比我們不幸的人。既然成功是我個人的本事，那失敗必然是輸家自己的錯。這種思想腐蝕了休戚與共感。太過強調命運操之在己導致我們很難設身處地爲他人著想。

過去四十年來，才德配位思想在民主社會的公共生活裡愈來愈根深柢固。即使不平等急遽惡化，大眾文化仍然不斷宣揚命運操之在己和人人得其所當得的想法，感覺就像全球化的贏家需要說服自己和眾人，社會上層者本來就該爬到上層，下層者本來就該淪落下層似的。如果沒有，那也是沒能去除障礙，讓機會平等的緣故。主流中間偏左和中間偏右政黨近幾十年來的主要分歧，也都環繞在如何定義及實現機會平等，好讓人人全憑才能與努力決定自己能爬多高。

拚搏與當得

我會察覺才德思想的菁英心態正在蔓延，是因為學生的緣故。我從一九八〇年開始在哈佛大學教授政治哲學，不時有人問我學生對事情的看法有什麼改變，但我往往覺得很難回答。學生在課堂上討論我教授的那些主題時，總是帶有各式各樣的道德與政治立場。我沒有在學生身上看到明顯的改變，只有一點例外。那就是從一九九〇年代到現在，愈來愈多學生相信成功是自己的功勞，是他們努力的結果，是靠自己掙來的。在我教過的學生裡，這樣的才德信念愈來愈強。

我起初以為那是因為他們成長於雷根時代，內化了當時的個人至上哲學。然而，他們絕大部分都不是政治上的保守派。這種才德思想橫跨所有政治立場，尤其討論到大學招生的平權措施更是明顯。絕大多數的學生，不論支持或反對平權措施，都深信自己超級努力才符合哈佛的入學資格，因此錄取全憑真本事。若有任何一點暗示，提及他們能進哈佛是因為運氣或個人努力以外的因素，都會引來強烈不滿。

某些學校的菁英心態愈來愈重，其實不難理解。過去半世紀來，一流大學的入學難度不斷飆高。一九七〇年代中期，申請史丹佛大學的高中畢業生有三分之一獲准入學。到了一九八〇年代初期，哈佛和史丹佛的入學率只剩五分之一，二〇一九年時更不到二十分之一。隨著入學競爭愈來愈激烈，想進頂尖大學（或父母希望子女進頂大）的孩子的青春期已經成爲奮發拚搏的戰場，塞滿規畫詳細、負擔沉重、壓力巨大的進階先修課、私人入學顧問、學術評估測驗家教、體育和其他課外活動、實習及偏遠地區服務，以便博得大學招生委員的青睞。所有安排都受到焦慮的直升機父母嚴格監控，只爲讓兒女得到最好的。

熬過如此壓力與拚搏的孩子，很難不認爲錄取是自己努力用功的結果，是自己掙來的成就。這樣的想法並不會讓他們變得自私小氣。許多孩子進了大學之後仍然花費大量時間從事公益或其他善行；但中學時期的奮鬥經歷讓他們成爲堅定的才德配位論者，和清教徒祖先一樣深信成功是自己努力當得的報償。

我在學生身上看到的才德思想不是美國大學獨有的現象。二〇一二年，我到中國東南的廈門大學演講，主題是市場的道德限制。在我演講前不久，中國才發生一名十幾歲少年爲了買 iPhone 和 iPad 而賣腎，登上了新聞頭條[1]。我問廈門大學的學生對這件事有什麼看法。不少學生抱持放任自由主義的觀點：只要那名少年是自願同意的，沒有受到威脅強迫，就有權賣腎。反對的學生則認爲，有錢人爲了活久一點而向窮人買賢是不義之舉。這時一位坐在演講廳後面的學生說話了：有錢人靠自己掙了那麼多錢，表示他們有才有能，理當活久一點。

我被那麼赤裸裸的才德思想嚇了一跳。事後回想，我發現這樣的回答在道德上跟成功神學非常接近。成功神學認為健康與財富是神恩的象徵，那位中國學生顯然應該不是清教徒，也不是在基督教天命觀裡長大的。但他和他的同學都成長於中國轉向市場化社會的年代。

過去十年來，我造訪過不少中國大學，發現有錢人配得財富的想法深植在學生的道德觀中。儘管有文化差異，但那些中國學生跟我在哈佛教過的學生一樣，都是生於超級競爭的市場化社會，在超級競爭的招生制度下的贏家，難怪無法接受成功其實有賴於他人的想法，而是認為體制基於他們的努力與才能所給的犒賞都是自己的功勞，因此當之無愧。

市場與才德

鄧小平於一九七〇年代晚期至一九八〇初期推動中國市場化改革，英國首相柴契爾和美國總統雷根也在同一時間推行各項措施，促使社會更倚賴市場。這段相信市場化的時期宛如鋪路石，爲其後數十年的才德價值觀和相關做法搭好了舞台。

坦白說，才德思想並非市場發展的必要條件。最常見的支持市場的理由其實是效益與自由。效益論者主張市場能創造誘因，提高國內生產毛額，擴大全民福祉；自由論者則強調市場可以讓人自由決定要以什麼價格交換商品或貨物。

然而，一九八〇年代的市場凱旋論卻催生了支持市場的第三個理由，而且這個理由帶有明顯的才德配位色彩：只要市場是在機會平等的公平制度下運作，人人都會得到其所應得的報償。只要人人都有公平競爭的機會，市場就會依據才能犒賞每個人。

柴契爾和雷根時代的自由市場保守主義有時蘊含這套才德配位觀，但要到後來的中間偏左政治人物崛起，這套思想才被發揚光大。這是因爲一九九〇年代以降的中間偏左政治論述有一個明顯的特色：布萊爾和柯林頓等人不再挑戰柴契爾和雷根時代的市場凱旋論，不再反對其基本預設，只努力淡化它嚴酷的那一面。

他們接受柴契爾和雷根的論點，認爲市場機制是實現共善的首要工具，但他們希望市場能在公平的條件下運作。所有人民，不論種族、階級、宗教、族裔、性別或性傾向，都應該能公平競爭，平等追求市場給予的報償。對中間偏左的自由派而言，機會平等不只是沒有歧視，還意謂取得教育、健保、托育和其他服務，幫助人民在勞動市場有力競爭。

因此，從一九九〇年代到二〇〇六年，中間偏左的親市場自由派改弦易轍，開始主張讓所有人公平競爭不僅相容於市場化社會，更是實踐其兩大原則的方法。這兩大原則分別是公平與生產力。消除歧視和增加機會可以讓市場更公平，廣納人才則能讓市場更有生產力。總統柯林頓就常假借提高生產力之名，行促進公平之實，表示「一個人都不能浪費」[2]。

然而，除了公平與生產力之外，自由派支持市場化的論述還隱含了另一個更具吸引力的理想：讓所有人全憑努力和天賦競爭，將使市場依據才德來給予報償。在機會眞正平等的社會裡，市場會給予人民公正的獎賞。

過去四十年來，才德思想與應得（deservingness）成了公共論述的關鍵詞。這個轉向一方面顯露了才德至上論的嚴厲面：強調個人責任，將風險從政府和企業轉移到個人身上，緊縮福利國家政策[3]；另一方面則比較勵志，或許可以稱爲「向上流動說」：循規蹈矩努力奮發的人只有才能與夢想能限制他們爬多高。個人責任觀和向上流動說不僅導引了過去幾十年來的政治論述，最終更導致了反才德至上的民粹反撲。

個人責任觀

一九八〇至一九九〇年代，個人責任觀是福利國家政策的爭論主軸。二十世紀對福利國家政策的辯論，主要集中於共同體和我們每個人身為公民有賴於對方什麼。有些人期待更凝聚的共同體，有些人則主張必須有所節制。然而，一九八〇年代以後，有關福利國家政策的討論不再以共同體為焦點，而是轉為討論弱勢者必須要為自己的處境負多少責任。有些人更強調個人責任的分量，其他人則否。

強調個人責任是一個線索，暗示其背後隱含了才德思想。命運愈是我們每個人自己的責任，我們就愈會依據每個人的人生成就給予讚賞或責備。

雷根總統和柴契爾首相批評福利國家政策，主張人應該為自己的幸福負責，社會只有義務幫助不是因為自身過錯而受苦的人。「那些不是因為自身過錯而受苦的人，我們絕對要幫助他們，一個都不能放棄，」雷根總統在國情咨文中表示：「但讓我們努力嘗試，看有多少同胞可以擺脫對福利的依賴，自力更生[4]。」「不是因為自身過錯」這句話大有玄機。首先它展現某種慷慨，那些「不是因為自身過錯」而受苦的人有權獲得社會協助。但這件事既然涉及責任，自然有其嚴厲的一面。受環境拖累的人當然該幫，但該爲自身處境負相當責任的人就不一定了。

最早說出「不是因爲自身過錯」的美國總統是柯立芝和胡佛。這個說法蘊含了極嚴苛的個人責任觀。因爲個人選擇錯誤而貧窮或生病的人沒有資格受政府幫助，必須自己想辦法。羅斯福總統提過這個說法幾次，主要是爲大蕭條而失去工作的人辯護，認爲失業不能算是他們的錯[5]。

雷根想削減政府的角色，比之前的總統更常引用這個說法。但在他之後的兩任民主黨總統，也就是柯林頓和歐巴馬，講的次數都是雷根的兩倍以上[6]。因此，他們和雷根一樣，隱隱將窮人分成配得和不配得協助的兩類。因爲自身無法掌控的因素而受苦的窮人應得政府協助，該爲自身處境負責的窮人則不一定。

一九九二年美國總統大選期間，柯林頓誓言「終結過去的那種福利」。當選後，他將個人責任觀和向上流動說結合起來，同時展現了才德思想的嚴厲面與勵志面。「我們必須堅持做美國最拿手的事，」他在首任總統就職演說時表示：「爲所有人提供更多機會，卻也要所有人負起更多責任。時候到了，我們不該繼續守著壞習慣，期望政府或別人白白幫忙[7]。」

個人責任觀和向上流動說有一個共同點，兩者都以自立自爲爲理想。一九八〇和九〇年代，責任就是找到工作，擺脫福利；機會就是受教育和學技能，好在勞動市場保持競爭力。只要機會平等，人就會依照天賦與努力的程度往上流動，而其才德終將反映在成就上。「有多少決心和天賜的才能就爬多高，這不僅是每一位美國人的權利，也是其莊嚴的責任，」柯林頓表示：「機會與責任是一體的兩面，不能只要其一[8]。」

柯林頓呼應雷根的看法，表示福利應該只給「不是因爲自身過錯」而受苦的人。「政府的角色，」柯林頓說，「是創造經濟機會，協助不是因爲自身過錯而陷入困境的人扛起經濟重擔[9]。」一九九六年，他在眾多同黨同志的反對下簽署了一項福利改革措施，以「個人責任」爲由要求領取福利者必須工作，並限制福利發放的時間長短[10]。

重新強調責任，以及其背後隱含的才德觀，也傳到了大西洋彼岸。當柯林頓以「個人責任」爲由實施福利改革，不久後即將成爲首相的布萊爾也在英國做出類似的主張。「新時代需要新的福利觀念，機會與責任必須並行，」他毫不掩飾自己政治主張裡的才德思想。「新的工黨將致力推動才德至上，」他寫道：「我們相信人應該依據才能往上流動，而非憑藉出身或特權[11]。」

幾年後，德國總理施若德也提出類似的說法，主張福利改革：

這些措施將能調節我們的福利國家體質，以對抗全球化的風暴，而我們必須從各方面提高責任才能做到。我們必須為自己負起更多責任，也為下一代的機會負起更多共同的責任……落實到社會政策上，這代表所有人機會平等，但也表示所有人有責任把握機會[12]。

如今這套個人責任觀實在太常聽到了，讓我們很容易忽略這套說詞在近幾十年來有其獨特的意涵，和才德思想的成功觀有關。政治領袖向來喜歡談論責任，通常是指人民對國家及同胞的義務。但就如政治學家亞斯查・蒙克（Yascha Mounk）指出的，如今責任指的是「我們必須照顧好自己，如果沒做到就必須承擔後果的責任」。福利國家政策不再是責任緩衝，而是責任分流，只准因爲運氣不好而非行爲不佳而陷入困境的人領取福利就是一例。這樣做才是依據才德待人[13]。

才能決定你爬多高

向上流動說的意思也變了，其間差異很容易被我們忽略。機會平等與向上流動的理想向來是美國夢的一部分，也激勵了其他許多社會。「唯有才能與努力決定你爬多高」早已是陳腔濫調，幾乎沒有爭議。主流政治人物成天將這句話掛在嘴邊，沒有人膽敢出言反對。

因此，我這樣說可能會讓有些人嚇一跳。這句話其實沒那麼歷史悠久，直到最近四十年才成爲美國政治論述的流行語。雷根是第一位將這句話當成政治口頭禪的美國總統。他在爲黑人官員舉行的白宮新聞簡報會上，明白將才德和向上流動的權利連在一起。「所有美國人都有資格全憑個人才德分高下，」他說：「唯有夢想與努力能決定他們爬多高。」對雷根而言，向上流動說不只可以克服歧視，還有非常多用途，包括支持減稅。減輕賦稅能「破除成功之路上的障礙，讓所有美國人追夢，唯有努力、技能、想像與創意決定他們能爬多高[14]。」

柯林頓不僅借用了雷根的口號，還時常引述。「大人從小灌輸我們的美國夢既單純又有力，只要努力工作，循規蹈矩，就應該有機會發揮，只有天賜的能力可以決定我們爬多高。」到了二〇〇〇年代，向上流動說已經成爲跨黨派的口頭禪。共和黨小布希總統、麥坎參議員和盧比歐參議員都說過，但沒有人比歐巴馬更愛這句口號，提及的次數比歷任總統加起來還多，甚至可說是他總統任內的論述主軸[15]。

「講到高等教育，」在一次白宮聚會上，歐巴馬告訴在座的教育界人士說，首要目標就是「確保天資聰穎、動機強烈的年輕人……有機會充分發揮，唯有才能、學習態度和夢想可以決定他們爬多高。」他將大專教育視爲向上流動的主要管道。「國家不會保證結果平等，但美國的立國精神就是人人都有平等追求成功的機會。不論你是誰、長相如何或來自何處，都有機會成功。一個人的終點不應該由起點決定，這是美國的基本承諾，因此我很高興所有人都想進大學[16]。」

在另一個場合，歐巴馬提到夫人蜜雪兒出生於工人家庭，卻一路讀到普林斯頓大學和哈佛法學院，順利向上流動。「蜜雪兒和她哥哥得到了夢寐以求的教育，從此就唯有夢想可以決定他們爬多高。」這讓歐巴馬相信，「美國之所以得天獨厚，我們之所以如此不同，正因爲這個基本承諾與精神，在這個國家，不論你長相如何、來自哪裡、姓什麼名什麼、經歷過什麼挫折，在這個國家，只要你努力工作、願意負責，你就能做到，就能成功[17]。」

如同雷根及柯林頓，歐巴馬的向上流動說也劍指才德制，強調無差別待遇（不論長相如何、來自何處）與努力，告誡人民必須爲自己「負起責任」。於是，向上流動說和才德思想就這樣串上了：只要機會眞正平等，那麼不僅只有才能與努力能決定一個人爬多高，而且成功將是個人的功勞，所有因成功而來的報償都是你應得之物。

得其所當得

隨著向上流動說成爲關鍵詞，才德思想與應得也愈來愈常在大眾文化裡出現。還記得一九七〇至八〇年代麥當勞那句所有人朗朗上口的廣告詞（加配樂）嗎？「今天的你值得放鬆一下」。書和報紙也是。根據谷歌 Ngram 書籍語詞檢索工具，從一九七〇年到二〇〇八年，「你值得（you deserve）」這個用語的出現頻率增加了三倍多。而在《紐約時報》裡，同一用語於二〇一八年的出現次數更是雷根就任當年的四倍以上[18]。

有些「你值得」明顯和才德思想連在一起。例如一九八八年，《紐約時報》報導勵志錄音帶市場興起一股風潮，亦即在海浪聲裡混入催眠似的潛意識訊息。其中一則訊息就是「我值得比父親出色，值得成功，值得達成目標，值得有錢」。但當「你值得」融入大眾文化之後，就成了無所不包的糖衣口號。《紐約時報》最近一道食譜所用的標題就是很好的例子：你值得更多汁的炸雞（想做出值得你享用的鮮嫩炸雞嗎？很簡單：別炸過頭）[19]。

才德思想與應得不僅在日常生活愈來愈普及，也在學術哲學圈流行起來。一九六〇和七〇年代，英美主流哲學家普遍反對才德至上，理由是人在市場裡的賺賠取決於個人掌控之外的因素，例如才能的高低和稀罕程度。然而到了一九八〇和九〇年代，一群重量級哲學家可能受到當時「個人責任觀」的政治風氣影響，重新端出了才德思想。這群所謂的「機運平等主義者」認為社會有義務幫助弱勢，但必須先分清楚哪些弱勢族群得為自身處境負責，哪些弱勢族群是厄運的受害者。只有無須為自身困境負責的弱勢者值得政府提供協助[20]。

政治圈談到才德與應得，通常是提及向上流動說的時候。一九六〇和七〇年代，美國總統很少用人民應得什麼來打動人心，甘迺迪總統就從來沒說過「你值得」。然而，事情從雷根開始有了變化。他提到「你值得」的次數超過前五任總統的總和[21]。一九八三年，他告訴一群企業領袖，靠自己努力而成功的人就應得報償：

美國不是一個建立在羨慕與妒恨之上的國家。我始終相信這樣一個夢想，不論你是誰或來自何處，只要你努力工作、奮發向上而成功，嘿，你就值得享有生命給予的報償。正是為了那份報償所做出的努力，讓美國成為地球上最偉大的國家[22]。

從雷根以後，「你值得」便成了美國總統的熱門用語，而且不分黨派。柯林頓提到的次數是雷根的兩倍，歐巴馬則是三倍，從日常生活到國家大事都會提到。美國國防部在某市設立行政中心，創造了許多就業機會。柯林頓告訴該市居民，「行政中心設在這裡，因爲你們值得擁有它。」歐巴馬告訴一群倉庫工人：「辛苦工作一整天就值得拿到好薪水。」在俄亥俄州一所社區大學，他爲中產階級減稅政策辯護：「你們值得休息，値得受幫助[23]。」

自布萊爾一九九〇年代登高一呼，才德至上的思想就在英國政壇持續發酵，脫歐公投過後仍然威力不減。二〇一六年，梅伊（Theresa May）就任首相後不久，便提出她對「英國成爲才德之邦的願景」。講到「一般勞工階級」時，梅伊表示「他們值得拿到更好的條件」，而所謂的更好條件就是徹底實踐才德至上[24]。

我希望英國成為全球頂尖的才德之邦，人人機會平等，唯有才能與努力能決定一個人爬多高……我希望英國成為這樣一個國家，優勢來自才德而非特權，重要的是才能與努力，而非祖籍、父母或口音[25]。

美國政治人物雖然常將向上流動與應得掛在嘴邊，但很少公然提及才德思想。歐巴馬是個例外。某次接受ESPN球評訪問時，歐巴馬打趣說道，美國人之所以熱愛體育，是因爲「體育是少數眞正才能至上的地方，沒什麼五四三。最後誰贏誰輸，誰打得好誰打得壞，一眼都看得出來[26]。」

二〇一六年總統大選時，希拉蕊經常提到應得與向上流動說：「我們的競選主軸來自這樣一個基本信念，在美國，任何人不論長相身分或喜歡誰，都應該有機會往上爬，只有努力與夢想能決定一個人爬多高。」她保證當選之後會讓「各位獲得你們應得的機會」。此外，她還在造勢大會上表示：「我希望美國能眞正做到才德至上。我已經受夠不平等了，我希望美國人覺得只要努力就能成功[27]。」

民粹反撲

可惜到了二〇一六年，向上流動說已經不再能打動人心了。共和黨的川普擊敗希拉蕊贏得大選，而他不僅沒有提到向上流動，也沒宣揚美國人能爬多高全看才能與努力的理想。就我所知，川普競選期間完全沒有提過這句口號，總統任內亦然。他更常大談贏家和輸家，並承諾讓美國再次偉大。但他口中的偉大和過去四十年來引領美國公共論述的才德思想沒有半點關係。

我們有理由相信，民眾對才德菁英的冷感其實替川普當選推了一把，而同年稍早英國脫歐公投意外通過也和這份冷感脫不了關係。選舉變數很多，很難確鑿指出選民爲何如此投票。但許多支持川普與脫歐的勞動階級，以及其他國家的民粹政黨，似乎都對向上流動的許諾興趣缺缺，更在意重新伸張主權、國家認同與榮耀感。他們厭惡才德菁英、專家和專業階級，批評這些人提倡市場導向全球化，收割其中的好處，將勞動階級推入和外國競爭的火坑，對跨國菁英的認同似乎勝過對同胞的關愛。

民眾對建制派有許多不滿，但並非全出自於對菁英傲慢的反彈，還有些怨憤涉及仇外心態、種族歧視和反多元文化。然而，至少有部分民粹反撲確實源自於那種屈辱感。他們感覺位於才德體制頂端的人對於成就不及他們的同胞充滿了輕蔑。這份不滿並非毫無根據。幾十年來，才德菁英不斷高唱老調，人人只要循規蹈矩努力工作，就只有才能決定你能爬多高，卻沒發現對困在底層或努力掙扎才能免於滅頂的人而言，向上流動說其實更像奚落，而非許諾。

希拉蕊的才德高論聽在川普支持者耳中可能就是這種感受。對他們來說，向上流動說是侮辱，而非勵志。不是因爲他們反對才德思想。恰好相反，他們完全接受才德制，只是覺得它已經是既成事實，而非未竟的目標，還需要政府破除更多障礙才能實現。他們會如此認爲，一方面是因爲他們擔心這些措施將偏袒少數族裔或種族，導致他們眼中的才德制度遭到破壞，而非改進。但另一方面則是因爲他們已經接受自己拚老命才取得些許成功的事實，在道德和心理上都接受了市場給他們的殘酷評價。

二〇一六年美國總統大選過後，民調單位訪問川普的支持者與反對者，告訴他們幾個有關美國才德至上實現程度的說法，問他們是否同意，包括「美國社會大體上是平等公正的」「個人該爲自己的社會地位負責」「只要有心，經濟發展的機會是人人都能得到的」及「美國社會已經進步到白人和少數種族／族裔有相同的成功機會」[28]。調查結果不出所料，家境富裕的受訪者比經濟欠佳的受訪者更認同上述說法。然而，撇開階級地位，川普支持者對上述每項說法的認同程度都高於反對者[29]。川普支持者憎惡自由派的向上流動說，不是因爲他們反對才德體制，而是因爲他們認爲才德體制早已成爲社會的主流秩序。他們不但接受了它，也接受這套制度對他們的才德高低做出的嚴苛評價，並認爲其他人也該照辦。

才德霸權的崛起不只是靠向上流動說，還涉及其他心態與因素，最終導致才德至上制從良方變成了毒藥。首先是即使面對不平等惡化和社會流動停滯不前，仍然強調人人必須爲自己的命運負責，得到多少就代表你應得這麼多，這樣做削弱了休戚與共感，也讓因爲全球化而落隊者灰心喪氣。其次，堅持大專學歷是擁有可敬工作與體面生活的首要管道導致文憑主義作祟，不僅破壞了工作尊嚴，也貶低沒上大學的人。第三，堅持唯有受過高等教育、價值中立的專家最能解決社會與政治問題，這種看法是技術官僚的自大，不僅破壞民主機制，也加深人民的無力感。

只要去試就能做到？

凡是政治人物不厭其煩一講再講的眞理信條，我們就該懷疑它已經不是事實了。

向上流動說便是如此。向上流動說最盛行之時，正是貧富不均惡化到令人咋舌的時候，這點絕非偶然。當美國頂層百分之一人口的所得比底層一半人口的所得總和還多[30]，當美國人民所得中位數停滯四十年[31]，「只要勤奮努力就能出頭」的理想就開始顯得空洞。

這份空洞帶來了兩種不滿。第一種是認為現有體制未能實現才德至上理想，他們即使循規蹈矩努力工作依然無法出頭的挫折感；第二種是認為才德體制已經落實，而他們已經被判出局所產生的絕望感。第二種不滿更令人沮喪，因為它隱約暗示失敗是落隊者自己的過錯。

美國人比誰都相信努力能換來成功，命運操之在己。根據全球民調，絕大多數（百分之七十七）美國人都相信只要努力就能成功；在德國只有半數人這麼想；而有一半以上的法國人和日本人認為努力並不保證成功[32]。

問到哪些因素是「出人頭地的關鍵」，有驚人比例的美國人（百分之七十三）將努力擺在首位，充分反映了清教徒工作倫理在美國根深柢固。德國只有將近一半的人認為努力對出人頭地很重要，法國更只有四分之一[33]。

所有民調都一樣，受訪者展露的心態會隨提問方式而異。比起泛泛而論，美國人在被問到為何有些人有錢、有些人沒錢的時候，對於努力和成功的關聯就沒那麼肯定了。例如面對「有錢人有錢是因爲他們更努力，還是因爲他們條件好」的問題，美國人的回答是一半一半。至於爲何有些人會貧窮，大多數美國人認爲是出於當事人無法掌控的因素，只有三成認爲是缺乏努力[34]。

相信努力是成功的有效途徑，這樣的想法蘊含了我們相信人是命運的主宰，一切操之在己。世界上幾乎沒有其他國家的人比美國人更相信人的自我實踐力。大多數（百分之五十七）美國人都不同意「人生成就多半取決於我們無法掌控的因素」。反觀其他各國，尤其幾乎所有歐洲國家，大多數受訪者都認爲成功主要由我們無法掌控的因素所決定[35]。

對努力與自助的看法會影響民眾的休戚與共感和相互義務。倘若人人都認爲努力就能成功，那麼失敗者只能怪罪自己，我們也很難找到理由幫助他們。這便是才德體制的殘酷面。

若人不論爬到上層或跌落谷底都是自己造成的，那社會階級就反映了我們在這個社會應得多少，有錢人有錢是他們自己的功勞。但若社會上最有錢的人是憑藉外力才獲得成功，不論靠的是運氣、神恩或他人支持，那麼「命運由眾人承擔」的說法在道德上就更站得住腳，我們也更有理由主張所有人都在一條船上。

這或許可以解釋，美國的福利國家政策爲何不若歐洲社會民主國家慷慨，因爲美國人堅信自己是命運的主宰，而歐洲人更常認爲人生際遇受個人掌控之外的因素所影響。假如人人都能靠奮發努力而成功，那政府只需要確保工作和機會向所有人開放就好。美國中間偏左和中間偏右的政治人物或許對怎樣的政策才能實現機會平等意見不同，但雙方都認定目標就是提供所有人向上流動的機會，不論個人起點爲何。換句話說，雙方都同意向上流動是解決不平等的方法，順利向上者都是靠自己成功的。

美國人相信只要努力和毅力就能出頭，但這樣的想法已不再符合現實。二戰結束後的數十年，美國人確實能期待下一代在經濟上過得更好，而今卻非如此。一九四〇年代出生的美國人，所得幾乎都高於父母（百分之九十）；一九八〇年代出生的美國人，所得高於父母的只剩一半[36]。

此外，由貧轉富的向上流動之路也比一般人以爲的困難。出身貧困的美國人極少能夠爬到上層，絕大多數甚至連擠進中產階級都辦不到。社會流動研究基本上將所得階梯分爲五等分。出身最低五等分位的美國人只有百分之四或七爬到最高五等分位，爬到中間五等分位以上的也只有約三分之一。雖然各家統計數據略有不同，但只有極少數美國人眞的做到美國夢裡的「鹹魚翻身」[37]。

不僅如此，美國人在經濟上的社會流動度甚至比許多國家還糟。美國家庭的經濟優勢或劣勢延續至下一代的比例高於德國人、西班牙人、日本人、澳洲人、瑞典人、加拿大人、芬蘭人、挪威人和丹麥人。美國和英國的高所得父母有半數將自己的經濟優勢傳遞給下一代，是加拿大、芬蘭、挪威和（社會流動度最高的）丹麥子女繼承父母親所得優勢的兩倍以上[38]。

事實顯示，丹麥和加拿大孩童比美國孩童更有機會由貧轉富[39]。換句話說，美國夢是眞有其事，只不過發生在哥本哈根。

美國夢也發生在北京。《紐約時報》最近一則報導提到了這樣的場景：

假設現在要你打賭：兩個十八歲孩子，一個在中國，一個在美國；兩個孩子都很窮，感覺前途黯淡。你必須挑出比較有機會向上流動的那一個。

你會選誰？

直到不久前，這個問題可能不難回答。畢竟多年來「美國夢」始終向我們保證，只要努力就有機會過上更好的生活。

但時間來到現在，答案可能讓你大吃一驚：中國崛起速度之快，在那裡往上爬的機會遠大於美國[40]。

中國自一九八〇年以來經濟突飛猛進，因此上述結論可能並不令人意外。中國人不論貧富，所得都有增長，美國人的所得增長卻幾乎全進了上層階級的口袋。儘管美國人均財富仍然遠高於中國，但目前中國的年輕人都比上一代富有[41]。

更驚人的是世界銀行數據顯示，中國所得不均的程度和美國相當，但跨代階級流動度比美國高。換句話說，比起中國，你在美國這個機會之邦的所得多少更倚賴你的經濟起跑點[42]。

當我告訴學生這些發現，他們都很不自在。絕大多數學生從小就自然而然接受了美國例外論，在美國只要努力就能出人頭地。相信人能往上流動向來是美國面對社會不均的標準答案。的確，支持美國例外論的人也承認，美國人所得不均的程度比其他民主國家嚴重。但美國不像階級更僵固分明的歐洲國家，所得不平等比較不會影響美國，因為這裡沒有人受限於自己的出身階級。

然而，學生一旦得知美國比許多國家所得更不平均，社會流動度更低，有些人會直接否定統計數據，用自己拚搏成功的經驗來反駁。有位來自德州的保守派學生就表示，經驗告訴他只有努力才是王道。「我讀的那所高中裡，所有人都明白這一點，」他對我說：「只要在學校裡努力用功，表現出色，你就能進好大學，找到好工作，否則就只能到油田幹活，結果也確實如此。」其他同學儘管也說自己在高中非常努力，卻不否認一路上得到他人幫助。

有些學生反駁我說，就算美國夢不合現實，也不該大肆張揚，最好保持迷思，讓民眾繼續相信一個人能爬多高只看個人的才能與努力。如此一來，美國夢就會成爲柏拉圖口中的「高貴謊言」，即使並非事實，卻能讓人民接受某些不平等是合理的，以維持社會和諧。柏拉圖認可的高貴謊言是「人的靈魂是神用不同金屬做成的」，藉此拿神替他的政治理想背書，由哲學家皇帝領導守護者們統治城市[43]。而我們美國人的高貴謊言則是不論貧富差距多大，即使出身下層，只要去試就能做到。

不是只有我的學生對美國的階級流動程度有所誤解。研究人員訪問歐美民眾，在他們國家由貧轉富的可能性有多高。美國和歐洲民眾的回答大多是錯的，但有趣的是兩者錯誤的方式正好相反：美國民眾普遍高估向上流動的機率，歐洲民眾則是低估[44]。

眼見與相信

上述結果凸顯了我們看待社會與政治體制的重要特色。人會帶著希望與恐懼認知這個世界。乍看之下，上述結果只顯示一般人對自己所在社會的階級流動度有誤解，但值得思考與解釋的，是誤解的角度不一樣。歐洲社會比美國社會更平等、更流動，但歐洲人卻對向上流動的可能極為悲觀，美國人則是過度樂觀。為什麼？

不論在美國或歐洲，想法和信念都會左右一個人的認知。美國人強烈信仰個人主動性，加上願意接受不平等，使得他們傾向高估藉由努力出人頭地的可能。歐洲人不大相信個人努力能勝過一切，加上較難接受不平等，使得他們傾向低估向上流動的機率。

人常用理想和期望的眼鏡看世界。了解這一點，就不難看出才德至上的許諾為何可能讓勞工和中產階級選民灰心喪氣，甚至備感屈辱。表面上這很難理解。誰會反對破除障礙，創造公平競爭的環境，改善教育機會，好讓所有人都有機會實現美國夢，而非出身權貴者的專利？勞工和中產階級怎麼可能不受向上流動說吸引？明明這些人最能從自由派和進步派提供的教育機會、職業訓練、托育、家事假和其他政策受益？

答案是不一定。二〇一六年時，全球化對一般勞工的負面衝擊已經明顯可見，自由派菁英提出的向上流動說卻無情暗示勞工，即使不平等日益惡化，我們仍然要爲自己的命運負責，因此不論成功或失敗都是自己的問題。

如此看待不平等，不僅促成了菁英傲慢，也強化了全球化得利者是實至名歸，失利者是咎由自取的看法。歐巴馬總統的經濟顧問桑默斯（Larry Summers）就很直白表示：「我們社會面臨的一大挑戰就是真理本身就會造成不平等。我們的社會愈來愈不平等，原因或許出在人民得到的待遇愈來愈接近他們應得的狀態[45]。」

站在向上流動說的立場，或許有人會說「人人能公平競爭」是值得追求的理想，而非我們所處世界的現實。但才德思想很容易被過度延伸。一開始被當成理想，但很快就變成了事實描述。

雖然向上流動說非常勵志，訴說著一個尚待實現的許諾，但講出口卻很難不給人自滿的感覺：「在美國，只要努力就能出人頭地。」如同其他煽動人心的言詞，向上流動說在勵志裡透露著自滿，將希望當成事實來陳述。

歐巴馬的那套修辭就是最好的例子。二〇一二年他在廣播演說中表示：「在美國不論你長相如何、來自哪裡，只要肯用功、肯努力，唯有才能決定你能爬多高。只要去試就會做到[46]。」

聽眾肯定會以爲他們的總統在表達美國的眞實情況，而非一個他希望能實現的更公平、更流動的社會。他的語氣裡透露著自滿，讚揚美國已經成爲這樣一個社會，努力而非家世才是成功的關鍵。

然而，接下來歐巴馬語氣一轉，從自滿變成了企盼：「我今天能當上美國總統，正是教育給了我機會，因此我要讓美國每個小孩也有同樣的機會。這就是我奮鬥的目標。只要我有幸擔任總統一天，就會繼續努力[47]。」

歐巴馬從事實到企盼再跳回事實的轉變不是失言，也不是思想混淆，而是標準的政治話術。它展現了向上流動說的尖銳之處。這套修辭揉合了企盼與事實，混淆了贏與輸的意義。若才德至上是理想，那落敗者永遠能怪罪制度；若才德至上是事實，落敗者便被誘導著怪自己。

近年來，落敗者最常被誘導而怪自己的就是沒上大學，而菁英傲慢最傷人的一個特點正是文憑主義。

第四章

文憑主義：最後的主流偏見

麥可・柯恩（Michael Cohen）長年擔任川普總統的私人律師和喬事者，後來突然挺身反咬自己的前老闆，抖出不少他爲川普幹過的齷齪事，例如付錢給某位成人電影女星當封口費，讓她不要說出自己和川普有染。二〇一九年，柯恩赴國會作證，透露自己還替川普幹過另一件事，就是威脅川普讀過的幾所大學和美國大學理事會，不准他們公布川普的大學成績或SAT分數[1]。

看來川普覺得自己的成績很丟臉，顯然擔心公諸於世會妨害他選總統，至少有辱他的名聲。柯恩此舉凸顯了川普的虛僞。因爲數年前，他才強烈要求歐巴馬總統公布在校成績。「我聽說他成績很差，差透了，」他於二〇一一年指控道：「這樣一個爛學生怎麼能進哥倫比亞大學，然後又進了哈佛？……叫他把成績單亮出來[2]。」

比起花錢擺平色情片女星，柯恩指控川普試圖隱瞞大學成績和SAT分數並未引來同等關注。但這件事其實更重要，因爲它揭露了這個時代的一大特點，就是文憑在社會上的重要。到了二〇〇〇年代，一個人大學成績如何，甚至入學測驗表現好壞，都已經成爲頭等大事，足以讓總統自豪或蒙羞。川普顯然如此認爲。他先是要求歐巴馬出示出生證明，質疑他的公民身分，結果成效不彰。於是他只能使出自認最猛烈的羞辱，就是質疑歐巴馬沒有眞材實料。

大學文憑武器化

川普的抨擊反映出了他自己的不安全感。從競選到擔任總統，川普時常吹噓自己才智過人。一項針對總統用字遣詞的研究發現，川普的用語是小學四年級水準，爲百年來最低。據稱連川普任命的國務卿都說他是「白癡」，而國防部長則說他對國際事務的理解跟小學高年級生差不多。這些嘲諷和其他人對他才智的詆毀讓川普如芒刺在背，硬是堅持自己「絕頂聰明」，甚至是個「穩定的天才」。二〇一六年競選期間，有人問他向誰請益外交政策，川普答道：「我都自問自答。主要是我腦袋很好，而且講過很多事情……所以我的首席顧問就是我自己。」他常宣稱自己智商極高，批評他的人智商很低。他尤其喜歡拿這點來羞辱非裔美國人[3]。

川普迷信智商可以遺傳，經常說他叔叔是麻省理工學院教授，是「學術天才」，證明他本人「基因很好，非常好」。首次任命內閣成員後，川普說：「我們這群人是史上智商最高的內閣！」就任總統隔天，他到中央情報局講話，卻做出奇怪的發言，好像擔心別人懷疑他頭腦不好似的。「相信我，眞的，我很聰明。」他說[4]。

他經常感覺有需要提醒聽眾自己的學歷，強調他在福坦莫大學讀了兩年，然後轉到賓州大學的華頓商學院。他炫耀自己進的是「全世界最難進、最頂尖的大學……裡頭全是超級天才」[5]。二〇一六年大選期間，他抱怨媒體對保守派有偏見，害他老是必須澄清和強調自己的智力。

要是我代表民主黨自由派競選，媒體就會說我是世界上最聰明的傢伙，真的！但只要你代表共和黨保守派，他們就會：欸，這傢伙會數數嗎？所以我老是只能這樣開頭：「我進過華頓，成績很好，我讀過這所大學，上過那所學校，做了這個，幹過那個，賺了很多錢。」你們知道嗎？我必須一直搬出學歷來講，誰叫我們比較弱勢[6]。

雖然川普成天強調「我很聰明」是出於不滿及不安全感，聽在批評者耳中只覺得可笑與悲哀，這後來卻成了他的政治資產。因爲那些參加造勢大會的勞動階級支持者都心有戚戚焉，和他一樣痛恨菁英的傲慢。川普的反彈反映了才德至上可能引發的羞辱感。他痛恨菁英，卻又渴望對方的尊重。在二〇一七年一場帶有造勢氣氛的大會上，川普先是痛斥菁英，接著自稱他也是人中翹楚：

你們要知道，我是好學生，老是聽人在講什麼菁英。那些菁英——他們能算菁英嗎？我讀的學校比他們的好，成績比他們優秀，住的房子也比他們的大、比他們的漂亮。而且現在我住在白宮，那裡真的不錯。我要說，你們知道嗎？我覺得我們才是菁英，他們不是[7]。

川普不是唯一面對別人質疑他的智力會反彈的政治人物。一九八七年，拜登首度參加民主黨內總統候選人初選時，一位選民逼問他讀的是哪一所法學院，成績如何，拜登勃然大怒：

我想我的智商應該比你高得多。我讀法學院拿的是全額獎學金，班上只有我一個拿到全額獎學金……而且成績是前段班。學年末，我在政治系拿到非常高分。畢業時拿了三個學位，一百六十五個學分，而畢業只需要一百廿三個學分。我很樂意坐下來跟你比比看誰智商高[8]。

查證之後會發現，拜登的回答充滿了誇大之詞。他拿的是清寒獎學金，而且不是全額補助，成績在班上接近墊底，畢業時只拿到一個學位而非三個（但他確實有雙主修）等等[9]。但眞正令人詫異的不是政治人物會誇大學歷，而是他們覺得有必要這樣做。

就算沒被問到學歷，有些人還是會拿它出來義正辭嚴爲自己辯駁。二〇一八年，川普提名布雷特·卡瓦諾（Brett Kavanaugh）擔任大法官。就在參議院舉行的任命聽證會結束前，一名女性出面指控卡瓦諾於高中時在派對上性侵她，導致他的任命案出現了變數。

參議員質問卡瓦諾是否酒後性侵了那位女性，卡瓦諾不僅否認，還莫名其妙端出在學表現爲自己辯護，說他高中時是多麼努力用功才申請到耶魯大學，後來更進到耶魯的法學院。

參議員提到高中畢業紀念冊裡有線索顯示他喜歡喝酒和女色，卡瓦諾回答：「我成績在班上名列前茅，整天屁股都黏在椅子上，又是籃球校隊隊長，後來進了耶魯大學，進去之後又申請到耶魯法學院……那是全美排名第一的法學院。我在大學裡沒有關係可靠，拚了命苦讀才擠進法學院[10]。」

參議員並未質疑卡瓦諾的在學表現。我們很難想像這件事和他十八歲時是否在派對上酒後性侵了一位年輕女性有任何關係。但二〇一八年時，文憑在美國已經成爲極普遍的判斷依據，有如萬用的信用加分器，可以用在各種道德或政治鬥爭裡，完全不限於校園場合。

大學文憑成爲攻擊武器，顯示了才德可能變成霸權，其中過程值得仔細爬梳。全球化造成不平等急遽惡化，勞動階級薪資停滯。美國經濟所得幾乎全進了最有錢百分之十人口的口袋，底層半數人口分得的趨近於零。而一九九〇和二〇〇〇年代的自由派與進步派政黨非但沒有改革經濟結構，直接對付不平等，反而擁抱市場導向的全球化，想用促進機會平等來解決經濟紅利分配不均的問題。

這就是向上流動說的中心思想。只要去除阻擋發展的障礙，人人都有機會成功。不論種族、階級或性別，唯有才能與努力是人生的天花板。只要眞正做到機會平等，出人頭地者掙得的成功與報償就可說是他們應得的。這就是才德至上制的許諾：不是保證社會更平等，而是許諾向上流動更容易、更公平。它接受所得階梯愈拉愈大的事實，只努力協助所有人在往上爬時競爭更公平。

可想而知，有些人並不覺得這樣的政治藍圖多吸引人，尤其是那些曾經更在意正義與共善的政黨。不過讓我們暫時放下這一點，不去討論才德至上制是否堪爲公正社會的基礎，只先考慮它所衍生的看待輸贏勝敗的態度。

教育是不平等的解方

接受才德至上制的人知道，眞正的機會平等不只是消除歧視，還需要創造公平的競爭環境，好讓不同社經背景的人都可以在全球化的知識經濟時代有力競爭。因此，一九九〇年代美國的主流政黨一致將教育視爲解決不平等、薪資凍漲及製造業工作流失的關鍵。「想想我們面對的所有問題與挑戰，」一九九一年，老布希總統表示：「解決之道都始於教育。」一九九六年，布萊爾爲英國工黨立下中間路線的改革方案，並且強調：「如果你問我政府有哪三件事最爲優先，我會說教育、教育，還是教育[11]。」

柯林頓曾經用一句順口溜來表達教育的重要，以及教育和工作的關聯：「學多少就賺多少。」柯林頓表示，在全球競爭的新時代，沒有大專學歷的勞工將很難找到好工作和好薪水。「我們認爲人人都該上大學，因爲學多少就賺多少。」他在總統任內至少講了這句口號三十次，從演說到文告都有。它不僅反映當時的普遍認知，也深受兩黨青睞，共和黨參議員麥坎二〇一八年競選總統期間就常提到這句口號[12]。

歐巴馬同樣認爲高等教育是美國勞工經濟困境的解方。他在布魯克林一所科技大學告訴在場聽眾：「過去，你只要努力工作，就算沒受過很好的教育也無所謂[13]。」

你如果只讀完高中，或許能在工廠或成衣廠找到工作，也可能找到一份薪水不壞的差事，和有幸讀完大學的人差不多。但那樣的日子已經一去不復返了。我們活在廿一世紀的全球化時代。在全球化經濟體系下，工作可能轉到任何地方。企業需要受過頂尖教育的人，不論那些人在哪裡……因此你們現在面對數十億來自北京、班加羅爾和莫斯科的外國人，全是你的直接競爭者……你如果沒受良好教育，就很難找到餬口的工作[14]。

講完全球競爭的壞消息之後，歐巴馬向聽眾保證只要多受教育就能化解危機，並搬出向上流動說樂觀總結，他將繼續努力奮鬥「確保各位不論身分爲何，生於何處，長相如何，美國永遠是只要去試就能做到的國家」[15]。

這就是自由進步派政治於脫歐公投、川普勝選和民粹反撲前的基本論點：全球化經濟宛如降臨在我們社會的自然現象，不會再更改，因此關鍵問題不是如何重塑獨厚專業菁英的全球經濟，而是如何適應，減輕它對勞工薪資與就業的毀滅衝擊。

答案就是提升勞工的教育水準，好讓他們也可以在「全球化經濟體制下和其他人一較高下，並且勝出」。倘若機會平等是首要的道德與政治工程，提供高等教育就是非做不可的政策。

◆ ◆ ◆

才德至上自由主義可以說是柯林頓和歐巴馬時代的代名詞。然而，就在這個時代接近尾聲時，立場偏向民主黨的評論者卻批評柯林頓和歐巴馬擁抱全球化，過度推崇大專學歷，認爲有才能、有學歷的人理當位居上層。美國MSNBC新聞網節目主持人兼作家克里斯多夫．海耶斯（Christopher Hayes）觀察到，近年來左派在所有「讓才德至上制更才德至上」的事情上表現得最出色，包括打擊種族歧視、替女性廣開高等教育之門和提倡同志權益等等；但在「才德至上制以外」的項目表現不及格，例如「減緩愈來愈嚴重的所得不平等」[16]。

任何一個追求機會平等而非貌似結果平等的政治框架，必然會要求教育制度做到階級大幅流動……隨著不平等持續擴大，我們對教育制度的要求也愈來愈高，期望它彌補這個社會的其他過錯[17]。

察覺到民粹氣氛的史學家湯馬斯・法蘭克（Thomas Frank）批評自由派，說他們太將教育視爲化解不平等的解方。「在自由派人士眼裡，所有重大經濟問題其實都是教育問題，都是因爲輸家未能習得該會的技能，取得眾所皆知進入未來社會需要的文憑或證照。」法蘭克認爲這個解決方案既不合情理，又太自以爲是：

這種做法其實根本不是解決方法，而是道德判斷，是成功者的一己之見，認為一個人專業與否完全由其教育程度來判斷。每當他們強調解決之道在於提供更多學校教育，就是在告訴國人：不平等是你的錯，而不是制度[18]。

法蘭克認爲，這種觀點讓民主黨無法看清那些導致不平等的政策。他觀察到一九八〇和九〇年代美國生產力雖有增加，薪資卻未上漲，因此質疑教育是否眞的是不平等的主因。「眞正的問題出在工人缺乏權力，而非腦袋空空。生產者製造產品，卻失去了要求分一杯羹的能力，持有者愈拿愈多。」而民主黨未能看清這一點，以致「忽略了經濟上的眞實情況，包括壟斷力、金融化和勞資關係，而是擁抱某種道德幻想，什麼也不用面對[19]。」

法蘭克提到的「成功者的一己之見」觸及了一個要點。鼓勵更多人上大學很好，廣開大學之門更棒，但要解決不平等，拯救因數十年全球化而深陷困境的勞動階級，一味強調學校教育產生了一個後遺症，就是削弱了未上大學者的社會尊嚴。

削弱的方式有兩種，而且都和破壞勞動和勞動階級尊嚴的心態有關。首先，絕大多數美國人都沒有大專學歷。對周遭主要是管理或專業階級的人來說，這一點可能讓他們頗爲意外。儘管大學畢業率數十年來不斷攀升，但擁有四年制大專學歷的美國人只占總人口的三分之一左右[20]。當才德制菁英將成敗與能否取得大專文憑緊緊連在一起，等於隱約責怪沒有大專學歷的人，暗示他們在全球化經濟體制遭遇困厄是咎由自取，同時卸除自己的責任，不必爲那些造成大專文憑擁有薪資溢酬效應的經濟政策負責。

其次，當這些菁英告訴勞工問題出在他們教育程度不夠時，等於將成敗道德化，不自覺地高舉文憑主義，隱隱歧視沒上大學的人。

文憑主義是菁英傲慢的症狀。過去數十年來，才德思想愈來愈穩固，使得菁英養成了瞧不起未能向上流動者的習慣。這些菁英時常呼籲勞工取得大專學歷改善自身條件，就算用意再良善，最終只會哄抬文憑主義，讓缺乏體制所獎勵的學歷與證照的人失去社會認可與尊嚴。

出類拔萃之輩

才德思想於二〇〇〇年代初期成爲專業階級的基本常識，歐巴馬正是最佳寫照。誠如記者強納森．奧爾塔（Jonathan Alter）所言，「歐巴馬某個程度上相信頂尖專業階層是經由公平篩選機制所產生的。他和蜜雪兒就是靠著這個機制進入長春藤名校，因此配得擁有更高的社經地位[21]。」

奧爾塔寫了一本書記錄歐巴馬就任頭一年的種種。他發現歐巴馬任命的官員裡有四分之一和哈佛大學有關，不是校友就是教職員，初期任命的官員更有九成以上擁有高等學歷。「歐巴馬相信金子總是會發光。由於他自己就是美國二戰後才德至上制的傑出產物，因此難以避免從他所站在的階級階梯上看世界[22]。」

歐巴馬喜歡任用高學歷者，八年總統任內始終如一。第二任總統期間，歐巴馬的內閣官員有三分之二出身長春藤盟校，其中廿一人有十三人是哈佛或耶魯校友，只有三人不具高等學歷[23]。

高學歷者治理國家通常是好事，只要他們具有穩健的判斷力，能同理勞動階級的生活即可，也就是擁有亞里斯多德所說的實踐智慧與公民德性。但歷史證明高學歷和實踐智慧幾乎沒有關聯，也不代表擁有體察共善的直覺。文憑主義走歪的最佳實例來自大衛・哈伯斯坦（David Halberstam）的《出類拔萃之輩》。他在這本經典之作裡詳細描繪了甘迺迪總統如何召集一群學歷傲人的才智之輩，以及這群技術官僚菁英如何讓美國犯下參與越戰的愚行[24]。

奧爾塔發覺甘迺迪和歐巴馬任命的官員有其相似處，兩群人馬「都是長春藤名校出身，也都擁有某種傲慢和不食人間煙火的味道，跟大多數美國人的生活脫節」[25]。結果歐巴馬任用的經濟顧問也搞出了蠢事。儘管不像越戰害死那麼多人，卻也改寫了美國政治。面對金融危機，這群顧問堅持親華爾街的處置方式，選擇紓困銀行，而非向銀行究責，導致民主黨失去了許多勞工的心，進而促成川普上台。

這麼糟的政治判斷力和菁英傲慢脫不了關係。法蘭克如此表示：「民主黨人普遍認爲華爾街是個極具才德威望的地方，跟頂尖研究所不相上下[26]。」

> 歐巴馬對華爾街百般寬容，因為投資銀行象徵的專業地位幾乎無與倫比。對充

斥政府部門的那些成就動機強烈的官員而言，投資銀行家不只是朋友，更是同為心思細密、滿口高深術語、極具創新能力的專業人[27]。

法蘭克指出，這種對投資銀行家下意識的尊重「蒙蔽了民主黨人，導致他們無法察覺巨型銀行的問題、結構改革的必要，以及業界氾濫的詐騙歪風」。這句話出自前聯邦檢察官尼爾．巴洛夫斯基（Neil Barofsky）之口。他負責監督政府對銀行的紓困方案，並將所見所聞寫成一本書，書名及副標題充分顯露了他的不滿：《紓困：華府如何背棄平民，拯救華爾街》[28]。

華爾街的執行長們確實是歐巴馬競選期間的政治獻金大戶，但他任用的官員對金融業手下留情卻不只是投桃報李。巴洛夫斯基提出一個更深入、更具有才德思想的解釋：官員相信高學歷、有教養的投資銀行家配得他們所領的巨額報償。

某些金融業執行長是天賦異稟的超人，領取驚人薪資與紅利是他們應得的報償。這套華爾街編造出的假象牢牢烙印在財政部心裡。不論哪個黨執政，金融危機再怎麼證明那些執行長表現有多普通，財政部依然對此堅信不移。只要某位華爾街執行長的合約載明他可以領取六百四十萬美元的「留任」獎金，就表示他一定值那個價碼[29]。

文憑主義不只左右了政府政策，還滲入了美國民主黨一九九〇及二〇〇〇年代的競選修辭，微妙改寫了公共論述的用語。任何時代的政治人物、意見領袖、廣告商和公關業者都會使用判斷與評價的語言來宣傳及遊說。這類修辭通常仰賴價值對比，例如正義與不公、自由與奴役、進步與反動、強與弱、開放與封閉等。最近數十年來，隨著才德思想深入人心，聰明與愚昧便成了主要的價值對比。

直到最近，聰明（smart）一詞主要都是用來形容人。在美式英語裡，說人「聰明」就是稱讚對方有才智，英式英語則是用「聰穎（clever）」。數位時代來臨之後，聰明開始被用來描述事物，許多高科技設備或機器都會冠上和聰明相關的字眼，如智慧型手機、智能汽車、精靈炸彈、智慧型溫控器、智慧型烤麵包機等等。然而，數位時代正好遇上才德思想興起，難怪「聰明」也被用來描述治理國家的方式。

聰明之舉

一九八〇年代之前，美國總統很少用到「聰明」這個詞，就算有也是沿襲過往，以人爲對象。例如「美國人民很聰明」。老布希總統率先以數位時代的意涵使用這個詞，提到「智能車」「智慧公路」「智慧型武器」和「智慧學校」。到了柯林頓和小布希時代，聰明一詞開始大量出現在他們的話語中，兩人都使用了四百五十次以上，歐巴馬更超過九百次[30]。

同樣的現象也發生在日常用語。一九七五年至二〇〇八年，聰明一詞在書籍裡出現的次數穩定攀升，增加了將近三倍；《紐約時報》裡的出現次數從一九八〇年至二〇〇〇年增加了四倍，到了二〇一八年又增加了將近一倍[31]。

然而，最能看出才德思想有多深入美國人心的不是聰明一詞的出現頻率增加，而是它的意義改變。如今聰明與智慧不僅能用來形容數位系統與設備，還愈來愈常用來讚揚各種事物，用來支持某項政策。「聰明與愚蠢」開始取代其他道德或意識形態對比，例如正義、不公和是非對錯等等。柯林頓和歐巴馬爲任內政策辯護時，經常主張該項政策「不只正確，而且聰明」。這種說法暗示了在才德至上的時代，聰明比正確更有說服力。

「全球對抗愛滋不只正確，而且聰明，」柯林頓告訴美國民眾：「在這個緊密相連的世界，任何地方發生傳染病都會對所有地方的公共衛生造成威脅。」同理，將處方藥納入健保「不只正確，在醫療上也很聰明」。提高基本工資「不僅對勞工家庭是正確的事，對全國經濟也是聰明之舉」[32]。

歐巴馬也常用同一句話，例如「培力女性不只正確，而且聰明。有成功的女性，我們國家才會更安全、穩固與強盛」；在聯合國大會上則強調提供發展援助「不只正確，而且聰明」。從移民政策改革到擴大失業保險，歐巴馬都會搬出這套同時訴諸道德與才智的說詞[33]。

聰明永遠涉及務實自利的考量，和道德無關。以務實考量支持道德主張的政治領袖，柯林頓和歐巴馬並非第一人。問題在於務實考量變成了「聰明」。

用聰明（不愚蠢）來爲政策辯護，就好比用文憑來評斷人。希拉蕊就任國務卿時宣布新任的國務院官員，就清楚指出兩者的關聯：「我在參議院外交委員會上曾經提到，我們要運用巧實力（smart power），而聰明人便是巧實力的關鍵。這幾位才能出眾的夥伴都是我認識的絕頂聰明之輩[34]。」

兩黨對立嚴重，聰明與愚蠢因此成為流行的政治語言，這點並不難理解。因為它就像意識形態對抗的避風港，是種可以避開道德爭議，直接訴諸聰明、合情（sensible）與務實以求共識的政治辯論方式。歐巴馬很喜歡這套看似超越黨派的才德思想與修辭。每回說起種族、族裔和性別平等，他總是高談道德，講得頭頭是道；但只要涉及外交事務或經濟政策，他就會不自覺端出這套無關意識形態的修辭，改談聰明與愚蠢。

歐巴馬政治生涯早期最重要的一場演講發生在二〇〇二年。時任伊利諾州參議員的他公開反對伊拉克戰爭。正是這個反戰立場讓他在六年後和希拉蕊拉開距離，幫他贏得民主黨的總統候選人提名。然而，早在站上全國政壇之前，他就已經從聰明與愚蠢的角度看待政治選擇了。「我不是反對所有戰爭，」這位年輕的參議員在芝加哥的反戰集會上表示，「而是反對愚蠢的戰爭[35]。」

第二任總統期間，有人問起他的外交政策主軸，歐巴馬的回答只有一句話，而且說得非常白：「別做蠢事[36]。」

二〇一三年，歐巴馬和共和黨對如何減少預算赤字又不全面縮限政府支出的看法相持不下，他再次搬出聰明與愚蠢說。「事情有合情的做法，也有愚蠢的做法，」他這樣告訴維吉尼亞州的造船工人。幾天後，他又在記者會上說，「我們不應該任意愚蠢地刪減政府開支」，而是要推動「聰明的開支削減」和「聰明的福利改革」[37]。

歐巴馬宣稱自己推行的削減開支與增加稅收措施聰明合理，而且超越黨派，不會陷入意識形態之爭。「我認爲這種做法沒有黨派色彩。我已經提倡兩年了，去年也是這樣競選的[38]。」但他並未解釋自己競選總統期間提出的政策爲何可以超越黨派。

菁英傲慢

美國的政治菁英似乎不僅對「聰明」政策的黨派色彩視而不見，也對自己成天將聰明與愚蠢掛在嘴邊的傲慢態度沒有感覺。二〇一六年時，美國許多勞工都對高學歷菁英大爲光火，感覺那些人瞧不起他們。這份不滿其實不無道理，後來更爆發成反菁英的民粹反撲。民意調查反映出許多勞動階級的感受。當種族主義與性別歧視不再流行，即使尚未根絕也已經不受歡迎，文憑主義就成了最後一個主流偏見。歐美對低學歷者的蔑視比對其他弱勢團體的歧視還要明顯，至少更不避諱。

根據一群社會心理學家在英國、荷蘭和比利時進行的系列調查，大專學歷受訪者對於低學歷者的偏見多過對其他弱勢團體的歧視。研究人員訪問高學歷的歐洲人，了解他們對經常成爲歧視對象的團體的觀感，例如穆斯林、西歐的土耳其後裔、窮人、盲人、肥胖者和低學歷者等等，結果發現最不受喜歡的是低學歷者[39]。

研究人員在美國進行類似調查，只更動了受歧視團體，改成非裔美國人、勞動階級、窮人、肥胖者和低學歷者，結果美國受訪者同樣最看輕低學歷者[40]。

研究人員證明了大專學歷菁英蔑視低學歷者之後，提出了幾項很有意思的結論。他們首先質疑一般人的看法，也就是高學歷菁英比低學歷者更有教養，因此對人更包容。研究人員指出高學歷菁英比低學歷者更有偏見，「只是對象不同」。此外，高學歷菁英並不認爲自己懷有偏見是難堪的，就算譴責種族主義與性別歧視，也對自己瞧不起低學歷者的負面態度毫不歉然[41]。

其次，菁英對自己心懷偏見並不難堪，這點和才德思想強調個人責任有關。菁英討厭低學歷者勝過窮人或勞工階級，因爲他們認爲貧窮與階級地位至少部分出自個人無法掌控的因素，教育程度不高卻代表個人不努力，因此是沒上大學者本身的錯。「比起勞動階級，他們認爲低學歷者更有責任，更該受責備，更容易遭致不滿，也更不受人喜歡[42]。」

第三，不是只有菁英對低學歷者有負面觀感，連低學歷者本身也是如此。這顯示才德思想已經多麼深植於社會，對未上大學者而言又是多大的信心打擊。「沒有跡象顯示低學歷者擁有外人加諸他們的那些負面特質」，但這些負面評價「似乎內化到了他們心中」。所有人都認為「低學歷者是咎由自取，連低學歷者自己也這樣認為」[43]。

最後，研究人員表示，由於才德至上的社會不斷強調上大學的重要，造成低學歷者更被污名化。「將教育視為社會問題的萬靈丹，可能會讓低社經地位團體受到特別負面的評價，並強化才德思想」，民眾因此更甘於接受不平等，更相信成功反映才德。「一旦教育被視為個人責任，民眾對於教育程度不同所造成的社會不平等就愈不會批評……當教育果實被視為應得的，其報償也會被視為理所當然[44]。」

學歷治國

到了二〇〇〇年代，歐美未上大學的公民不僅被人瞧不起，更幾乎選不上公職。美國國會有百分之九十五的眾議員和百分之百的參議員為大學畢業。換句話說，整個國家是由高學歷的少數統治低學歷的大多數。雖然有三分之二左右的美國成年人不具大專學歷，其中卻只有少數人進入國會。

事情並非向來如此。雖然美國國會向來由高學歷者占多數，但直到一九六〇年代初期仍有四分之一的眾議員和參議員不具大專學歷。過去五十年來，美國國會裡的種族、族裔和性別都變得更加多元，唯獨教育程度和階級例外[45]。

文憑落差造成的後果之一，就是極少有勞動階級選上公職。美國約有半數的勞動人口從事藍領工作，包括肢體勞動、服務業及文書工作，但是國會裡這些行業出身的議員比例不到百分之二。州議會裡勞動階級出身的議員也只有百分之三[46]。

文憑主義也改變了英國與歐洲代議制政府的樣貌。英國和美國一樣，也是由高學歷者統治低學歷者。英國大約有百分之七十的人口沒上過大學，但國會裡不具大專學歷者只占了百分之十二。擁有大專學歷的下議院議員將近九成，四分之一就讀牛津或劍橋大學[47]。

過去四十年來，英國工黨國會議員的教育與階級背景變化尤其驚人。一九七九年時，百分之四十一的工黨議員沒有大專學歷，到了二〇一七年只剩百分之十六。文憑主義興起，導致英國勞動階級議員的比例急遽下滑。目前下議院只有百分之四的議員是工人階級出身。工黨過去的組成分子主要爲勞動階級，其改變最爲劇烈。一九七九年時，百分之卅七的工黨國會議員出身勞動家庭，到了二〇一五年只剩百分之七。英國政治學者奧利佛．希斯（Oliver Heath）指出，「由於議員職業背景改變，使得英國國會的人民代表性嚴重下滑。工黨傳統上應該代表工人利益，現在卻代表性大減[48]。」

西歐各國議會裡的低學歷者也在流失，模式和英美相近。德國、法國、荷蘭和比利時的代議制政府幾乎都成爲高學歷者的天下。即使在這些先進國家，未上大學的成年人比例還是將近七成，但只有極少數能進入國會[49]。

德國聯邦議院有百分之八十三的議員擁有大專學歷，最高學歷爲高中高職者只占不到百分之二；法國、荷蘭和比利時有百分之八十二到九十四的國會議員擁有大專學歷。這些國家的內閣成員教育程度更高。二〇一三年，德國首相梅克爾的十五位內閣成員有九位博士畢業，只有一位不具碩士學歷。由於博士學歷在德國政壇意義非凡，導致博士論文抄襲醜聞層出不窮，不少內閣成員因此下台[50]。

未上大學者在政府裡銷聲匿跡，是才德菁英時代的後果之一，但同樣的現象並非沒有前例。歐美各國的現狀已經退回到大多數工人尚未擁有投票權的時代，這點相當令人憂心。今日歐洲各國議會充斥高學歷者的現象就像十九世紀晚期，當時投票權由財產多寡來決定。不論德國、法國、荷蘭或比利時，十九世紀中晚期大多數國會議員都有大專學歷[51]。

二十世紀情況開始改變。全民普選加上社會黨和社會民主黨興起，使得國會議員組成民主化。一九二〇至五〇年代，不具大專學歷的英國下議院議員比例甚高，將近三分之一到二分之一。但從一九六〇年代起，大專學歷者的比例開始攀升。到了二〇〇〇年代，不具大專學歷的國會議員已經有如鳳毛麟角，時光彷彿退回到貴族與仕紳治國的年代[52]。

或許有人會說，大專畢業高學歷者治國是好事，不是憾事。既然誰都希望興建橋樑的是合格工程師，幫我們切除闌尾的是訓練精良的醫師，何不推舉一流學府出身者成為民意代表呢？受過高等教育的政治領袖不是比學歷一般者更能想出健全的公共政策，提出更合理的政治論述嗎？

其實並不盡然。只要看一眼美國與歐洲各國國會目前的政治論述慘狀，就會讓人難作此想。治國需要實踐智慧與公民德性，有能力掌握並確實追求共善。但今日多數大學都沒有培養這些能力，就連聲譽崇隆的大學也不例外。晚近的歷史經驗更告訴我們，政治判斷力需要德性與睿見，和標準化考試拿高分上頂尖大學幾乎沒有關聯。「出類拔萃者」比學歷普通者更長於治國的想法，其實是出於菁英傲慢的迷思。

拉什莫爾山總統雕像群的四位美國總統中，兩位（華盛頓和林肯）沒上大學。杜魯門是美國最後一位不具大專文憑的總統，卻名列史上評價最高的美國總統之一[53]。

羅斯福總統出身哈佛大學，協助他構思及推行新政的顧問團成員比近年來民主黨總統任用的顧問能力更強，學歷卻遜色許多。究其原因，至少有一點是確定的，就是一九三〇年代華府制定政策不像這幾十年來這麼需要經濟專業[54]。湯馬斯．法蘭克指出，推行新政的顧問團成員來自各行各業：

羅斯福總統的密友哈利．霍普金斯是愛荷華州的社工。羅斯福總統提名出任大法官的美國司法部長羅伯特．傑克森是沒有法學學位的律師。替羅斯福總統執行紓困方案的傑西．瓊斯是德州生意人，對於將全美最有分量的金融機構交付破產管理毫不手軟。充滿遠見、被羅斯福總統任命為聯準會主席的馬里納．艾克爾斯是來自猶他州的小鎮銀行家，沒有受過高等教育。堪稱美國最偉大農業部長的亨利．華勒斯則只是愛荷華州立大學的畢業生[55]。

近幾十年來興起的文憑主義也沒有改善英國的國家治理。目前就讀私校的英國人只占總人口的百分之七，進入牛津或劍橋大學的更不到百分之一，但政壇菁英卻大量來自這些學校。英國首相強森二〇一九年任用的內閣成員有三分之二是私校出身，近半數來自劍橋或牛津大學。二戰以後出任大臣的英國保守黨黨員幾乎全數具有私校背景，工黨政府裡的大臣也有三分之一出身私校[56]。然而，戰後最成功的英國政府卻是學歷最低、階級分布最平均的那一任。

一九四五年，克萊門特・艾德禮（Clement Attlee）率領工黨擊敗當時由邱吉爾領軍的保守黨。艾德禮本人雖然牛津大學畢業，旗下大臣卻只有四分之一出身私校，比之後任何一任政府都低，其中更有七位大臣做過礦工[57]。

艾德禮任用的外交大臣恩內斯特・貝文（Ernest Bevin）備受各界推崇，是戰後秩序的奠基者之一。他十一歲就離開學校，從工會領袖一路往上晉升。下議院議長兼副首相赫伯特・莫理森（Herbert Morrison）十四歲輟學，從地方政府爬到高位，協助打造了倫敦的公共運輸系統。衛生大臣安奈林・貝凡（Aneurin Bevan）十三歲輟學到威爾斯當礦工，後來創立了英國的國民保健制度。艾德禮的傳記作家表示，一般公認艾德禮政府是「二十世紀改革最力的英國內閣」，不僅賦予勞動階級更大權能，還為「英國的新社會契約立下了道德基礎」[58]。

將國會與議會完全交到高學歷者手上並未讓政府更有效能，反而讓政府更不具民意代表性，並導致勞動階級和主流政黨（尤其是中間偏左政黨）疏遠，政治立場依教育程度而割裂。當前政治的最大分歧，就出現在有大學文憑和無大學文憑者之間。

學歷鴻溝

二〇一六年，三分之二沒有大專學歷的白人投票支持川普，高學歷者則有百分之七十以上投給希拉蕊。選舉調查發現最能預測誰支持川普的指標不是所得收入，而是教育程度。所得相近者中，教育程度較高者投給希拉蕊，較低者投給川普[59]。

這道學歷鴻溝足以解釋美國上屆總統大選選票大幅位移的現象。在大專以上學歷人口比例最高的五十個郡中，希拉蕊其實有四十八個郡表現得比四年前的歐巴馬好。但在大專以上學歷人口比例最低的五十個郡中，希拉蕊有四十七個郡遠遜於歐巴馬。難怪川普在初選階段獲得勝利時就曾表示，「我最愛沒讀書的人了！[60]」

綜觀二十世紀，左派政黨多半吸引低學歷者，右派政黨則吸引高學歷者。但到了才德至上的時代，情況卻顛倒過來。目前教育程度較高者支持中間偏左政黨，較低者支持右派政黨。法國經濟學家托瑪．皮凱提（Thomas Piketty）就指出，美國、英國與法國竟然都出現了這樣的反轉[61]。

一九四〇至七〇年代，不具大專學歷者在美國多半投給民主黨，英國投給工黨，法國投給各個中間偏左政黨。一九八〇至九〇年代，學歷鴻溝大幅縮小，到了二〇〇〇至二〇一〇年代，左派政黨已經失去了不具大專學歷者的支持[62]。

這樣的反轉並非全面。儘管大多數高學歷選民支持中間偏左政黨，有錢選民仍然多半偏向右派政黨。此外，美國的非裔、拉丁裔和亞裔選民不論教育程度，仍然繼續支持民主黨。不過，教育程度自二〇一〇年代開始成爲最明顯的政治分野，過去代表勞工的政黨愈來愈成爲才德菁英的喉舌[63]。

當民主黨和專業階級站在一起，不具大專學歷的美國白人選民就開始離去。即使川普當選總統，這個趨勢也沒有減緩。二〇一八年國會大選，百分之六十一高中以下學歷的白人選民支持共和黨，投給民主黨的只有百分之卅七。學歷鴻溝擴大的現象也可以在大專學歷人口比例最高的三十個國會選區裡看見。一九九二年柯林頓當選總統時，這些國會選區的投票分布還很平均，半數投給民主黨議員，半數投給共和黨。但到了二〇一八年，只有三個選區沒有投給民主黨[64]。

英國工黨的選民基礎也有類似轉變。直到一九八〇年初期，工黨仍有三分之一左右的下議院議員出身勞動階級，但到了二〇一〇年只剩不到十分之一。根據奧利佛・希斯的說法，勞動階級出身的工黨議員減少「嚴重影響了該黨在勞動階級選民之間的相對支持度」，勞工選民愈來愈認爲工黨「由一群脫離現實的都會菁英把持」[65]。

這份不滿最早反映在低學歷選民的低投票率上，到了二〇一六年則透過脫歐公投展現出來。雖然低所得選民比高所得選民更支持脫歐，但教育程度造成的差異更加明顯。高中以下學歷選民投票支持脫離歐盟的超過七成，碩士以上學歷選民則是支持留歐的超過七成[66]。

地方投票也可觀察到同樣的模式。二十個大專學歷人口比例最少的地方選區有十五個支持脫歐，二十個選民學歷最高的地方選區則是全數支持留歐[67]。

法國雖然政黨體制不同，過去數十年來同樣出現了學歷鴻溝。一九八〇年代起，不具大專學歷的法國選民陸續離開社會黨和其他左派政黨，使得這些政黨成爲高學歷菁英的集中地。一九五〇和六〇年代，法國左派政黨是勞動階級政黨，支持左派的非大專學歷選民比大專以上學歷選民多了百分之二十。但到了一九八〇年代，學歷鴻溝已經拉近，並於二〇一〇年代徹底反轉。如今大專學歷選民投給左派政黨的比例較非大專學歷選民多了百分之十，反轉了整整三十個百分點[68]。

皮凱提認爲，左派政黨從勞工政黨轉變爲知識分子和專業菁英的政黨，或許可以解釋這些政黨爲何未能處理幾十年來日益惡化的社會不平等。此外，缺乏顯赫學歷的選民還痛恨菁英推動的全球化，轉而投向高舉國族的民粹候選人：在美國是川普，在法國則是領導反移民國族主義政黨的瑪琳．勒朋（Marine Le Pen）[69]。

二〇一七年，隸屬中間自由派的馬克宏（Emmanuel Macron）擊敗勒潘成爲法國新任總統。不少評論家認爲，馬克宏當選證明了民粹反撲是可逆轉的，只要推出有魅力的年輕候選人，提出讓人回憶起柯林頓、布萊爾和歐巴馬的市場導向全球化方案，就能平息民粹浪潮。馬克宏和這三位勝選的英國與美國菁英一樣，受到大專以上學歷者的強力支持[70]。

然而，馬克宏的支持率很快就下滑了，其政府更是遭遇一連串的街頭示威。這些身穿反光黃色背心的示威者多半是巴黎郊區的中產及勞動階級居民，因爲不滿燃油稅上漲、馬克宏態度冷淡和經濟政策無助於全球化落隊者而走上街頭。示威正烈之際，有位記者請教一名和馬克宏同政黨的資深政治人物，政府做錯了什麼導致民眾上街抗議，那位政治人物回答：「可能是我們太纖細聰明了吧[71]。」

當前高張的文憑主義已經導致勞動階級選民投向國族主義民粹政黨，加深了大專學歷和非大專學歷者的鴻溝，並導致政黨對高等教育的立場出現極化，因爲高等教育最能代表才德體制。二〇一五年時，美國共和黨和民主黨還都主張大學對國家有益無害，現在卻不一樣了。目前有百分之五十九的共和黨員認爲大專院校不利國家發展，只有百分之卅三對高等教育抱持正面態度。民主黨員則是相反，絕大多數都認爲大專院校對國家有益，比例高達百分之六十七，不同意者只占百分之十八[72]。

才德至上制興起的害處之一，可能就是大眾不再廣泛支持高等教育。一旦大學被普遍視爲機會之門，它就成了學歷特權和菁英傲慢的象徵，至少某些人如此認爲。

向上流動說和視教育爲不平等的唯一解藥，都是這個現象的幕後推手。唯有取得大專學歷，工作才有尊嚴，才有臉在社會立足，這樣的政治論述侵蝕了民主生活，貶低了不具大專文憑者對社會的貢獻，加深了對低學歷者的偏見，並將多數勞動階級排除在代議制政府之外，最終引發了政治反撲。

技術官僚語言

有件事和文憑主義的弊病密不可分，那就是公共論述的技術官僚化。民眾愈從「聰明或愚蠢」的角度看待政策規畫，就愈希望讓「聰明」的專家和菁英做決定，而不是讓公民討論與決定執行哪項政策。對才德制菁英來說，從「聰明」和「愚蠢」出發似乎可以避開道德與意識形態分歧，提供跨黨派的論述角度。然而，道德與意識型態分歧正是民主政治的核心。刻意跳脫政黨分歧的泥淖，可能會導致公共論述過於技術官僚取向，最終規避了正義與共善的問題。

歐巴馬就是個明顯的例子。談到實現美國人一律平等的夢想時，沒有一位同輩政治家比得上他那般能言善道。他在南卡羅萊納州查爾斯頓領唱〈奇異恩典〉，並致詞悼念教堂槍擊案中喪生的教友，是當代美國史上最震撼人心的總統發言。

然而，一講到民主治理，歐巴馬基本上就屬於技術官僚派。對於這樣一位廣受歡迎的總統，我這麼說可能很嚴厲，但請容我解釋。想治理好民主社會，就必須處理歧見。而要處理歧見，就必須對歧見如何產生有所認識，並知道如何在某個時間點為了哪個公共目的化解歧異。對此，歐巴馬認為民主歧異主要來自一般民眾資訊不足。

如果問題出在資訊不足，解決之道就是讓掌握更多事實的人爲同胞做決定，不然至少也要讓這些人教導同胞，告訴他們需要知道什麼才能爲自己做出合理決定。總統作爲國家統帥，職責不在道德勸說，而在蒐集與傳播事實。

二〇〇七年，歐巴馬展開競選活動後不久，在一場對谷歌員工的演講上，他就以無比直白的口吻闡述了這套國家治理觀。他告訴在場的谷歌員工，走訪全美各地讓他明白一件事，就是「美國人骨子裡都是好人，有著慷慨的心，而且常識充足，卻未能善加發揮」，因爲——

問題主要在人。民眾只是資訊錯誤，或是太忙，忙著送孩子上學，忙工作，以致沒有充足的資訊，而且又不是專家，無法整理眼前所有資訊，導致我們的政治程序遭到了歪曲。只要給他們好的資訊，他們都有好的直覺，能做出好的決定。而總統正是提供好資訊的最佳代言人（bully pulpit）[73]。

自從小羅斯福總統一百年前發明了這個辭彙，「最佳代言人」就一直象徵著總統擁有道德感召與勸誡的職責。但如今總統卻成了事實與數據的發聲筒，好資訊的代言人。這基本上是從技術官僚的角度理解政治，其中隱含的菁英傲慢不只一點。一般老百姓就算人數再多，「心腸」再好，都不是整理資訊的「專家」，因此必須由眞正的專家代勞，提供他們所需的事實。

歐巴馬認爲這是「矯正」美國政治程序的解藥。重點不在瓦解脅迫政治程序的經濟權力壟斷，也不在喚醒民眾更明確在意共善，而在提供更好、更正確的資訊。「我衷心期許自己可以做到這一點，因爲我是理性、事實、證據、科學與回饋的忠實信徒。」他這樣告訴谷歌員工，「我希望將根據事實做決定的風氣帶回白宮[74]。」

或許有人會想，這套技術官僚說詞只是爲了爭取科技業的支持。但歐巴馬從當選總統直到卸任，始終抱持這套想法。其他類似的例子凸顯了技術官僚政治和新自由主義的親近性。比起歷任美國總統，歐巴馬特別愛用經濟學家和企業總裁常用的術語。譬如宣傳健保改革方案時，他不常使用道德論證支持全民健保，而是強調需要「調整成本曲線」，亦即抑制不斷上揚的健保開支。雖然「調整成本曲線」沒能在政見發表會上引來多大反響，他卻使用了類似說法六十多次，爲自己的健保方案背書[75]。

近年來，經濟學家主張利用市場誘因來引發行爲。由於誘因至上的論點實在太流行，英語世界甚至出現了一個新動詞，incentivize，意思是誘使。和許多廿一世紀初期的社會科學家、管理顧問和企業總裁一樣，歐巴馬也擁抱「誘使」論，認爲市場機制可以促成想要的結果。因此他提出各項政策，希望「誘使」科技發展、小型企業雇用人才、清潔能源開發、水資源管理改善、完善網路安全機制、防寒保暖計畫研發、營養改良、健保服務效能提升、教學氣氛改善和負責任商業行爲等目標。

由於歐巴馬天生討厭黨派和意識形態之爭，使得誘使論非常合他胃口。這個技術官僚理念使用財政誘因來達成公共目的，因此似乎是介於政府強制命令和放任式市場選擇之間的不錯平衡點。相較於之前歷任總統幾乎都沒用過這個詞彙，歐巴馬在大小場合提到「誘使」不下一百次[76]。

歐巴馬常用「聰明」描述各種政策，這比他其餘的政治修辭更能凸顯技術官僚統治與才德思想的關聯。在歐巴馬眼中，「聰明」之類的詞彙是最高讚許。「智慧型外交」「明智外交政策」「明智的規範」「睿智成長」「明智的開支削減」「智慧型執法」「聰明的教育投資」「智慧型治理」「明智的貿易政策」「聰明的能源政策」「智慧型環保政策」「睿智的福利改革方案」「明智的市場改革」「聰明環保規範」「明智的反恐政策」「智慧型環保農業」「智慧型發展」和「智慧型市場導向創新」，還有最重要的「智慧電網」。八年總統任內，歐巴馬以讚許的口吻提到「智慧電網科技」和「智慧電網」不下一百次，使用「聰明」之類的詞彙描述政府各項政策方案更高達九百多次[77]。

技術官僚政治的缺點之一，就是將決策權交給菁英，導致公民降能。此外，技術官僚政治還揚棄了政治說服。誘使民眾做出負責任的行為，從節約能源、控制體重到遵守企業倫理，這種做法不只取代了強迫，也取代了說服。

技術官僚政治與民主

當才德菁英迴避意識形態的分歧，從經濟角度談論政治，公共論述也變得愈來愈粗暴刺耳，充斥著黨派的彼此叫囂，在推特上各說各話。技術官僚取向和政黨對罵有一個共同點，就是無法將民主公民在意的道德信念納入討論，也無法讓民主公民養成共同思考的習慣，一起探討關於正義與共善的各種主張。

二〇一六年興起的民粹反撲，從英國脫歐公投到川普當選美國總統，在在否定了才德菁英和新自由主義的技術官僚政治。面對經濟學家預言脫歐將使英國經濟陷入困境，一位脫歐派領袖表示，「這個國家的人民已經受夠專家了[78]。」

而在美國，歐巴馬則是對於自己卸任時出現的政治地震百思不解。二〇一八年，川普繼任總統兩年後，歐巴馬承認全球化的支持者「未能及時因應有些人被全球化遺落了的事實」，而華盛頓共識則是「有些托大了，尤其當時冷戰結束，所有人都志得意滿，以為美國和美國菁英摸清了一切」[79]。

然而，面對川普時期的極化政治，歐巴馬開出的主要診斷卻是民眾對於基本事實無法達成共識。他說，我們之所以「在政治上見到那麼多僵持、怨怒與極化」，部分原因就出在「我們對事實與資訊缺乏共同的基準」。收看福斯新聞網和閱讀《紐約時報》的人活在「完全不同的現實裡」，不只「看法不同，連認知的事實也不一樣……感覺就像兩個世界」[80]。

他舉了一個生動的例子，說明他所謂的平行現實是什麼意思：

未來十年、十五年或二十年，我們面臨的最大挑戰就是重拾這樣一種公民對話：當我說這是一把椅子，所有人都同意那是椅子。我們可以對它是不是一把好椅子、該不該換掉或你想把它移到哪裡有不同意見，但不能說它是大象[81]。

政治辯論中的事實之爭當然不像描述家具那樣簡單。然而，氣候變遷就是房裡的那頭「大象」。歐巴馬想表達的是，我們很難跟否認氣候變遷及氣候變遷和人類有關的人進行討論。

歐巴馬說這話時，心裡想的顯然是他的繼任者受到氣候變遷否認者唆使，讓美國撤出他所簽署的《巴黎協定》。而他認爲原因不只出在意識形態分歧，還包括川普及其共和黨支持者反對科學。

事實上，「我相信科學」還眞的成了民主黨的競選口號。希拉蕊二〇一六年發表接受提名演說時提過，歐巴馬任職總統期間講過，幾位角逐二〇二〇年民主黨總統候選人提名的參選人更是掛在嘴邊。儘管這句口號隱然將科學視爲信仰，依然不減其受歡迎的程度[82]。

爲了支持自己長年抱持的事實至上思想，歐巴馬經常引用民主黨參議員莫尼漢（Daniel Patrick Moynihan）的一句話。莫尼漢曾經對一名固執的反對者說：「你可以有自己的意見，但不能有自己的事實。」歐巴馬有時說起此事還不忘補上一句：莫尼漢參議員「很聰明」，而那位反對者則是「沒那麼聰明」[83]。

然而，將政治歧見簡化成拒絕接受事實或科學，這樣做其實誤解了事實與意見在政治說服中的關係。認爲我們應該先對事實達成共識，然後才能以此爲基準討論個人意見與信念，其實是技術官僚政治的幻想。政治辯論常常涉及辨別哪些事實與爭論有關，以及如何描述這些事實。誰能界定事實，誰就在辯論裡先聲奪人。和莫尼漢參議員的看法相反，是意見左右認知，而非認知左右意見。不是事實經過剪裁乾燥之後，意見才會出現。

氣候變遷辯論

如果反對採取行動因應氣候變遷的主因是缺乏資訊或拒絕接受科學，那教育程度較低或科學知識不足者應該更反對才對。但事實並非如此。民意調查顯示，科學知識愈多的人對氣候變遷的看法就愈分歧。

在美國，共和黨比民主黨更懷疑全球暖化，而且教育程度愈高差距愈明顯。高中以下學歷的共和黨員有百分之五十七認爲全球暖化遭到誇大，大專以上學歷者則有百分之七十四。民主黨員則是教育程度愈高愈關心氣候變遷，高中以下學歷者有百分之廿七認爲全球暖化遭到誇大，大專以上學歷者則只有百分之十五[84]。

因此，兩黨成員對於氣候變遷的立場差距，大專以上學歷者（百分之五十九）幾乎是高中以下學歷者（百分之三十）的兩倍。而對於氣候變遷是否和人類行爲有關的看法也是如此。受訪者被問到「全球暖化是不是環境自然變化造成的」，大多數共和黨員都答「是」，大多數民主黨員則答「否」。但兩黨大專以上學歷受訪者的看法差距爲百分之五十三，遠大於兩黨高中以下學歷受訪者的落差（百分之十九）[85]。

更詳盡的研究發現，氣候變遷的政治立場極化不僅涉及教育程度，也和科學知識多寡有關。研究者依據科學課程和素養測驗來判斷受訪者的科學知識，結果發現科學知識較高者比較低者更常堅守自己黨派的氣候變遷立場[86]。

前面提到，有些人認爲不支持氣候變遷改善措施都是因爲科學知識不足，但這些發現對上述看法構成了挑戰。對於氣候變遷，民主共和兩黨的歧見不在事實或資訊，而在政治。認爲科學知識愈多就愈可能對氣候變遷措施達成共識，這樣的想法是錯誤的。技術官僚主義認爲只要對事實達成共識，就能合理討論政策。這種看法是對政治說服的誤解。

二〇一八年，歐巴馬赴麻省理工大學演講。他在演講中想像，如果所有人都能對基本事實達成共識，美國就能針對氣候變遷進行如下的理性討論：

你和我討論氣候變遷，一番辯論之後你說：「我們無法阻止中國人和印度人繼續燃燒煤炭。他們已經這樣做了很久，我們只能想辦法因應，說不定會在緊要關頭發明新的能源來源。所以我反對《巴黎協定》。」

而我會回答：「不是這樣的。只要我們投資智慧型科技，設立明智的規範架構，誘使民間投資清潔能源，就能立即解決問題，否則後果將不堪設想。」[87]

歐巴馬希望美國人能這樣好好辯論，卻只能感嘆否認氣候變遷者讓這樣的辯論不可能發生[88]。

然而，就算這樣的討論眞能實現，也只是空洞的政治辯論。因爲它預設我們只有兩個選項，不是盲從與莽撞，就是價值中立的技術官僚解決方案。但這樣做只會錯失氣候變遷爭議背後更深刻的道德與政治考量。

技術官僚統治的引人之處，也是其缺點，就在它看似不涉衝突的價值中立。「智慧型科技」和「聰明的規範架構」迴避了氣候變遷裡的道德與政治問題，但正是這些問題讓氣候變遷的議題變得如此棘手。我們要如何抗衡石化產業對民主政治的過度影響，又是否需要重新思考自己的消費主義心態，別再將大自然當成工具，當成教宗方濟各口中「拋棄式文化」的垃圾場[89]？而對於不是因爲反對科學，而是不信任政府會在乎他們的利益，不相信在經濟體制大幅改造之際負責規畫及執行改造的技術官僚菁英，因而反對政府採取措施減少碳排放的人，我們又該如何是好？

這些不是專家能夠回答的科學問題，而是關於權力、道德、權威和信任的問題。換句話說，這些是民主公民的問題。

過去四十年來高學歷菁英統治國家的敗筆之一，就在於未能將這些問題置於政治辯論的核心。在民主常規隨時都有可能不保的此刻，抱怨才德制菁英的傲慢和他們短淺的技術官僚思想似乎是小題大作。但正是他們的政治觀導致了目前的政治景況，引發了被民粹威權主義者利用的社會不滿。正視才德至上制和技術官僚統治的失敗，是化解這份不滿，重新想像共善政治不可或缺的第一步。

第五章

成功觀

假設有兩個不平等程度相同的社會，每一百美元的國民收入中，最有錢的百分之二十人口拿到六十二美元，最貧窮的百分之二十只拿到一點七美元。就算底層一半人口的總所得也只有十二點五美元，遠低於最有錢百分之一人口拿到的二十點二美元，而且財富不均比所得不平等更嚴重[1]。

如果你覺得這樣的所得與財富不均很離譜，那你可能認為這兩個社會很不公正。但在下定論之前，你可能需要更多資訊，例如這樣的分配不均是如何產生的。

菁英制與貴族制

假設第一個社會是世襲貴族社會，所得與財富由出身決定，代代相傳。出身貴族的人家財萬貫，出身農戶的人家徒四壁，而且子孫也將如此。假設第二個社會是才德菁英社會，所得與財富不均不是出於世代沿襲的特權，而是努力與才能造成的差距。

知道這些訊息之後，你可能會選擇第二個社會。貴族社會是不公正的，因為它按人的出身劃分階級，不允許人向上流動。菁英社會則不然，它允許人發揮才能與創意改善境遇。這是支持菁英社會的一大理由。的確，才德至上的菁英社會並未消除不平等，因為每個人的才能與抱負不同，使得有些人爬得比別人高。但我們至少可以說，這些不平等反映的是個人才能的差異，而非出身條件。

在意不平等的人可能還會繼續追問。他們可能會想，就算在菁英社會，至少也有些人位於上層，起跑點比別人前面，例如父母親非常關愛、支持子女，甚至很有錢，或學校裡老師認真盡職等等。這些仍然心存疑慮的人可能還想知道，菁英社會是否採行相關政策，確保所有孩子不論出身，在教育和文化上都能擁有機會充分實現潛能。唯有如此，他們才會認為菁英社會是公正的。

要思考一個社會是否公正，可以問自己一個問題：若你不曉得自己會生在有錢或貧窮的家庭，你會選擇哪個社會？依據這個標準，絕大部分的人都會贊同真正機會平等的菁英社會比貴族社會公正。不過，讓我們暫且放下公正的問題，想一想這兩個不平等社會的另一個特質。假設你事先知道自己會生在上層或底層家庭，要是你生而有錢，你會希望自己活在哪個社會？要是生而貧窮，你又會選擇哪個社會？

別忘了，這兩個社會都極不平等。假設你生在頂層百分之一的家庭，年平均所得會是一百三十萬美元好了，但若生在底層百分之二十的家庭，年平均所得就只有五千四百美元[2]，兩者差距相當大。如此一來，你可能會說，由於兩個社會都非常貧富不均，因此就算事先知道自己會生在何種家庭，也無法判斷該選擇哪個社會。

不過，所得與財富不會是你唯一在意的事。你如果很有錢，可能會希望這個社會能讓你將財富與特權傳給子女。這是世襲貴族社會的好處。你如果很窮，可能會希望這個社會允許你或你的子女往上流動。此爲才德菁英社會的優點。

然而，只要仔細想想，就會發現這兩個社會的優點其實也是缺點。人不僅在乎自己有多少錢，還在乎自己的財富或貧困反映出何種社會地位與尊嚴。你如果生在貴族社會的上層家庭，就會明白自己擁有特權只是碰巧，而非自己的成就。但你如果生在菁英社會，靠著努力與才能爬到頂層，你就能爲自己的成就感到自豪，因爲成功並非仰賴世襲，而是你自己掙來的。菁英社會裡的成功和貴族社會裡的特權不同。菁英社會裡的成功會給人成就感，覺得地位是自己贏來的。由此觀之，在菁英社會有錢比在貴族社會有錢好。

不過，出於同樣的道理，在菁英社會沒錢就令人抬不起頭了。你如果生在貴族社會的農奴家庭，日子會很辛苦，但不會被這樣一個想法折磨，覺得低人一等是自己的錯。揮汗工作時也不會覺得地主是因爲比你有本事，比你聰明，所以才能當上地主。你會知道對方不比你更配當地主，他只是比你好運。

然而，你要是處在菁英社會的底層，就很難擺脫一個想法：你現在的處境至少有部分是你自己造成的，反映出你未能展現足夠的天分與抱負，所以才沒有出人頭地。一個能讓人往上爬，也讚揚人這麼做的社會，對未能往上爬的人是沒有好臉色的。

才德至上的黑暗面

才德菁英社會（meritocracy）一詞便是出於這份擔憂而發明的。麥可．楊恩是親工黨的英國社會學家。一九五八年，他寫了一本名為《菁英制度的興起》的書[3]。對楊恩而言，才德菁英社會不是理想，而是反烏托邦。他寫書當時，英國的世襲階級制正在瓦解，被才德至上的教育和專業體制所取代。這是好事，因為新制度讓有天賦的藍領階級子女得以發揮才能，跳脫勞動的人生。

然而，楊恩也瞥見了才德菁英社會的黑暗面。他彷彿不是活在六十年前，而是從二〇三三年回顧現在的歷史學家。面對二戰後開始在英國扎根的才德菁英社會，他以無比清晰的語言道出其背後的道德思維。楊恩並未捍衛正在消逝的世襲階級制，而是指出階級制的道德任意性與明顯不公至少有一個好處：壓抑了上層階級的自以為是，同時不讓勞動階級將自己低人一等視爲個人失敗。

靠父母有錢有勢而「空降」頂層的人「無法自信滿滿地說，這份工作非我莫屬。因爲他們心裡明白，自己不是公開競爭贏得那個位置的。只要他們夠誠實，就會明白自己有十幾個屬下和他們一樣好，甚至比他們更有本事」[4]。

上層階級的人必須遲鈍到極點，才不會在有生之年的某個片刻恍然察覺，他部隊裡的士兵，家裡的管家或「打雜的」，火車上或鄉村俱樂部裡滿臉皺紋、目光銳利的謙恭服務生，這些人的頭腦、精明與智慧至少和他平分秋色[5]。

就算有些「上層階級」自欺欺人，認爲自己高高在上是理所當然，他們的屬下也不會跟著相信。他們知道「許多上司穩坐高位靠的與其說是學識，不如說他們跟誰認識，父母是誰」。明白制度有缺陷讓勞動階級有資格在政治上挑戰世襲階級制，而這正是成立工黨的目的。此外還有一點也很重要：階級制的任意性讓勞動階級不會因爲這個社會讓他們低人一等而看輕自己[6]。

工人會對自己說：「我是工人。為什麼是工人？難道我只適合做工？當然不是。要是有好機會，我就會讓全世界看見。我可以是醫師、釀酒師和大臣。我什麼事都能做。我只是沒有機會，所以才身為工人。但別因為我在底層，就認為我比其他人差[7]。」

楊恩指出，看清楚自己階級地位的道德任意性有其好處：贏家和輸家都不會認爲自己的處境是應得的。這不代表階級制是對的，但這點卻能讓我們察覺才德至上制的弔詭之處。依據才德給予工作與機會不會減少不平等，只是讓不平等改以能力爲標準重新洗牌，而且這樣的重新洗牌會讓人認定自身處境是自己應得的，進而拉大富者與窮人的差距。

如今人們依據能力劃分階級，階級差距無可避免地加大了。上層階級……不再受自我懷疑與自我批評折磨。出人頭地者知道成功是他們自身才能、努力與無可否認的成就帶來的報償，他們理當躋身上等階級。他們還知道自己不僅生來就擁有較高的才能，而且這些天賦還會讓他們得到一流的教育[8]。

楊恩非但預見了才德制菁英的傲慢，還瞥見了這些人對技術官僚治理的偏愛，對缺乏顯赫學歷者的鄙視，以及這種心態對公共論述的戕害。這群拔尖的菁英「比誰都了解當代科技化文明愈來愈複雜的結構與運作。他們受過科學訓練，而地球已經由科學家接管。」這些人的才智與教育程度出類拔萃，以致幾乎沒有理由與機會和不具大專學歷者進行嚴肅的討論。

當菁英談論事物的語言更精準豐富，他們怎麼還有辦法和較低階級進行對話呢？他們明白……社會地位較低的人在其他方面（亦即才智和教育程度）也不及他們，而才智和教育程度這兩大特質在廿一世紀更趨一致的價值觀裡占據了最重要的位置[9]。

「現代最特出的問題之一，」楊恩觀察到（別忘了，他彷彿是從二〇三三年「觀察」我們現在），就是「菁英社會裡有些人……變得太過自以爲是，對於他們所統治的人失去了同情。」他語帶嘲諷補充道，有些菁英「完全不知收斂，連水準不高的人都常被不必要地冒犯」[10]——這讓人很難不聯想到二〇一六年美國大選期間，希拉蕊抨擊川普支持者是「一群可悲的傢伙」[11]。

才德至上制除了讓未能向上流動者對菁英不滿，還會讓他們自我懷疑。

如今人人不分貴賤，都明白自己絕不缺機會……如此一來，地位低下者豈不覺得自己必是才不如人，而不像過去一樣，覺得自己只是欠缺機會？這是人類自有歷史以來，地位低下者頭一回沒有現成的擋箭牌來保住自尊[12]。

楊恩預見這份因才德而起的傲慢與不滿終將化成毒素，引燃政治反撲。他用一個預言爲這個反烏托邦故事結尾：二〇三四年，低學歷人民發起民粹動亂，反對才德菁英。二〇一六年，英國公投脫歐，美國選出川普，比楊恩預言的動亂早了十八年。

重新思考菁英社會

前面描述的兩個社會並非全然虛構，今日美國的所得不均就和那兩個社會的情形一樣嚴重[13]。如果有人想替這樣的不平等辯護，往往都是從才德至上的角度出發，沒有人會說某人因爲父母有錢，所以他有錢是應得的。有些人或許會批評提倡廢除遺產稅的民眾是暗地支持特權世襲，但沒有人會公開支持特權世襲，也沒有人敢反對依據才能雇人的原則。

目前有關求職、受教及競選公職的辯論，幾乎都以機會平等爲準繩。各方爭執的焦點往往不在準繩本身，而在如何實現。例如，批評僱傭和招生平權措施的人會說，這類政策根據才能之外的因素審核申請者，有違機會平等；支持平權措施的人則說，唯有採行這類政策，過去受到歧視或條件不利的族群才能眞正享受到機會平等。

才德思想至少在原則和政治口號層面贏過了對手。放眼全球民主國家，政治人物不分左右，全都宣稱我方的政策才能眞正讓所有公民公平競爭，不論種族、族裔、性別與階級，能爬多高完全由努力與才能決定。就算有人埋怨才德至上制，通常也不是批評這個理想，而是批評我們未能實現：有錢有勢者操弄制度以鞏固自身特權；專業階級將才德制變成世襲制，好讓優勢傳給子女；聲稱才德至上的大學替有錢有關係的小孩開後門。在這些批評者眼中，才德至上只是神話，仍是遙不可及的夢想[14]。

這份批評顯然有理。但要是問題比這個還深呢？要是才德至上的問題其實並不在於我們未能實現這個理想，而是它本身有缺陷呢？要是向上流動說不再能打動人心，不只是因爲社會流動停滯，而是有更根本的理由，因爲在競爭的才德至上社會裡幫助人爬上成功階梯是空洞的政治構想，只反映出我們對公民與自由的理解貧乏呢？

為了思考這個更全面的問題，我們必須檢視兩個反對才德至上制是道德與政治理想的理由。一個理由和正義有關，另一個和看待成功與失敗的心態有關。第一個反對理由認為，就算才德至上真的實現，職位與薪資完全反映個人的努力與才能，這樣的社會也不一定公正。第二個反對理由則指出，就算才德至上社會完全公平，也不是良善的社會，而是會讓贏家傲慢焦慮，輸家屈辱不滿。這些心態無益於人的自我滿全，也會妨害共善。

哲學對才德至上社會的批評主要針對第一點。本書稍後將會指出，當代多數哲學家都反對社會依據個人應得來分配職位與薪酬。這個看法和一般人的道德直覺不同，因此值得思考誰對誰錯，是哲學家說得對，還是一般人有道理。

雖然哲學圈比較熟悉第一個反對理由，但第二個反對理由，也就是和傲慢與羞辱有關的理由，更有助於理解當前的政治境況。反對才德菁英的民粹示威不只和公平有關，也和社會尊嚴有關。要了解這波示威的浪潮，就要找出其背後的憤慨與不滿，並加以檢視。這些情緒是合理或被誤導的？如果是合理的，我們又該如何化解？

完美的才德至上社會公正嗎？

假設有一天我們終於移除了所有不平等障礙，人人都能和特權階級的子女公平競爭，連出身寒微者也不例外。我們實現了自己高舉的原則，所有公民都擁有公平的機會，能爬多高完全由個人才能與努力決定。

要實現這樣的社會當然不容易，光是消除歧視還不夠，家庭的存在也會使得人人機會平等變得困難。有錢家長傳給子女的優勢很難消除，而且我指的並非財產繼承，因為那只要健全遺產稅就能解決。我想到的是認眞勤勉的有錢家長會想方設法協助子女，就算制度設計最好、最廣納多元的教育體系，也很難讓清貧學生和享受父母灌注大量心力、資源與人脈的學生公平競爭。

但假設我們眞的做到了這一點，假設我們眞的實現了願景，所有小孩在學校、職場和人生都能公平競爭，這樣社會就公正了嗎？

我想很多人會說：「當然是，難道這不就是美國夢的眞諦嗎？我們的夢想不就是打造一個開放流動的社會，讓農夫或赤貧移民的小孩都能出人頭地，當上總裁嗎？」這個夢想不僅對美國人特別有吸引力，在全球各地的民主社會也都一呼百應。

階級充分流動的社會之所以打動人心有兩個理由。首先是它體現了這樣一種自由觀：人的命運應該由自己決定，不受出身背景左右。其次是它顯示了人們希望才德配位。若一個人能爬多高只看個人選擇與才能，那我們似乎能合理地說，一個人若成功了，必然是他配得成功。

然而，儘管聽來很動人，我們卻有理由懷疑才德至上社會就算眞的實現，也可能不是公正的社會。首先我們要知道，才德至上社會的終極理想是階級流動，而不是平等。它並不認爲貧富差距拉大有什麼錯，只強調隨著時間流逝，富人和窮人的小孩會因爲才德差異而互換地位，因個人努力與才能不同而出頭或沉淪，不論偏見或特權都無法讓人永遠待在底層或上層。

才德至上社會只關切人人都有公平機會攀爬成功的階梯，不在乎每一階的落差。才德至上的理想不是不平等的解藥，而是替不平等畫押。

雖然這並不足以反對才德至上制，卻讓人不得不問：因才德競爭而導致的貧富不均是可接受的嗎？才德至上制的支持者認爲可以。只要人人公平競爭，結果就是公正的。就算公平競爭也有贏有輸，重點在於所有人位於同一個起跑點上，接受訓練、指導與營養的機會相同。只要如此，贏家就配得獎賞，有些人跑得比其他人快並沒有不公正可言。

才能是應得的嗎？

上述主張能不能站得住腳，要看才能的道德地位而定。還記得近年來主宰公共論述的向上流動說嗎？政治人物告訴我們，一個人出身再寒微都能往上爬，爬到多高完全由才能和努力決定。但爲什麼？爲什麼認爲命運應該由才能決定，不論才能爲我們帶來什麼，都是我們應得或配得的報償？

有兩個理由質疑這一點。首先，擁有某項才能是運氣，並非個人功勞，而運氣帶來的好處（或壞處）不是我們應得或配得的結果。既然才德菁英也都同意，出身富裕家庭帶來的好處不是當得之物，那爲何其他形式的好運（例如擁有某項才能）就不一樣？我要是中了百萬樂透，理當爲自己的好運而歡喜。但要說這筆意外之財是自己掙來的，因爲我才德出眾，這話就很荒謬了。同樣的道理，我要是買了樂透但沒中獎，或許會很失望，但不能抱怨中獎是我應得的報償。

其次，出生在一個我的才能正好受到青睞的社會裡，這點同樣是運氣，不能算是我的功勞。勒布朗・詹姆斯靠打籃球這項熱門運動每年賺進幾千萬美元，但他除了驚人的運動天賦，還有幸生活在看重與獎勵這份天賦的社會裡。出生在這個非常多人喜愛籃球比賽，而他又很會打籃球的社會不是他的功勞。要是他活在中世紀的佛羅倫斯，那時最搶手的人才可不是籃球選手，而是壁畫家。

這番道理也適用於個人追求不受社會青睞的人。世界腕力冠軍或許很會掰手腕，和勒布朗擅打籃球的程度不相上下。但除了酒吧常客之外，沒有人想付錢看他把對手的手腕壓到桌上[15]。而這並不是他的錯。

才德思想的吸引力主要來自這樣一個想法：成功是個人功勞，至少在特定條件下確實如此。只要經濟是公平競爭，不受特權或偏見影響，命運就是個人的責任，成敗全看才能，最後得到什麼都是我們應得的。

這樣的社會令人解放，因爲人人都是自爲的行動主體、命運的主人，未來掌握在自己手中。這樣的社會在道德上也令人滿足，因爲其經濟制度能實現古老的正義觀，人人都得到自己應得的份。

然而，明白「才能並非個人功勞」卻會打破這幅美景，讓人質疑才德思想，思考光是去除偏見與特權是否就足以造就公正的社會。倘若才能其實出於餽贈，不論出於遺傳巧合或天賜，那麼認爲「才能帶來的好處是我們應得之物」就是錯誤與欺騙。

努力所以應得？

這時，才德至上社會的支持者會搬出努力爲理由，認爲憑藉努力出人頭地者的成功是他們自己掙來的，其勤奮値得讚揚。這點確實有理。努力很重要，一個人再有天賦，也得加以培養才能成功。即使最有天賦的音樂家也得長時間練習，才有本事在紐約的卡內基音樂廳演奏。最有天賦的運動員也得多年刻苦訓練，才能加入奧運代表隊。

然而，努力儘管重要，人們卻很少只靠努力就能成功。奧運金牌選手和美國職籃明星跟一般運動員的不同之處，並不只有刻苦訓練。許多籃球員訓練得跟勒布朗一樣賣力認眞，卻不如他在球場上叱吒風雲。我就算夜以繼日苦練，也永遠游不贏麥可·菲爾普斯（Michael Phelps）。奧運金牌短跑選手尤塞恩·博爾特（Usain Bolt）是公認全球跑得最快的人，卻坦言他的訓練夥伴約安·布雷克（Yohan Blake）一樣有天分，練得比他還認眞。努力並不是一切[16]。

才德至上制的支持者當然明白這一點。他們並未主張最努力的選手該拿金牌，最勤勉的科學家該拿諾貝爾獎，也不認爲最努力的勞工該拿最高薪，不論他們表現如何。

他們很清楚成功是由才能與努力化合而成，無法輕易拆開。成功會帶來成功，而才能不受社會重視的人可能提不起勁拚搏。然而，才德至上論並不只是一個關於努力是否有用的社會學主張，更是一個關於人類自主與自由的道德主張。

才德思想強調努力，以藉此支持這樣一個想法：只要條件得當，成功就是個人作爲的結果，因此人有能力自由行動。它還希望證明以下的信念：只要競爭確實公平，才德就會配位，循規蹈矩努力工作的人必當收穫應得的報償。

誰都希望成功是自己掙得，而非繼承來的，不論運動或人生都是如此。天賦及其帶來的優勢爲才德思想蒙上一層陰影，讓人對「讚賞與獎勵只和努力有關」的主張產生了懷疑。於是，我們誇大了努力與勤勉的道德重要性。奧運的電視轉播就是如此，重點不是擺在選手的出色表現，而是他們克服難關，超越障礙，無畏於傷勢、童年貧困或政治動盪而獲勝的感人故事[17]。

還有一個例子：儘管向上流動很困難，仍有多達百分之七十七的美國人相信「只要肯努力工作，絕大多數人都能成功」[18]。我的哈佛學生也會誇大努力的重要性。雖然他們才智過人，生活條件通常相當優渥，卻無一例外將就讀哈佛歸功於自己的努力與付出。

就算才德至上的理想是有缺陷的，因爲它忽略了才能的道德隨機性，並誇大了努力的道德重要性，我們還是必須追問：有其他的正義觀嗎？如果有，它們對自由與應得的看法又是如何？

才德至上之外的兩種選擇

過去五十年來，全球各地的民主社會在討論政治時，幾乎都不脫以下兩種對立的公正社會觀影響。其中一種或可稱爲自由市場自由主義，另一種則是福利國家自由主義，或稱平等自由主義。這兩種公共哲學都和才德思想有著千絲萬縷的關係。兩者都提出強有力的理由反對才德思想，反對「依據人人應得的份額分配所得與財富」是公正的社會。

然而，這兩種公共哲學對成功的看法其實和才德思想的成功觀非常相似，看不出什麼區別。兩者對共善的見解都不夠周全，無法防止才德菁英社會很容易引發的傲慢與羞辱。這兩種公共哲學都反對「競爭市場社會中的贏家在道德上配得成功」，卻無法爲才德霸權提供解決方法。不過，我們還是値得一探究竟，了解這兩種公共哲學雖然立場分歧，爲何都反對以才德作爲正義的基礎。

自由市場自由主義

二十世紀自由市場自由主義最有力的旗手，或許就屬奧地利經濟學家暨哲學家海耶克（Friedrich A. Hayek）了。他反對累進稅制與政府減緩經濟不平等，並且認爲福利國家政策是自由之敵。他的論點啓發了柴契爾夫人和其他放任資本主義支持者。

海耶克在一九六〇年出版的《自由的憲章》書裡表示，只有一種絕對的形式平等符合自由，那就是「法律之前人人平等」。工作職位應該向所有人開放，但政府不該提供公平或補償式的教育機會來創造公平競爭的環境。他認爲這樣做不切實際，而且最終必須採行強制手段。除非廢除家庭，否則孩童必然在資源不相等的家庭裡長大，唯有透過政府強制，才有辦法給予所有孩童同等的成功機會。但這種強制是不可忍受的。海耶克反對「人人都該擁有相同的起跑點與機會」，因爲該原則需要政府掌控「攸關個人未來的所有因素」。這種作爲在他看來太過頭了，是「自由的相反」[19]。

由於海耶克反對所得重分配，因此或許有人會想，海耶克肯定認爲自由市場能讓人人得到自己應得的經濟報償。其實不然，而且恰恰相反。海耶克主張，市場給出的結果只反映買家賦予賣家所提供之商品與服務的價值，和獎勵才能完全無關。他清楚區別才德與價值。才德涉及「某人應得什麼」的道德判斷，價值只反映消費者肯出多少錢購買這項商品或那項服務[20]。

海耶克認爲我們不該將經濟報償道德化，以爲經濟報償反映個人才德。他之所以反對這種做法，目的在消解一個針對放任市場的常見批評，也就是放任市場會造成所得與財富不均。海耶克認爲，這是反對不平等的最有力理由，主要因爲我們擔心「報償的差別無法反映獲得報償者之間可辨別的才德差異」[21]。

海耶克的回應值得深思。他不是去證明在市場獲得豐厚報償的人配得那些報償，而是反對經濟報償反映個人才德或道德應得的主張。這就是他區分才德與價值的論證力道所在。在自由社會中，我的所得與財富反映我所提供的商品或服務的價值，但這個價值完全取決於變動不居的供需狀況，和我個人的才能與德性無關，也和我所做出的經濟貢獻的道德重要性無關。

讓我舉一個例子來說明海耶克的論點。假設有人認爲比起學校教師，避險基金經理人收入不該那麼高，因爲管理資產遠不比教導與啓發年輕人更重要，更値得尊重。自由市場支持者可能會反駁說，避險基金管理人拿著教師和消防隊員辛苦掙來的退休金或大學拿到的捐款進行投資，其道德重要性配得那麼高的收入。但海耶克不這樣回答。他的主張更激進，反對「一個人的所得應該反映他配得多少報償」的看法。

海耶克的論據來自一項觀察：擁有社會正巧看中的才能並非我個人的功勞，而是出於運氣，不具道德必然性：

> 一個人的才能如果對旁人有價值，不論那項才能是天生或後天學會的，都不能歸功於他本人。因為一個人的特殊才能是普遍或稀有，幾乎不受本人左右。不論他擁有的是好心腸、美麗歌喉、漂亮臉蛋、靈巧雙手、機智或好性情，多半都和個人努力無關，也和他擁有的機會與經驗無關。這些能力與服務對我們的價值，以及他所得的報償，幾乎跟所謂的才德或道德應得沒有關係[22]。

對海耶克來說，否定經濟報償和個人才德有關，就可以回應那些認爲避險基金經紀人收入不該高於教師的人，駁回他們要求所得重分配的主張。他可以這樣說：就算我們認爲教書比管理資產更值得尊敬，薪水與報酬也只會反映市場參與者所提供的商品與服務的經濟價值，而非德性或可敬成就的報償。

福利國家自由主義者和海耶克看法不同，他們贊成向富人課稅協助窮人。但令人意外的是，他們和海耶克一樣反對依據個人才德或應得多少來分配所得與財富。

福利國家自由主義

福利國家自由主義又稱爲平等自由主義，哲學上最完整的論述來自二十世紀美國知名政治哲學家羅爾斯（John Rawls）。他在一九七一年出版的代表作《正義論》裡表示，就算一個社會機會完全平等，階級差異充分得到補償，也不會是公正的社會。因爲就算競爭確實平等，也會是才能最高者勝出，但才能差異就和階級差距一樣具有道德偶然性[23]。

羅爾斯認爲「就算我們徹底剷除了偶然因素的所有影響」，一個公平的才德至上社會「仍然無法杜絕財富與所得分配受能力與稟賦的天生差異影響」[24]。天賦造成的所得不平等並不比階級造成的不平等更公正。「道德上，天賦與階級似乎一樣偶然」[25]。

因此就算眞的做到機會平等，社會也不必然公正，仍然必須處理個人天賦差異造成的不平等。

所以該如何處理？有些才德至上制的支持者擔心一旦沒了機會平等，就只剩結果平等可以選，但這種齊頭式的平等必須壓制有才者，使他們無法擁有競爭優勢。美國作家馮內果寫過一則短篇故事〈哈里森．布吉朗〉，虛構了一個反烏托邦未來：所有智力、體力或長相出眾的人都必須穿戴妨礙裝置或僞裝，以弭除他們的天生優勢[26]。

然而，羅爾斯告訴我們，這不是補償才能不平等的唯一方法。「沒有人應該因爲天賦的才能或德性更高而在社會擁有較好的起跑點，但這不表示我們應該去除這些差異。還有另一種方法可以處理這個問題[27]。」羅爾斯認爲我們不該壓制有才者，而是應該要求贏家分享報償給不如他們幸運的人。不要讓最快的賽跑選手穿鉛鞋比賽，讓他們照樣全速衝刺。但事前就要明白，勝利不屬於他們獨有。我們可以鼓勵有才者培養與展現才能，但要讓他們知道，才能在市場上帶來的報償應該和群體共享。

這種處理才能不平等的方法，羅爾斯稱之爲「差異原則」。這種方法和才德至上制的不同之處不在禁止有才者發揮才能，而在否定有才者配得或應得市場化社會給予那些才能的報償。

羅爾斯寫道，「差異原則代表我們同意將天賦的分配視爲共同資產，不論這樣的分配帶來什麼好處，都由所有人共享。受到天賦垂青的人不論是誰，唯有當其天賦帶來的利益能改善不受垂青者的處境時，才能享有那些利益。」社會應該設法讓「這些偶然因素造福最不幸的人」[28]。

才德至上制的支持者可能會說，就算天賦出於機運，努力也是個人的事，因此憑努力掙得的收穫是我們應得的報償。羅爾斯不同意這種說法。「就連一般說的願意努力，願意嘗試以配得報償，也仰賴家庭幸福及其他社會條件。」就連努力也無法支持市場報償應該反映道德應得的主張。

> 因為某人具備努力培養自身能力的卓越人格，就說他配得這樣的人格，這種看法同樣有問題。因為人格有一大部分仰賴家庭和社會條件，這些幸運都無法歸功自己。道德應得似乎不適用於這些情形[29]。

羅爾斯和海耶克一樣強調才能的道德隨機性，反對「市場帶來的結果反映才德或道德應得」的看法。但羅爾斯認爲這點足以支持重分配稅，而非反對。對於認爲政府無權徵收他們辛苦掙來的收入，因爲那是他們應得的報償的人，羅爾斯回應道，個人收入其實取決於一些不具道德必然性的因素。市場重視我所擁有的才能並非我的功勞，擁有那些天賦也不是，因此我沒有正當理由抱怨稅法要我交出部分收入以設立學校、修築道路或幫助窮人。

或許有人會反駁，就算道德上我不配得市場給予我才能的報償，那些報償該如何分配又是另一個問題。社會應該將報償分給所有人，或只給最不幸的族群，或（如海耶克主張的）原封不動留給我？羅爾斯指出市場收益所反映的因素在道德上具有隨意性，這是個強有力的反論，駁斥了才德思想擁護者的說法，也就是有錢人配得自己掙來的財富。然而，這個反論並不足以證明群體在道德上有權支配這筆財富，不論動用全部或部分。

要主張群體有權支配這筆財富，就必須證明個人成功確實部分仰賴群體，因此有必要回饋給共善[30]。

福利國家自由主義者向來長於反面論證（成功不全是個人功勞）勝過正面論證（人人都受群體的恩惠），政治上和哲學上都是如此。例如歐巴馬二〇一二年競選連任時，就提到公民的互相倚賴與責任：

你能成功絕不是單靠自己做到的。你不是單靠自己做到的。但我總是遇到一些人讓我很吃驚。他們認為，嘿，那肯定是因為我很聰明。但世界上有那麼多聰明人。那肯定是因為我比其他人都努力。讓我告訴各位，世界上有非常多很努力的人。

你能成功，一路上一定有人給你協助。你可能遇到一位偉大的老師；有人打造了美國這套不可思議的體制，讓你有機會發達；還有人投資金錢造橋鋪路。你如果做生意，那生意其實不是你做的，是別人做成的[31]。

共和黨立刻抓住最後兩句話，指控歐巴馬支持大政府，對企業家不友善。歐巴馬當然沒那個意思。他不是說你我的生意都是「別人」做成的，而是成功不全是贏家自己的功勞，還有賴群體才能做到。不僅造橋鋪路如此，培養我們的才能和看中我們的貢獻也是如此。「不是只有你出力，我們都有分。」講完前面那段話不久，歐巴馬又補上這樣一句[32]。

歐巴馬想表達成功者在道德上有欠於他們的同胞，可惜弄巧成拙。但他這番話不只是口誤，還顯露出福利國家自由主義哲學的弱點，那就是無法提供眾人團結所需的休戚與共感。這或許可以解釋近幾十年來福利國家政策的正當性為何搖搖欲墜，不僅美國如此，對公共服務和安全網向來更大方的歐洲也不例外。這或許還能解釋自由民主社會為何無力對抗過去幾十年來不斷擴散的不平等和才德思想。而不平等能合理化，正是才德思想在政治口號與公眾心態裡日益高張的後果。

反對才德

海耶克和羅爾斯都反對以才德或道德應得作為正義的基礎。對海耶克來說，否定經濟報償和才德有關就能回絕重分配的要求。

對羅爾斯而言，否定才德和道德應得的地位在政治上的效果正好相反，可以用來反駁有錢人反對重分配的論述。有錢人認為自己掙得的財富是他們應得的報償，因此不該為了重分配向他們抽稅。羅爾斯則指出，賺大錢不代表一個人有才能或美德，只反映那人擁有的技能正好是市場需要的能力。只要稅法公正，所有人都能保有稅法允許的部分所得，但不能主張稅法應該尊重和獎勵他們的才德與成就[33]。

雖然羅爾斯和海耶克在政治上意見相左，但都反對以才德為正義的基礎。這表示他們在哲學見解上有兩點相同。首先是多元社會很難對哪些德性和人格特質值得獎勵達成共識，其次則和自由有關。「如果要依據才德給予報償，」海耶克寫道：「那些才德就必須是可衡量的，是他人可以辨別及同意的，而非根據某個高高在上者的標準。」但我們很難判定哪些才是才德，這將導致一個更嚴重的問題：如果我們對哪些事算作才德、哪些事值得讚揚終究不會有共識，那麼以道德應得而非經濟價值作爲分配正義的基礎就注定會導向強制。因此「只要個人地位取決於我們對才德的見解，這個社會就會是自由社會的反面」[34]。

羅爾斯也指出人們對於才德和道德應得普遍缺乏共識，並擔心將正義建立在道德應得之上會妨害自由。但和海耶克不同，他並非從市場的角度看待自由。對他來說，自由就是追求自己心目中的良善生活，同時尊重別人也有權追求他們心目中的良善生活。這代表所有人都會遵循眾人放下各自利益與優勢之後會一致同意的正義原則。羅爾斯主張，從這個角度思考正義，當我們不曉得自己會富會窮、會強會弱、健康或多病，就不可能將所得分配交給市場，而是只有在不平等有助於社會最弱勢者的時候，才會接受不平等。

雖然羅爾斯反對讓自由市場分配所得，但他有一點和海耶克相同，就是他的正義原則無意獎勵才能或德性。多元社會的成員對什麼是有才與有德缺乏共識，因為這類判斷取決於你認為「人怎樣活最好」，而這件事並無定論。羅爾斯認為，將正義原則建立在這類判斷上只會戕害自由，將某些人的價值強加給他人，無視人人有權選擇與追求自己心目中的良善生活。

因此，雖然海耶克和羅爾斯立論不同，但兩人都反對經濟報償應該反映應得，也清楚自己在挑戰主流意見。正義就是給予人所應得的賞罰，這樣的觀點深植在純樸大眾的心中。羅爾斯提到「常識通常認為」所得和財富應該按照道德應得來分配，而海耶克也坦承他對才德的否定「乍聽之下可能很奇怪，甚至嚇人」，因此他不得不「請讀者暫時放下心中的判斷」聽他解釋[35]。

然而，縱使過去半世紀的公共論述由自由市場和福利國家自由主義所主導，「一個人賺多少應該符合他應得的報償」的想法非但沒有動搖[36]，反而因為才德思想的成功觀而變得愈發穩固。這數十年來即使社會停止流動，不平等愈來愈嚴重，這個廣為流傳的信念仍然屹立不搖。

市場與才德

於是，當代政治出現了一個令人不解的狀況：儘管頂尖的公共哲學駁斥了才德至上制的前提，政治口號和大眾態度仍然死守經濟報償反映（或應該反映）個人才德與道德應得的主張。這是爲什麼？難道純粹因爲哲學太過脫離現實，以致無法影響一般人的行爲與想法嗎？還是自由市場自由主義和福利國家自由主義具有某些特質，使得他們所反對的才德思想成功觀趁虛而入？

我認爲答案是後者。仔細檢視這兩種自由主義就會發現，他們對於才德及道德應得的否定並不如乍看那麼徹底。這兩種自由主義都反對才德思想的看法，反對在公平競爭的條件下，富人比窮人更配得財富。但他們提出的替代方案卻會產生才德菁英社會的典型心態，也就是成功者傲慢，弱勢者不滿。

我們從海耶克區分才德與價值就能清楚看出這一點。海耶克正確指出，將所得不平等視爲才德差異造成的結果只會往傷口上撒鹽。「若一個社會普遍認爲高所得代表才德出眾，低所得表示才德缺乏，地位和薪水反映才德的高低……這樣的社會對不成功者來說，可能比明白主張才德與成功不必然有關的社會還要難以忍受[37]。」海耶克提到英國工黨大將安東尼·克羅斯蘭（Anthony Crosland）。克羅斯蘭一九五六年寫了一本影響深遠的書《社會主義的未來》。他在書中同樣強調才德至上可能會讓未能向上爬的人灰心喪氣：

當機會不平等，擇人條件顯然偏向財富或血統時，人們失敗了可以安慰自己，說自己只是從來不曾真正有過機會，因為制度不公平，天平明顯不偏向他們。但要是擇人條件明顯只看才能，我們就無法這樣自我安慰了。失敗會帶來徹底的不如人感，沒有任何藉口與安慰。出於人性的古怪，這反而會增加人對他人成功的嫉妒與不滿[38]。

海耶克主張，區別才德與價值能減緩所得不平等帶給人的不快。當所有人都明白所得不均和才德無關，富人就不會那麼自豪，窮人也不會那麼不滿。然而，就算如海耶克所言，所得不平等乃是出於經濟價值，因此合情合理，人們對成功者的不滿是否就會減緩還很難說。

試想，就算成功者相信自己功成名就只代表他們對經濟的貢獻，而非個人才能與德性的反映，他們對自己成功的說法老實講就會差很多嗎？就算弱勢者相信自己窮途潦倒並不代表他們人格低落，只表示他們對經濟的貢獻價值微薄，他們對自己身陷貧困的說法又會很不同嗎？

從道德和心理上看，才德與價值的區別都變得聊勝於無。市場化社會尤其如此，因爲幾乎一切都以錢來衡量。就算提醒有錢人，他們的財富只反映他們對社會的貢獻特別有經濟價值，也不大可能消除他們的傲慢與自滿。而安慰窮人他們的貧窮只反映他們對社會的貢獻經濟價值不高，也很難挽回他們的自尊。

衡量價值很容易就會變成評判才德，這反映出一個常見但很有問題的假設：一個人的市場價值是他對社會貢獻大小的有效指標。海耶克不加質疑就接受了這個假設。他只指出我們的市場價值取決於自己無法掌控的因素，因此不足以衡量個人才德，卻不曾考慮到一個人對社會的貢獻可能是市場價值之外的東西。

然而，一旦接受市場價值足以代表社會貢獻，那麼不論一個人的市場價值給予他多少所得，我們都很難以正義爲名反駁他不應得那樣的報償（市場價值用經濟學家的術語來說，就是「邊際產量」。根據標準的經濟分析，完全競爭市場會按照每位勞動者的「邊際產量」，也就是該勞動者產出的價值，來給予報償）。

姑且不論經濟的複雜面，假設我們有辦法鑑別出每個人的市場價值，且市場價值確實是社會貢獻的有效指標，那麼我們很難不導出一個結論：道德上，人應該依據他們的市場價值或「邊際產量」得到報償。

近來主張這種說法的學者首推哈佛大學經濟學家曼昆（N. Gregory Mankiw）。他曾經擔任小布希總統的經濟顧問。他首先提出一個廣爲流傳、非常符合直覺的道德原則，那就是「人應當得到其所當得的。一個人對社會貢獻愈多，所得就應該愈高，以反映他的貢獻」，並舉了蘋果公司創辦人賈伯斯和《哈利波特》作者羅琳爲例。曼昆認爲大多數人都會同意這兩個人年賺幾百萬美元是應該的，因爲他們的高所得反映出社會賦予 iPhone 和出色冒險故事的巨大價值[39]。

曼昆主張競爭市場經濟裡的所有所得都服膺這個原則。不論勞動者是護理人員或避險基金經理人，競爭市場產生的結果道德都應該背書。既然「每個人的所得反映出他對社會生產之商品與服務的貢獻大小」，曼昆表示，「我們或許不難做出結論，在這樣的理想狀況下，每個人得到的就是他所應得的報償[40]。」

不論競爭自由市場給予一個人多少所得，在道德上都是他應得的報償，這個主張可以回溯到新古典經濟學的初期。批評這個主張的人很多，包括一些通常支持自由市場的經濟學家，他們很早就指出這個主張的缺陷。如前所述，海耶克持反對意見，理由是一個人的所得取決於他的天賦，而天賦不是個人功勞。此外，所得還取決於變化無常的供需實況。我擁有的天賦是罕見或普遍並不取決於自己，卻會決定我在市場的所得。曼昆的「應得報償說」忽略了這些偶然因素。

市場價值與道德價值

市場價值反映道德應得的主張受到不少批評，其中最致命的攻擊或許是一九二〇年代法蘭克・奈特（Frank Knight）提出的論述。奈特是新古典經濟學的奠基者之一，曾經批評小羅斯福總統推行的新政。他是芝加哥大學教授，傅利曼（Milton Friedman）和不少日後引領學界的放任自由主義經濟學家都是他的學生。但他本人卻犀利抨擊市場獎勵才德的主張。「許多人都認爲……生產貢獻是衡量道德應得的基準，」他寫道，然而「稍微思考這個問題就會明白，生產貢獻幾乎或根本沒有道德意涵[41]。」

奈特提出兩個論證反駁市場結果代表道德應得，其中一個針對才能，也就是海耶克和羅爾斯使用的論證，兩人都曾引述他的說法[42]。擁有符合市場需求的才能和繼承可觀財產一樣，都不是我的功勞。「我們很難看出……擁有提供市場所需服務的能力……爲何能在道德上宣稱自己配得更多社會分紅，除非該能力確實是個人努力的結果。」此外，才能帶給我的所得有部分仍取決於有多少人具備同樣的才能。擁有碰巧很稀罕又備受社會青睞的才能當然會提高我的所得，但我不能視之爲自己的功勞。「我們很難想像爲何異於他人就是比近似他人更有價值與才德[43]。」

奈特的第二個論證範圍大得多，連海耶克視爲理所當然的假設都受到質疑。奈特反對將市場價值等同於社會貢獻，因爲就如他說的，符合市場需求不必然就是對社會眞正做出實質貢獻。

符合市場需求只是滿足人們碰巧需要或想要的事物，但這樣做有沒有道德意義取決於其倫理價值。而倫理價值涉及道德判斷，雖然道德判斷確實難有定論，卻無法靠經濟分析得出。因此，就算撇開才能的問題，我們也不該假定一個人藉由滿足消費者需求而獲得的金錢反映其才德或道德應得。滿足市場需求的道德意義來自倫理上的考量，但所有經濟模型都無法提供這類考量。

我們無法接受滿足需求是價值的終極判準，因為我們其實並不認為需求是最終的決定因素。我們非但不認為品味沒什麼好爭執的，反而吵得最凶。評價最難之處就在衡量我們自己的需求，而所有需求當中最麻煩的，就是對「正確的」需求的渴望[44]。

奈特的洞察非常犀利，一刀切開海耶克混淆不分的兩個概念：一個是經濟貢獻的市場價值，另一個是經濟貢獻的實際價值。就拿電視影集《絕命毒師》裡的高中化學老師來說吧。他運用自己的專業知識製造（非法的）安非他命，由於成品極爲精純，受到各方爭搶，在毒品市場爲他賺進了數百萬美元，所得遠超過當老師的微薄薪水。然而大多數人都會同意，他當老師貢獻的價值遠超過當毒販。

這和市場不完美無關，也跟法律禁止販賣某些藥物，使得非法兜售那些藥物利潤極高沒有關聯。就算安非他命合法化，能力出眾的化學家製造安毒可能還是比教書賺錢。但這不表示毒販的貢獻比老師的付出更有價值。

又或者拿賭場億萬富豪謝爾登・艾德森（Sheldon Adelson）來說吧。他是全球數一數二的有錢人，所得比護士或醫師高出幾千倍。但就算賭場大亨和護理人員身處完全競爭市場，也沒有理由認爲兩者的市場價值反映了他們對社會貢獻的眞正價值。這是因爲他們對社會的眞正價值來自他們所滿足的目的在道德上有多重要，而非他們多有效地滿足了消費者的需求。照顧民眾健康在道德層面比滿足民眾玩吃角子老虎的需求還有意義。

奈特進一步指出，「經濟制度所要滿足的需求多半是它本身製造出來的」。現行制度不光滿足已經存在的需求，還「擴展至形塑需求，大幅轉變需求的內容與型態，甚至直接創造需求」。因此，評價一個經濟制度必須考量「這套制度偏好創造或鼓勵哪類需求」，而不只是衡量它有多擅長滿足「當前的各種需求」[45]。

由於以上種種，使得奈特反對曼昆的主張，也就是在完全競爭市場中，一個人創造的邊際生產就是道德上他應得的報償。奈特嘲弄這種看法，稱呼它爲「經濟學的老掉牙護教論」[46]。

奈特雖然對野心勃勃的社會改革計畫心存懷疑，並且被後世尊爲放任自由主義經濟學大師，卻極力反對「市場價格反映道德應得與道德價值」的主張。

產品或貢獻總是以價格來衡量，但價格不一定反映道德價值或對人群的意義。產品的金錢價值取決於「需求」，而需求則取決於消費大眾的品味與購買力，以及是否存在替代商品。由於這些因素大多由經濟制度本身所創造與掌控……因此其結果不具道德意涵，無法作為評斷經濟制度的標準[47]。

雖然奈特並未提出一套道德理論，用它來判定各種需求與慾望的倫理價值，但他反對經濟學家常有的一種看法，就是品味無高低可言，我們無從判定哪些需求更有價值。比起是否有效滿足消費者的需求，我們更應該依據一個經濟制度「創造出來的需求和它所促成的人格特質」來評價這個制度。「就道德而言，創造正確的需求比滿足需求更重要」[48]。

由於奈特不認爲生產貢獻的市場價值具有道德意義，使得他對才德至上制的批評比海耶克更全面，更不會鼓勵自滿。海耶克告訴有錢人，雖然他們有錢不代表有才德，卻代表他們對社會的貢獻高人一等。奈特認爲這樣說太抬舉有錢人了。擅長賺錢既不代表更有才德，也不代表我們的貢獻更有價值。成功者唯一能說嘴的，只有他們出於天才或狡詐、時機或才能、運氣或打死不退等等難以解釋的因素，有效滿足了消費者當下需求裡大大小小、五花八門的需要與慾望。滿足消費者需求本身沒有價值，是其目的背後的道德意義給了它價值。

應得或有資格？

還有一個問題沒有解決，就是平等自由主義反對市場給予個人的經濟回報是他道德上應得的報償，爲何仍然會助長菁英傲慢？在回答之前，我們必須先搞清楚羅爾斯反對以道德應得作爲正義的基礎是什麼意思。羅爾斯並非主張人沒有資格說自己的所得或地位是應得的。在公正社會裡，凡是循規蹈矩努力工作的人都有權保有自己的所得。

羅爾斯在此做了一個巧妙但重要的區分，一邊是道德應得，一邊是他所謂的「有資格抱持正當期望」。兩者區別如下：資格和當得不同，資格是遊戲規則存在後才出現的東西，它無法告訴我們規則如何設定。羅爾斯想指出一點：我們必須先確定遊戲規則背後的正義原則和社會的基本結構，才能知道誰有資格擁有什麼[49]。

討論才德至上制的好壞時，這個區分的影響是這樣的：如果要以道德應得作爲正義的基礎，就必須讓遊戲規則獎勵有德和有才者。但羅爾斯反對這樣做。他認爲我們不該將經濟制度（甚至憲法）視爲表揚美德或培養德性的機制。對正義的考量應該優先於對才能與德性的考量。

這是羅爾斯反對才德至上制最重要的一點。當一個社會是公正的，其制度對待所有人一律平等，包括處境最糟者，這時贏得金錢與權位的人便有權保有財富與地位。不是因爲功成名就證明他們才德出眾，而是這些好處是制度的一部分。

正因如此，「一套公正的社會制度會讓人得到他有資格獲得的，滿足這套制度所給予他的正當期望。但是一個人有資格獲得多少既不等比於他的內在價值，也不取決於此。」界定人的義務與權利的正義原則「不會涉及道德應得，分配份額也不與之對應」[50]。

羅爾斯反對才德作爲正義的基礎有兩大要點，一個有關政治，一個有關哲學。在政治層面，羅爾斯希望證明有錢人沒有正當理由反對重分配稅，宣稱財富是他們應得的，在道德上站得住腳。他指出才能具有道德隨機性，且成功是由許多偶然因素造成的。如果在市場經濟取得成功極度仰賴機運，我們就很難宣稱自己所賺的錢是才能出眾或德性卓越的報償。

沒有任何正義法則以獎勵德性為目的。罕見天賦帶來的溢價除了要支付訓練成本和激勵學習，還要引導能力到最能促成共同利益的地方。而其所產生的分配份額和道德價值無關，因為從道德的角度，生來擁有天賦及早期有幸培養發展，都是偶然隨機的[51]。

至於哲學層面，羅爾斯主張，正義原則不得將才能、德性及道德應得納入考量。這個主張點出了羅爾斯自由主義一個更根本的特色，就是「對」優先於「好」。「對」是社會整體運作所仰賴的權利義務框架，「好」則是權利義務框架下個人對德性與良善生活的看法。只要正義原則偏袒某一才能、德性或道德應得，就不可能中立對待多元社會中不同個體對良善生活的不同看法，而會強加某些人的價值在其他人身上，以致無視人人有權選擇和追求自己的生活方式。

羅爾斯用一個類比來說明正義優先於才德。我們設立產權制度不是因為認為壞人本性頑劣，需要制度來懲罰他們。因為如此一來，懲罰就是從「才德」角度出發的，將「好」擺在了「對」之前。這是本末倒置。我們設立產權制度是出於效率與正義；每當有人偷竊，我們就執法懲罰他們。由於竊賊侵害了他人權利，所以當受懲罰。懲罰是為了處分小偷的不正義作為，而非羞辱他們人格低劣（雖然副作用可能如此）[52]。

羅爾斯指出，從才德的角度理解經濟報償也會本末倒置，將「好」置於「對」之前。

「一個以獎勵道德應得爲第一原則的社會，就跟爲了懲罰竊賊而設立產權制度沒有兩樣[53]。」

如何看待成功？

羅爾斯不以才德看待經濟成功，乍看應該會讓成功者謙遜，落隊者覺得安慰，讓菁英不致心生傲慢，無財無勢者不會失去自尊。當我眞心相信自己成功是出於好運，而非個人的努力，就更有可能覺得應該將好運與他人分享。

如今這種感覺已經很罕見了，贏家心懷謙卑並非當前經濟與社會的常態；而民粹反撲的一大動力，就是來自勞動階級普遍感覺菁英瞧不起他們。這有可能只是目前的福利國家政策未能實現羅爾斯的公正社會，但也有可能是平等自由主義根本未能撼動菁英的自滿。

當前的福利國家政策顯然未能達成羅爾斯心目中的公正社會，美國尤其如此。眼前有許多所得與權力不平等並非出自機會平等的制度，也不是爲了造福最弱勢者。這使得自由派將勞動階級對菁英的反感理解成對正義不彰的怨言。如果這就是勞動階級不滿菁英的唯一理由，解決之道就是更努力增加機會，改善最底層者的經濟前景。

然而，反菁英民粹反撲還有其他解釋。引發反撲的勝者傲慢也可能來自羅爾斯哲學裡的「有資格」感。雖然羅爾斯反對道德應得，但別忘了，就算完全符合他定義的公正社會也認可某些不平等。只要這些不平等是出於機會平等或對最弱勢者有利，羅爾斯都認爲可以接受。我們不難想像某位有錢的執行長怎麼依據羅爾斯的原則，告訴低薪工人自己拿高薪合情合理：

我不比你有錢，道德上也不比你更配得當大老闆。我的薪資待遇會那麼高，純粹因為我和其他同職位的人需要這樣的誘因，才能發揮才能造福眾人。缺乏社會需要的才能不是你的錯，這方面才能特出也不是我的功勞。所以國家才會抽我所得稅，幫助像你這樣的人。我的薪水和職位高人一等，不是因為我在道德上應得這些報償，而是基於社會合作的公平規則讓我有資格拿到這樣的薪水與職位。別忘了這些規則是這樣產生的，要是我們事前不知道誰會在上層、誰會在底層，你和我都會接受這些規則。所以請別怨我，我拿高薪比不拿高薪對你更有幫助；這樣的不平等雖然讓你不舒服，卻是為了你好[54]。

這套說法當然無法支持眼前社會所有的所得、財富、權力或機會不平等，但它凸顯了一件事，就是成功者的菁英心態不一定會因爲自由主義式的分配正義而減少或消失。有資格抱持正當期望跟才能、德性和道德應得一樣，都可能引發菁英傲慢與勞動階級的不滿。

還記得羅爾斯的類比嗎？就算懲罰盜竊是爲了維繫產權制度，這樣做也會有一個明顯的副作用，就是讓竊賊感到羞恥。同理，就算給外科醫師的薪水比工友高是因爲這套公平的基本制度對最弱勢者有益，我們也不難想見副作用會是外科醫師的特殊才能與貢獻特別受到推崇。長久下來，這些「副作用」就會潛移默化社會看待成功與失敗的態度，並且和才德思想促成的心態相去不遠。

社會尊嚴幾乎總是落在享有經濟和教育優勢的人身上，尤其當這些優勢是在社會合作的公平條件下取得的，更是如此。自由派或許會說，只要社會上所有人作爲公民都獲得同等尊重，社會尊嚴落在誰身上其實無關政治。哪些能力或成就值得推崇是社會習慣和個人選擇的問題，和「好」有關，跟「對」沒有關係[55]。

然而，這樣回答忽略了一個事實，就是誰得到推崇與認可是高度政治的問題，也一直被如此看待。亞里斯多德認爲正義主要在於分配職責與榮譽，而非所得與財富。當前的反菁英民粹反撲多半出於勞動階級選民的憤怒，因爲他們感覺專業階級瞧不起沒有大專學歷的人。堅持「對」優先於「好」讓社會尊嚴成了個人道德問題，進而蒙蔽了自由派的眼睛，看不出傲慢與羞辱所蘊含的政治性。

不過，堅持高學歷專業階級對藍領勞工的高傲態度是社會習慣的問題，無法也不該由政治解決，這種看法非常愚蠢。榮譽和認可的問題無法跟分配正義的問題完全劃開，這點從我們補償弱勢者時隱含（甚至毫不避諱）的施恩態度看得最清楚。誠如自由派平等主義哲學家湯瑪斯・內格爾（Thomas Nagel）所說的，「就算種族和性別不平等減少了，天才和蠢材的巨大不平等依然存在。兩者即使一樣努力，獲得的報償卻大不相同[56]。」

「天才與蠢材」眞是一針見血，坐實了民粹分子心裡對自由派菁英最深的疑慮。民主性格的羅爾斯嘗試建立一個人人「休戚與共」的社會[57]，內格爾的這句話卻遠非如此，赤裸裸展現了某些福利國家自由主義可能促成的菁英傲慢。

機運與選擇

福利國家自由主義可能衍生出傲慢與羞辱的政治效應，這點從一九八〇至九〇年代的平等主義自由派哲學家的作品裡開始變得明顯。這些哲學家依循羅爾斯的論點，主張才能分配具有道德隨機性，因此公正社會應該補償各種厄運，包括生來貧窮、殘障或才能平庸，以及人生路上的意外與不幸。如同其中一位哲學家所言，「分配正義要求幸運者將運氣帶來的收穫部分或全部分享給不幸者[58]。」

這套後來人稱「機運平等主義」的哲學主張，乍看似乎相當包容機遇，希望調和人生這場樂透隨意加在人們身上的好處與負擔，感覺比競爭的才德至上社會還要人性。

然而，仔細檢視就會發現，機運平等主義需要精確衡量才德與道德應得。因為它主張個人的不幸唯有出於他本人無法掌控的因素時才能得到補償；大眾的協助（例如社會福利或健保）是有條件的，必須看這人是因為運氣不好或選擇錯誤才落得需要幫助的地步。政策制定者必須判斷哪些窮人是環境的受害者，因此值得幫助，哪些要為自己的窮困負責，因此不值得幫助[59]。

哲學家伊莉莎白・安德森（Elizabeth Anderson）強烈批評機運平等主義，指控將窮人分成値得幫助和不値得幫助者根本是「濟貧法思想」復辟[60]，等於強迫政府審問經濟拮据的公民，以決定這些人當初要是做出更好的選擇，是否就能擺脫貧困。這種劃分責任的方式，在我們思考民主公民彼此負有什麼義務時，是非常沒有道德說服力的，理由至少有二。

首先，它主張協助弱勢者的責任建立在這些人當初是怎麼淪爲弱勢的，而非出於同情或命運與共。這個主張有時在道德上是成立的。大多數人都會同意，一個人明明很有能力卻出於懶散拒絕工作，即使薪水不錯也不考慮，這種人就比較難博得公眾支持。既然他選擇不工作，就要承擔後果。然而，有些機運平等主義者對於個人責任的範圍認定遠大於此。在他們看來，就算只是沒有先爲可能的逆境購買保險，之後發生不幸也多半要算個人的責任。譬如某個沒買保險的人車禍重傷，機運平等主義者就會考慮這人當初是否能買保險；只有當這類保險不存在或這人支付不起，社會才有義務代付醫療費[61]。

其次，機運平等主義除了對思慮不夠長遠的人非常嚴苛，還將符合公眾協助資格的人矮化爲無助的受害者。這點非常弔詭。機運平等主義者賦予個人選擇能力極大的道德分量。他們補償機運，好讓個人所得與未來發展反映個人選擇的結果。但這種責任與選擇觀要求極高，而且蘊含一個殘酷的弦外之音：弱勢者必須證明自己需要幫助不是他個人造成的。想有資格獲得公眾協助，就必須讓自己看起來（並且自認爲）是自身因素以外的受害者[62]。

這個違反常理的誘因不只影響了申請協助者的自我形象，還擴散到公共論述裡。援用機運平等主義支持福利國家政策的自由派幾乎無一倖免，統統落入了「受害者說」的泥淖，將領取福利者視爲缺乏能動性、無法做出負責任行爲的個體[63]。

然而，基於弱勢者是自身因素以外的受害者而幫助他們，必須付出沉重的道德與公民代價。因爲這樣做等於輕蔑地認爲領取福利者對社會沒什麼貢獻，也無法做出負責任的行爲。然而，誠如安德森所言，一旦否定需要公眾協助的人能做出有意義的決定，我們就很難尊重他們，對他們一視同仁，相信他們有能力自我管理[64]。

總之，機運平等主義「對他們眼中不負責任的人不會提供協助，對他們眼中的次等人則會以羞辱人的方式提供協助」，安德森寫道。機運平等主義「和濟貧法一樣，放棄因爲個人選擇而陷於弱勢的人，讓他們自生自滅，同時又以才能、智力、能力或社會訴求爲標準，將這些方面不如人的弱勢者劃爲值得幫助的對象」[65]。

和其他自由主義一樣，機運平等主義一開始反對以才德或應得作爲正義的基礎，最終卻變本加厲強化了菁英心態與才德規範。在羅爾斯的《正義論》裡，這套規範以「有資格抱持正當期望」借屍還魂，在機運平等主義裡則是對個人選擇與個體責任的強調。

凡是機運帶來的好處或負擔（包括有幸具備或不具備社會看中的才能），都不是我們所應得之物。這樣的看法似乎反駁了才德思想「只要公平競爭，不論賺得什麼都是我們應得的」的主張。機運而非選擇帶來的優勢，都不是我們應得之物。然而，人們有時會選擇碰運氣。這使得機運與選擇的界線模糊了起來。高空跳傘選手冒著死亡和殘廢的危險追求刺激，天不怕地不怕的年輕人選擇不買健康保險，賭場裡擠滿了想試身手的賭客。

機運平等主義者說，選擇冒險的人要願賭服輸。社會只有義務幫助那些不是刻意追求厄運的人，例如被流星擊中的可憐傢伙；自己選擇放手一搏的人無權要求贏家幫助。哲學家羅納德·德沃金（Ronald Dworkin）用「偶然運氣（被流星擊中者）」和「選擇運氣（輸錢的賭徒）」將兩者清楚劃分開來[66]。

機運與選擇的差別必然涉及對才能與應得的判斷。沒有人賭博應當輸錢，但選擇冒險賭博而輸錢的賭客不配讓社會替他償還賭債。賭輸是他自己的責任。

當然，什麼才算眞正的選擇有時並不清楚。有些賭客有成癮症，有些吃角子老虎則被設定過，會引誘賭客一直玩。這些案例比較不像個人選擇，而是鎖定易受害者的脅迫行爲。但只要一個人自主選擇風險行爲，機運平等主義者就會認爲他要爲後果負責，不論發生什麼都是他自己的問題，至少沒有人有義務幫助他。

除了「怎樣才算自主選擇」這個老爭議之外，還有一件事也會讓機運與選擇變得不好區別。假設我家被火燒了，這當然是厄運。但要是有我買得起的火險，而我卻沒買，心想應該不會失火，何必每年繳保險費，這時儘管失火本身是「偶然運氣」，我沒買保險卻是個人選擇，進而讓這場不幸的意外變成「選擇運氣」。由於決定不買保險，我就得爲後果負責，不能期望納稅人補償我失去房子的損失。

當然，不是所有意外或偶然遭遇都有保險可買。有些人運氣好，生來就具備社會看中的才能，有些人則是生來殘障，連謀生都很困難。德沃金認爲「保險」這個概念也能用來討論這些偶然境遇。由於人不可能出生前就購買保險，因此德沃金建議我們可以用算的，推測一般人願意花多少錢購買平庸險，以防生來才能普通，然後以這個金額爲基準，將有才者的所得重分配，與無才者共享。換句話說，德沃金的構想是向基因樂透的贏家抽稅，以補償天賦分配不均的後果[67]。

我們有理由懷疑是否眞能算出這個假想的天賦缺乏險的保費與理賠。不過，要是眞能做到，有才者願意繳稅補償無才者，而且所有人求職和就學機會平等，那麼機運平等主義者心目中的公正社會就能實現，所有因爲天生才能或殘障而造成的所得差異都會得到補償，所有仍存在的不平等都是出於我們自己該負責的因素，例如努力與選擇。於是，機運平等主義者希望能去除意外與不幸的影響，最終還是導向了才德至上制的理想：根據應得來分配所得，而非道德上偶然的隨機因素[68]。

機運平等主義支持努力和選擇造成的不平等。這代表它在這點上和自由市場自由主義殊途同歸，都強調個人責任，主張社會只有在貧困者不是自作自受時才有出手相助的義務。爲了反駁自由市場派對福利國家政策的批評，機運平等主義者接受了「反平等主義右派最有力的武器，也就是選擇與責任的概念」[69]。這大幅縮小了自由市場派和平等主義自由派的分歧。雙方的爭執只剩哪些情況一個人的選擇算是眞正自由，哪些情況算是受到環境與必然所限制。

才能升值

雖然自由市場自由主義者和平等主義自由派都反對以才德作爲正義的第一原則，最終卻不約而同歸向了才德思想，兩者都無力反擊「勝者傲慢、敗者屈辱」這個欠缺道德說服力的菁英心態。部分原因出在他們堅持劃分個人責任，部分則反映在他們推高了才能的價值。儘管雙方都堅持天賦能力出於機運，因此就道德而言是偶然的，卻賦予才能（特別是天生或固有的才能）極高的地位。

平等自由主義者在這方面尤其如此。他們將基因樂透視爲所得不均的主因，因此精心設計了各種度量法，例如德沃金的假想保險制，來計算與補償「天生」「天賦」或「與生俱來」的才能，因爲這些才能不同於社會或文化優勢，無法藉由提供公平的教育機會來平衡。平等自由主義者以天賦才能作爲重分配的依據，將才能視爲遺傳的給定條件，先於社會安排。然而，從生物學的角度看待才能，將之視爲天賦的卓越，其實是一種自大傲慢。雖然平等自由主義者力圖補救「天才與蠢材的巨大不平等」[70]，卻推舉「天才」而詆毀「蠢材」。

就算不談智力的遺傳基礎，撇開這個令人緊張的爭論，我們也會明白當前駭人的所得與財富不平等幾乎和天生的智力差異沒什麼關聯。用基因高人一等來解釋金融、商業和高專業人士的收入驚人，實在太過牽強。儘管天才如愛因斯坦或莫札特，他們的成就或許確實來自天賦，但主張避險基金經理人和高中老師所得不同也是出於天資高低，實在是無稽之談。

誠如安德森所言，「資本主義經濟體制下的所得不平等主要源自天資稟賦不同」這個看法很有問題。絕大多數所得差異都「來自社會對某些人才能的栽培遠高於對其他人才能的投資，導致每位勞動者掌握的資本不平均。生產力大小主要取決於職位，而非個人」[71]。

天賦才能就算不是應得之物，也會在才德至上的菁英社會得到讚許。理由不只是天資特出本來就引人崇拜，還包括我們用它來解釋成功者爲何報償豐厚。若一個人在才德至上社會「能爬多高只取決於天賜的才能」，那我們難免會認爲誰最成功就代表誰最有才能。但事實並非如此。就算天生才智確實存在，也和賺大錢幾乎沒有關聯[72]。平等自由主義者將天賦才能視爲所得不平等的主因，過度放大了才能的角色，以致不自覺地吹高了才能的尊貴。

菁英制度的興起

菁英社會一詞原本是貶義，後來卻成了讚美與期許之詞。「新工黨立志將英國打造成才德至上的菁英社會，」一九九六年，即將於一年後當上首相的布萊爾疾呼：「我們相信人應該憑藉才能出人頭地，而非倚恃出身或特權優勢[73]。」二〇〇一年，布萊爾競選連任時又表示，他的使命是「破除限制人的障礙，確實創造階級流動，建立一個眞正只看才德、人人同等重要的開放社會」，並承諾「徹底推行才德至上」，讓英國的「經濟和社會向才德與才能開放」[74]。

楊恩這時已經八十有五。布萊爾的發言讓他大失所望，投書《衛報》說自己早在四十多年前就拆穿布萊爾高舉的這套理想了。楊恩擔心自己的黑暗預言已然成眞。他曾經「推斷窮人和弱勢者將遭到詆毀，結果確實發生了……在一個如此看重才德的社會裡被說成沒有才能眞的讓人難以消受。下層階級從來不曾在道德上被如此看輕」[75]。

反觀有錢有勢的人（那群「高高在上者」）卻志得意滿。「當菁英相信自己是靠本身的才能出人頭地，而社會也鼓勵他們這麼想，他們就會覺得自己掙得的一切都是應得之物。」結果就是「不平等一年年變得更加悲慘，過去曾經大聲疾呼要讓社會更平等的黨魁卻一聲不吭」[76]。

對於「這個愈來愈極化的菁英社會」，楊恩不知如何是好，但希望「布萊爾先生別在公開談話裡再提菁英社會這個詞，至少承認它有缺點」[77]。

◆ ◆ ◆

過去數十年來，才德思想主導了公共論述，少有人提及它的缺點。就算面對社會不均急遽惡化，向上流動說也爲主流中間偏左與中間偏右政黨提供了說詞，大談道德進步與政治革新。「只要循規蹈矩努力工作，一個人能爬多高只由才能決定。」才德菁英太習慣一遇問題就搬出這句眞言，以致未能察覺它已經失去了打動人心的能力。他們對於未能蒙受全球化利益者日益累積的憤慨充耳不聞，忽略了不滿情緒，結果被民粹反撲殺得措手不及。他們沒能看出潛藏在自己高舉的才德菁英社會裡的侮辱。

第六章

篩選機器

若問題出在才德至上制，那解決之道是什麼？我們應該憑關係或其他偏見僱人，而非依據辦事能力來判斷嗎？或是回到長春藤盟校不看申請者學業潛力的時代，偏好招收有錢有勢的白人清教徒子弟？當然不是。打破才德霸權不代表必須將才德摒除在工作與社會角色的分配之外。

我們該做的，是重新思考看待成功的方式，質疑才德至上制「成功者都是靠自己」的自大想法，反對用才德來捍衛財富與尊嚴不平等，因爲這種論述只會導致不滿，毒害政治並分裂我們。這樣的重新思考應該聚焦於兩個領域，亦即教育與工作，因爲這兩點是才德思想成功觀的關鍵。

下一章將討論才德霸權爲何會戕害工作尊嚴，以及我們該如何重建尊嚴。本章則是要談高等教育如何成爲才德至上制的篩選機器，明明承諾將依據才德促進階級流動，卻鞏固了特權與成功心態，腐蝕了民主需要的休戚與共感。

現代社會的機會分配機制操控在大專院校手上。大學頒發的文憑決定了一個人能否取得高薪工作和受尊敬的社會地位。這是高等教育之幸，卻也是詛咒。

作爲推動才德至上理想的火車頭，大專院校獲得了龐大的文化權威與聲望，不僅使得進入頂尖學府成爲人人熱衷的抱負，也讓部分美國大學獲得數以億萬美元計的捐款。但對民主、對擠進窄門的學生，甚至對這些學術機構而言，將大專院校變成才德秩序的堡壘或許並非好事。

科南特的英才革命

擠進大學窄門就是打開機會之門，這個看法如今家喻戶曉，讓人忘了它一點也不歷史悠久。美國高等教育的才德至上使命其實很新，是一九五〇和六〇年代的產物。二十世紀初葉，想要進入聲譽崇隆的長春藤「三大名校」，也就是哈佛、耶魯和普林斯頓大學，大多得從專收上層清教徒子女的私校畢業，也就是好的社會背景與付得起學費比學業能力更重要。每所大學都自辦招生考試，但入學資格很彈性，許多考試不過的申請者照樣被錄取。女性無法入學，黑人也不准就讀普林斯頓大學，哈佛和耶魯大學則是少量招收非裔學生，猶太子女入學也有正式或非正式的人數上限[1]。

頂尖大學應該才德優先，招收和培養最有才能的學生，不論其出身爲何，培育他們成爲社會的領袖，這個構想在一九四〇年代得到了最有力的闡述。提出這項主張的是哈佛大學校長詹姆斯．布萊恩特．科南特（James Bryant Conant）。科南特是化學家，二戰期間曾任曼哈頓計畫的科學顧問。他發現不只在哈佛大學，全美大專院校都出現上層階級世襲的現象，讓他深感憂慮。他認爲這樣的菁英階層不僅有違美國的民主精神，在當時舉國上下亟需才智與科學技術的年代，更不符合治國的需要。

記者作家尼可拉斯．里曼（Nicholas Lemann）曾經寫書闡明美國高等教育性向測驗的歷史，其中提到科南特對這個問題的看法。科南特表示，在哈佛大學和美國其他一流學府裡，「未經世事的有錢人家小孩帶著僕人，生活成天繞著派對和運動打轉，而非用功唸書，這就是目前大學生活的基調」。不僅如此，這些年輕人畢業之後還占據了頂尖律師事務所、華爾街銀行、外交部門、研究型醫院和大學的各種職位[2]。

所有好職位都保留給某個族群的人……男性、美國東岸出身、清教徒上流家庭和私校畢業……沒有天主教徒，也沒有猶太人，除非這些人能徹底去除口音與任何透露他們來自其他文化背景的特質。和菁英階級不夠近的非白人全被排除在外。就連目前推動社會改革最力的人士，也不曾想到該讓女性參政治理國家成為常態[3]。

科南特發下豪願，決心要擺脫世襲菁英，用才德菁英取而代之。里曼寫道，科南特的目標是——

推翻美國現有的非民主菁英，改以頭腦出眾、訓練有素、心繫民眾的新菁英取代。這些新菁英（意思是男性）來自各個階層與背景，負責領導國家，管理將是二十世紀晚期美國中堅力量的大型科技機構，並創造美國歷史上第一個提供機會給所有人的系統化制度[4]。

借用里曼的說法，這是「一項非常大膽的計畫，企圖改變這個國家的領導階層及社會結構，是一場精心策畫的寧靜革命」[5]。

爲了發起這場英才革命，科南特需要方法找出最有潛力的高中生，不論他們出身多麼寒微，都將他們送進頂尖大學。於是他在哈佛大學創立了獎學金，提供給美國中西部公立學校有才能的學生，並根據性向測驗來揀選對象。挑選測驗時，科南特堅持測驗必須測出天賦才智，而非學科能力，以免對就讀菁英中學的學生有利。最後他選擇了美軍一戰期間使用的智力測驗，也就是如今簡稱SAT的學術評估測驗。

科南特的獎學金發放對象很快就從中西部學生擴展到全美，而他所採用的SAT

也成爲全美大專院校的招生準繩。里曼明白指出，SAT「不僅成爲哈佛大學爲數不多的獎學金之發放標準，更成爲篩選美國人的基本機制」[6]。

科南特不僅期許哈佛大學成爲作育英才的機構，還計畫依據才德至上制重新塑造美國社會。一九四〇年，他在加州大學發表演說闡述自己的願景，講題爲〈無階級社會的教育〉，後來刊登於《大西洋月刊》。科南特希望美國社會能抵抗「日益擴張的財富世襲階級」威脅，重拾機會平等的原則。他引述哈佛大學歷史學家特納（Fredrick Jackson Turner）的說法，拓荒結束切斷了美國舊有的機會管道，民眾無法再遷往西部，開墾土地，憑著努力與創造力打破階級的枷鎖，嶄露頭角。美國早期民主「最顯著的特色之一，」特納寫道，「就是個人擁有在社會流動條件下出人頭地的自由[7]。」

特納於十九世紀末寫下這段話，他可能是最早使用「社會流動」一詞的人[8]。科南特表示這個概念是「我論述的中心思想」，並以之定義他理想中的無階級社會。

> 理想的無階級美國社會，說穿了就是社會高度流動。當大多數年輕人都能發揮自己的才能，不受父母的經濟地位限制，社會就是高度流動。但當青年男女的未來幾乎完全取決於是否繼承了特權，社會流動就不存在[9]。

當社會高度流動，科南特解釋道，「子女就必須且能夠發展自己的潛能，掙得自己的經濟報償，從事任何職業，和父母的作爲無關[10]。」

然而，當眼前不再有蠻荒之地，什麼才能作爲無階級社會的流動管道？科南特的答案是教育。當愈來愈多人就讀高中，中學就成爲「一台大引擎」，只要運作得當，就能「協助我們重新把握……機會，也就是曾經許諾給拓荒者的禮物。」

根據科南特的願景，高中就學率提升帶來的機會並不在提供教育，而在篩選和評量學生，替高等教育預備人才。在高度工業化的社會，「能力必須接受評量，才能必須得到培養，抱負必須有人引導，這便是公立學校的任務[11]。」

雖然科南特相信教育所有未來公民對民主政治很重要，但比起篩選人才，這只是公立學校的次要任務。比起教育青少年成爲公民，更重要的是充實他們，讓他們在「機會的階梯上踏出最適合的第一步」。科南特坦承，篩選人才「對我們的教育制度似乎是過重的負擔」，但他希望公立學校能「按照這個目的改造」[12]，成爲新的才德菁英的全面招聘所。

爲了實踐他的理念，從各個世代徵集最適合高等教育和公眾領導的人才，科南特找來一位可敬的盟友，湯瑪斯．傑佛遜。傑佛遜和科南特一樣，反對建立在財富與血統上的舊貴族，希望以基於德性與才能之上的新貴族取而代之。他還認爲設計良好的教育制度可以成爲「從窮人家庭挑出天才子女」的機制。自然並非只將才能賦予有錢人，而是「公平散播」在社會各個階層。因此，難題在於如何發現才能、培養才能，好讓最有才能與德性的人能受到教育與栽培，成爲治國者[13]。

傑佛遜抱著這份理想，向維吉尼亞州建議了一套公立教育系統。在免費小學表現最佳的學生會被選中，「由公家出錢讓他們在地區中學接受更多教育」；成績出色的學生將拿到獎學金進入威廉與瑪麗學院，進而成爲社會領袖。「如此一來，不論任何階層的價值與天分都會被發掘，並接受教育，做好擊敗財富與血統，贏得公眾信任的萬全準備[14]。」

雖然傑佛遜的計畫未被採納，但對心向高等教育篩選機制的科南特來說，這個奠基於機會平等與社會流動的前例給了他許多啓發。傑佛遜沒有使用這兩個詞，只說自己期盼具備才能與德性的「自然貴族」可以勝過「建立在財富與血統上的假貴族」[15]。而他形容自己那套獎學金制度的說法，對科南特所處的更民主的年代來說，則是太過粗魯冒犯：「每年從垃圾裡挖出二十個絕頂天才，用公費讓他們長智識[16]。」

才德霸權的徵兆

如今看來，傑佛遜的粗鄙用語點出了才德至上教育制度的兩個潛在問題，只不過後來被社會流動和機會平等這類說詞給掩蓋了。首先，建立在才能之上的流動社會雖然和世襲階級不相容，卻不排斥不平等，甚至反倒正當化了才德所導致的不平等。其次，一套標榜和獎勵「絕頂天才」的制度很可能或隱或顯地將其餘的人詆毀成「垃圾」。就算傑佛遜提議的獎學金制度非常開放，卻為我們尊「天才」貶「蠢材」的菁英心態傾向立下了先例。

科南特回應了這兩個針對才德至上制的可能質疑，其中第一個回應比較直接。科南特承認自己的無階級社會理想並不是以所得與財富分配更平等為目的。他期望的是階級更容易流動，而非社會更平等。重點不在消弭貧富差距，而是確保代與代的經濟階層有機會改變，有些子女爬得比父母高，有些往下。「至少一代或兩代以後，經濟地位就會有巨大差異，工作也是，這樣就不會形成階級。」權力和特權或許不平等，然而只要「每一代結束時都自動重新洗牌即可」[17]。

至於從「垃圾」裡挖出「天才」這種難聽的形容，科南特並不認為他提倡的篩選機制會抬高獲選者，貶低落選者。「我們必須依循一個前提，就是教育沒有特權，最高等的教育也不例外，」他寫道。「沒有哪個教育管道的社會地位比其他都高[18]。」

事實證明，科南特的兩點回應都太樂觀了。讓高等教育變成才德菁英教育並沒有帶來無階級社會，也沒有讓那些缺乏才能而被排除在外的人少受到輕蔑。或許有人會說，這只代表才德至上制的理想未能實現，但就如科南特承認的，篩選才能和追求平等是兩回事。

科南特的才德菁英願景是平等主義式的，因為他希望哈佛和其他頂尖大學向全美最有才能的學生開放，不論那些學生的社經背景多麼寒微。在長春藤盟校仍然由既有特權階級把持的年代，這是極為高貴的理想。但他並不關心讓更多人接觸高等教育，沒有打算增加招生人數，只想確保錄取的人是最有能力的學生。美國「將得益於刷掉四分之一，甚至一半的大學先修生，」科南特於一九三八年寫道，「改由更有才能的學生取代。」基於這個想法，他反對小羅斯福總統一九四四年簽署的《軍人權利法案》，允許退伍軍人得以免費就讀大學。科南特認為美國不需要更多人唸大學，而是要讓更優秀的人去唸[19]。

科南特擔任哈佛大學校長二十年，學校招生政策卻未能實現他的才德至上理想。

即使到了一九五〇年代末，科南特卸任前，哈佛大學仍然很少拒收校友子女，錄取率超過百分之八十七[20]，仍然偏好新英格蘭菁英私校出身的申請者，幾乎全數錄取，卻採用更高學業標準審核公立學校的申請者。除了因爲預備學校的學生「食宿自付」，無須校方提供經濟援助，還因爲長春藤盟校仍然喜好這些「上層階級」學生所帶來的文化標籤[21]。猶太學生的入學限制雖然悄悄放寬，但未解除，顯示校方仍然擔心猶太學生太多「會趕走哈佛最想招收的上層清教徒子弟」[22]。至於女性、少數種族和弱勢族裔獲准入學則是更後來了。

科南特的影響

科南特的才德理想雖然未能在當時的哈佛大學徹底實現，日後卻成爲美國高等教育的自我定位。他在一九四〇年代針對大專院校在民主社會的角色所提出的說法，也成了我們現在的基本常識，不僅不再有不同意見，更已經成爲畢業演說和大學校長發言的標準說詞。高等教育應該向所有能力出眾的學生開放，不分社經階級，甚至不該考慮學生能否負擔學費。儘管只有財力最雄厚的大學負擔得起不問財務需求的招生方式和獎助學金，但社會普遍同意招生應該以才能爲根據，而非財力。幾乎所有大學都會採用多重項目審核申請者，包括學業潛力、人格、運動技能和課外活動，但學業能力主要還是依據高中課業成績及科南特青睞的ＳＡＴ分數來衡量。

的確，才能的意義備受爭議。例如討論到平權措施時，有些人認爲將種族和族裔納入招生考量有違才德至上原則，其他人則認爲，就大學的使命而言，將不同的生活經驗與視角帶入教室及社會也算是才德的一種。不過，所有針對大學招生的爭論都圍繞在才德之上，正足以證明才德思想已經根深柢固。

其中，科南特視高等教育爲機會的主要管道，或許是最深植人心的想法。科南特認爲高等教育是階級流動的來源。藉由不分社經階級，提供所有學生往上爬的機會，能爬多高全靠才能決定，就能讓社會保持流動。如今大學校長總是不忘提醒我們，卓越與機會相輔相成，大學入學資格愈不受社經因素干擾，就愈能招到頂尖學生，培養他們走上成功的坦途。所有大一新鮮人踏入校園接受新生訓練時，總是得到歌功頌德般的讚揚，稱許他們的卓越與多元，以及爲了入學而付出的才能與努力[23]。

論述上和哲學上，科南特的才德理念都征服了美國社會，只是結果卻非如他所想。

有錢者拿高分

首先，事實證明，學術評估測驗SAT測出的學術能力或智力並非和社經或教育背景無關，而是正好相反，SAT分數和財富高度相關。家庭所得愈高，SAT分數也愈高；所得階梯每升高一級，SAT分數就會提高[24]。以頂尖大學要求的分數爲例，差距更是明顯。家庭年所得二十萬美元以上的學生，SAT成績超過一千四百分（滿分一千六百分）的比例是五分之一，家庭年所得不到兩萬美元的窮人家小孩，比例只有五十分之一[25]。此外，高分學生的父母擁有大專學歷的比例也高得驚人[26]。

上層家庭的小孩SAT分數普遍偏高，除了有錢父母提供的教育優勢之外，還包括聘請家教和接受補習。在曼哈頓之類的地區，一對一家教時薪甚至可達一千美元。近幾十年來，大學入學競爭愈來愈激烈，使得家教與補習成了熱門產業，年產值高達數十億美元[27]。

主持SAT的美國大學理事會向來堅稱SAT只測量性向，分數不會受補習影響，近年來卻不再嘴硬了，跟可汗學院（Khan Academy）共同推出SAT線上測驗，供所有受試者練習。雖然這樣做值得嘉獎，卻不如大學理事會所期望與宣稱的那樣，足以抵銷補習造成的優勢。因爲可想而知，比起弱勢家庭的子女，高所得、高學歷家庭的小孩更能利用線上資源，導致上層階級子女和其他小孩的分數差距進一步拉大[28]。

對科南特而言，性向或智力測驗是公平的學術能力評量，不受教育弱勢或標準不一的高中成績影響，因此他才會使用SAT篩選給予獎學金的學生。要是他知道高中成績比SAT分數更能找出適合上大學的低所得學生，應該會很驚訝吧。

比較測驗分數和課業成績的預測力並不容易，因爲有三分之二的學生，這兩個項目的表現相去不遠。但對SAT分數和課業成績差距明顯的學生而言，SAT分數對上層階級學生有利，對弱勢學生不利[29]。

雖然高中成績也和家庭所得相關，但SAT和家庭所得的相關程度更高，其中有部分原因出在SAT其實是可訓練的。和測驗產業長年以來的說法相反，家教確實有用，於是一個利潤可觀的產業應運而生，專門教導高中生各種應考技巧，讓他們考取高分[30]。

才德至上加大不平等

其次，科南特提倡的才德招生制度並未如他理想促成無階級社會。所得與財富不平等自一九四〇和五〇年代開始一路加劇，而他認爲可以解決階級固化的社會流動也沒有到來。優勢者和弱勢者的地位並未在一代之後交換，而是如之前提到的，只有極少數窮人家小孩躋身富裕階級，也只有極少數有錢人家小孩落到中上階級之下。儘管抱著麻雀變鳳凰的美國夢，階級流動在美國卻比許多歐洲國家還罕見，近幾十年來也沒有好轉的跡象。

更重要的是，才德至上社會的高等教育不僅未能成爲社會流動的推進器，反倒強化了上層階級傳承給子女的優勢。的確，頂尖大專學生的族群組成與學業能力比一九四〇年代改善許多，科南特當年希望削弱的盎格魯撒克遜白人清教徒富裕家庭的世襲優勢已經不再。女性申請學校可以和男性平起平坐，學校也會主動招收各個種族與族裔的學生。目前長春藤盟校大約有半數學生填寫資料時表明自己是有色人種[31]，二十世紀上半普遍執行的猶太學生招生限制與人數上限也已經完全取消。

哈佛、耶魯和普林斯頓大學長年偏好招收上層階級私校出身的青年，這項慣例於一九六〇和七〇年代逐漸消失，長春藤盟校也不再對勉強合格的校友子女來者不拒。學業標準改善了，SAT成績中位數也提高了。財力雄厚的大專院校開始施行不問財務需求招生，慷慨發放獎助學金，替有能力的清寒學生移除了最大的經濟障礙。

這些都是無可否認的進步。然而，儘管早期提倡者樂觀期盼，後來的教育大師與政治人物不斷保證，高等教育的英才革命卻未能帶來社會流動與機會開放。美國頂尖大專院校確實趕走了科南特憂心的那群自我滿足又自以爲是的世襲菁英。然而，取代他們的才德菁英如今卻和他們一樣占盡優勢，守著特權不放。

儘管才德菁英的性別、種族和族裔組成都比貴族菁英多元開放，卻未能促成社會階級流動，高學歷專業階級甚至想出了將特權傳承給子女的方法：不是留給他們大片房產土地，而是給予他們能在才德至上社會成功的優勢。

高等教育自視爲機會的欽點者、社會流動的引擎，卻未能大力平衡近年來日益惡化的不平等。以下是高等教育的階級組成現況，特別是某些頂尖大學：

- 絕大多數頂尖大學的學生都來自富裕環境，極少數來自低所得家庭。全美前百大高等學府有超過七成的學生來自所得前四分之一家庭，來自底層四分之一家庭的只有百分之三[32]。

- 大學生的家庭財富差距在頂尖大學最明顯。在長春藤、史丹佛、杜克和其他前段大學，來自最有錢百分之一家庭的學生比來自底層百分之五十家庭的學生還多。在耶魯和普林斯頓大學，只有五十分之一的學生出身清寒（底層百分之二十）家庭[33]。
- 出身富裕（頂層百分之一）家庭者就讀長春藤盟校的機會比出身清寒（底層百分之二十）家庭者高出七十七倍。大多數來自底層百分之五十家庭的年輕人只就讀二年制大專院校，甚至沒唸大學[34]。

過去二十年來，菁英私立大學提供更多獎助學金，聯邦政府也加碼資助大專院校協助清寒學生，例如哈佛和史丹佛大學目前都有助學計畫，提供家庭年所得不到六萬五千美元的學生免繳學費及免費食宿。儘管如此，頂尖大學低所得家庭學生的比例自二〇〇〇年以來就少有增長，有些學校甚至降低。目前哈佛大學「第一代哈佛生」（亦即家族裡第一位就讀該校的人）比例不比一九六〇年代高。研究哈佛、耶魯和普林斯頓大學招生史的作家傑羅姆．卡拉貝爾（Jerome Karabel）總結道，「現在的勞動階級和窮人家小孩想讀三大名校（哈佛、耶魯和普林斯頓）就和一九五四年一樣難[35]。」

菁英大學爲何不是社會流動的推進器？

美國頂尖大學的學術聲望、科學貢獻與豐沛的教育資源向來舉世稱羨，然而這些機構卻未能有效促進社會流動。經濟學家拉吉．切提（Raj Chetty）及其研究團隊最近全面檢視了大學對於促進跨代階級流動的影響。他們研究了一九九九至二〇一三年共三千萬名大學生的日後發展，計算美國各大專院校有多少學生自所得階梯底層爬到頂層，也就是從最低五等分位躍升到最高五等分位。換句話說，他們想知道美國各大專院校有多少清寒學生日後所得足以躋身頂層百分之二十，結果發現目前的高等教育對促進社會流動幫助少得驚人[36]。

頂尖私立大學尤其如此。雖然就讀哈佛或普林斯頓等校確實讓清寒學子大有機會出人頭地，但這些名校招收的清寒學生之少，以致促成的社會流動極低。從所得底層升到頂層的哈佛學生比例只有百分之一點八，普林斯頓更只有百分之一點三[37]。

或許有人會想，頂尖公立大學應該不一樣。但這些學校同樣大量招收家境原已富有的學生，對社會流動的貢獻幾近於零。密西根大學安娜堡分校的社會流動率只有百分之一點五，學生的階級組成和哈佛相去不遠，有三分之二學生出身最高五等分位的富裕家庭，清寒學生比例不到百分之四，比哈佛更低。維吉尼亞大學也類似，社會流動率只有百分之一點五，主要原因來自該校的清寒學生比例不到百分之三[38]。

切提的研究團隊確實發現一些較不有名的公立學校和州立大學社會流動率較高。這些學校不但招收更多低所得學生，協助他們向上流動也更成功。例如紐約州立大學石溪分校和加州州立大學洛杉磯分校都有將近百分之十的學生從所得底層升到頂層，社會流動率是長春藤盟校和大多數頂尖公立大學的五倍左右[39]。

然而，這些學校只是少數。切提檢視了全美一千八百所大專院校，從私立學院、公立大學、知名學府到非頂尖院校都有，發現這些學校整體而言只讓百分之二不到的學生自所得最低五等分位爬到最高[40]。或許有人會問，要求大學讓學生只花一個世代就從所得底層五分之一（家庭年所得兩萬美元以下）跳到頂層（年所得十一萬美元以上）是否太強人所難。然而，就算微幅向上流動也很稀罕，所得躍升兩個五等分位的頂尖大專院校學生只有十分之一左右[41]。

儘管上大學確實能提升未來所得，美國大學向上流動的學生卻少得驚人。大學畢業生的確更容易找到待遇優渥的工作，頂尖大學畢業生尤其如此，但這些學校對社會流動影響甚微，因爲絕大多數學生本來就家境富裕。美國高等教育就像一部大多數人都在頂樓搭乘的電梯。

現實上，美國大多數大專院校鞏固特權的多，開放機會的少。這對冀望高等教育成爲主要機會管道的人來說，無異敲響了一記警鐘，同時讓人不得不質疑當代政治信奉的教條：解決不平等惡化的辦法是促進社會流動，而促進社會流動的做法則是讓更多人上大學。

雖然不分意識形態的政治人物都宣揚高等教育能促進階級流動，但這個機會願景卻愈來愈不符合大多數人的實際經驗，尤其那些沒有大專文憑卻仍期盼擁有工作尊嚴與體面生活的人。才德至上社會忽略了這個合理的期盼，只會爲自己帶來危險。高學歷階級很容易忘記大多數人都沒有大專文憑。時常勸告他們想改善處境就要讀大學（「學得愈多，賺得愈快」），給人的感覺可能是侮辱更多於激勵。

所以，高等教育該何去何從？繼續擔任機會的欽點者嗎？繼續假定機會就是人人都能上大學，即使申請入學已經成爲才德大賽也一樣？有些人確實如此認爲，主張只需要讓比賽更公平即可。他們認爲高等教育體系缺乏低所得學生不是才德招生制的缺陷，而是執行得不夠完整。根據這個觀點，解決才德招生制弊病的方法就是做得更徹底，讓所有學生不論社經背景都有上大學的機會。

讓才德招生更公平

這個主張乍看合情合理，提高有才能的清寒學生的受教機會絕對是好事。然而，美國大專院校過去幾十年來在招收非裔與拉丁裔學生方面大有改善，對提高清寒學生比例卻幾乎毫無進展。不僅如此，當大眾還在為了少數種族與族裔的平權措施爭執不休，美國大學卻早已悄悄為了有錢人廣開平權大門。

譬如許多知名大學喜歡招收校友子女，且美其名為「傳承」，理由是這樣做既能創造歸屬感，又能拿到捐款。以頂尖大學來說，校友子女的錄取率甚至可達其他申請者的六倍。哈佛大學的平均錄取率只有二十分之一，校友子女卻高達三分之一[42]。

有些大學會放寬學業門檻，方便家境富裕的非校友子女入學，因為錄取這些表現平平的學生可以讓學校有錢蓋新圖書館或發放助學金。杜克大學一九九〇年代晚期到二〇〇〇年初期募款時，就每年開放一百個左右的新生名額給捐贈者子女。這些孩子若非學校放寬標準，應該都無法錄取。雖然有教授擔心此舉會拉低學業標準，但這項政策讓杜克大學拿到大筆捐贈，反倒提升了學校的競爭優勢[43]。根據法院最近取得的哈佛大學招生政策資料顯示，因為捐贈而錄取的學生比例將近百分之十[44]。

體育特招生制度也對富家子女有利。有些人認為，降低體育績優生的學業門檻，尤其美式足球和籃球這類熱門運動的選手，有助於少數與弱勢族群和低所得家庭子女進入大學。但整體而言，受惠於體育特招生制度的多半還是有錢人和白人子弟，人數高得不成比例。這是因為頂尖大學偏好的運動項目幾乎都是有錢小孩在玩的，像是壁球、袋棍球、帆船、划船、高爾夫、水球和擊劍，甚至馬術[45]。

體育特招生制度並非密西根或俄亥俄州立大學的專利。這些美式足球名校的球隊年年進入盃賽，球場裡永遠是爆滿的觀眾。但就算是小學校，例如新英格蘭知名的威廉士文理學院，班上也有百分之三十的學生是體育特招生[46]，其中出身弱勢家庭的人少之又少。一項由前普林斯頓大學校長參與的研究檢視了美國十九所頂尖大專院校，發現體育特招生比少數與弱勢族群或校友子女更有錄取優勢，只有百分之五的體育特招生出身於所得底層四分之一的家庭[47]。

大學有不少方法可以補救這些不公。他們可以採取階級平權措施，比照目前給予校友子女、捐贈者子女和體育特招生的優惠錄取清寒學生，也可以全面去除優惠，讓富家子女不再得利。此外，大學也可以展開行動，抵銷有錢子女藉由家教和補習墊高SAT分數而取得的入學優勢，例如芝加哥大學等校最近的做法。研究顯示，SAT分數作爲學業表現預測指標，比高中課業成績更容易受到社經背景扭曲。減少對SAT的倚賴可以讓大學招收更多清寒學生；學校的學術表現就算受影響，也是微乎其微[48]。

這些都是大學可以自行採取的措施，而政府也可以插手要求大學招生制度減少對上層階級子女的偏袒。民主黨參議員愛德華．甘迺迪（Edward Kennedy）雖然以校友子女身分進入哈佛就讀，卻曾經提案要求私立學校公布校友子女的錄取率，並提供他們的社經背景。批評才德招生制不平等的耶魯大學法學院教授丹尼爾．馬科維茲（Daniel Markovitz）更進一步提議，私立大學招收的學生至少半數必須來自所得底層三分之二的家庭，方法最好是增加招生名額，否則就要取消免稅優惠[49]。

這些措施不論出於大學決策或政府規定，都會緩和造成高等教育無力促進社會流動的不平等，讓弱勢學生更有機會上大學，減少招生制度的不公平。因此，我們很有理由考慮採納這些措施。

然而，只思改善現有制度的不公平，其實忽略了科南特英才革命的大前提。我們應該要問，大專院校應該接受這樣的角色，依據才能篩選學生，決定誰能出人頭地嗎？

答案是最好三思，理由至少有二。首先是這套篩選機制對落選者暗含負面評價，並且會給公共生活帶來損害；其次是才德競爭會對錄取者造成創傷，加上篩選有可能反客為主，讓大專院校偏離了教育使命。簡而言之，將高等教育變成你爭我奪的篩選競賽對民主和教育都不健康。接下來將依序討論這兩個危險。

篩選和社會尊嚴的分配

科南特明白，將大學變成篩選機器有可能埋下社會不和的種子，但他認為這個風險是可避免的。他希望用測驗與分流將每個人導引到最能發揮自身才能的社會角色（他仍然堅信只需要測驗與分流才能），又不至於暗示最有才能者比其他人更有價值。他認為教育篩選機制和舊有的世襲特權不同，不會讓人心生錄取者高人一等或更值得尊敬的判斷[50]。

科南特相信我們可以篩選人但不評判人，這個想法忽略了他所協助打造的才德菁英制背後的道德邏輯與動人之處。主張才德菁英制優於世襲貴族制的一大論點，就是憑藉才德出頭的人是自己掙得成功的，因此配得才德所帶來的報償。才德篩選制擺脫不了對掙得與應得做出判斷。大眾必然會朝這個方向想，評判誰的才能與成就值得讚揚和認可。

科南特堅信高等教育應該將權力從世襲上層階級手中拿走，交給有才能的知識分子與科學家。這不僅是分派社會必需角色的一種方式，也是針對科技發達的現代社會應該重視和獎勵哪些才智與德性的一項主張。因此，無可否認地，這套新的篩選機制同時還是一套新的標準，用以決定社會地位與尊嚴如何分配。這正是《菁英制度的興起》所要表達的重點。楊恩於一九五八年出版本書，科南特才剛卸任哈佛校長沒有幾年。他看見了科南特未能察覺或拒絕去看的道理，就是新的才德菁英制會讓人以新的基準評判誰應得、誰不應得，而且非常嚴苛。

科南特協助高等教育改頭換面走向了才德菁英制，追隨他的後輩則是毫不避諱篩選與評判的關聯。約翰．加德納（John W. Gardner）曾任基金會董事長，後來擔任過詹森總統的衛生教育福利部長，他在一九六一年出版的《卓越》一書中表達了這個新菁英時代的精神：「我們正見證一場革命，社會對能力拔尖、訓練有素之人的態度正大幅轉變。人類歷史上頭一回如此廣泛需要這類人。」過去社會由少數人把持，因此可以糟蹋才能，但現代科技社會由複雜的組織掌管，永遠求才若渴，不論才能來自何處。於是，這場不得不然的「獵人才大賽」重新界定了教育的任務，那就是成為「嚴謹的篩選程序」[51]。

和科南特不同，加德納不諱言才德篩選機制有其無情的一面。「對所有人而言，當教育愈有能力將聰明的年輕人推到頂端，其本身就形成嚴苛的篩選過程……學校成為有能力的年輕人獲取機會的黃金管道，卻也成為能力不足者發現自身極限的場所。」這是機會平等的陰暗面，它一方面讓「年輕人全憑能力和抱負決定爬得多高，不受財富、社會地位、宗教或種族所阻礙」；另一方面，卻讓「缺乏必要能力的年輕人痛苦煎熬」[52]。

加德納認為，這種痛苦是無可避免的，是值得承受的代價，因為我們亟須找出和栽培有才能的人。他承認這種痛苦在能不能上大學這件事上給人的感受尤其強烈。「一旦社會能夠有效且公平地依據才能篩選人，敗者就會明白自己地位不高的眞正原因是他本身能力不足。這對誰來說，都是難以接受的事實[53]。」

在楊恩眼中，這點是反對才德招生制的當然理由，但對加德納來說，這就是個不幸的副作用。「由於大學地位大幅提高，」他坦白指出，上大學成了成功的定義。「時至今日，上大學幾乎已經成爲世人眼中高成就的先決條件，進而在我們創造的錯誤價值觀裡，成爲美滿人生的唯一通行證。」加德納堅持表示，「成就不該和個人價值混爲一談」，個體不論成就大小都值得他人尊重。但他似乎明白，自己協助促成的才德至上社會很難容得下教育成就和社會尊嚴的區分[54]。

顯而易見地，在大眾心中，大專教育和個人成就、向上流動、市場價值及自尊牢牢地綁在一起。只要有夠多的人相信上大學才能贏得尊敬與自信，這樣的意見一致就會讓這個看法成爲事實[55]。

幾年後，耶魯大學校長金曼．布魯斯特（Kingman Brewster）也不諱言，依據才能篩選學生和上大學成爲社會認可與尊嚴的象徵，兩者密不可分。布魯斯特爲了將耶魯大學帶向才德至上制，讓招生更倚重學業能力而非家族地位，遭遇了重量級董事的反對。一九六六年，耶魯大學開始採行不問財務需求招生，也就是招生不考慮申請者的財務需求，並提供錄取者足夠的財務協助。布魯斯特一針見血指出，新政策不僅能讓耶魯大學吸引出身寒微的優秀學生，還能提高對有錢學生的吸引力。富家子弟會喜歡根據才能而非財力招生的大學，因爲「錄取不再是看口袋的深度，」他寫道：「上流子弟會引以爲傲，覺得自己是靠才能，而非某種名爲『背景』的模糊標準而錄取的[56]。」過去父母以送子女到能攀龍附鳳的學校爲榮，如今父母以送子女到象徵孩子才能出眾的學校爲傲。

招生制度的才德轉向提高了大學威望，讓大學得以吸引最出色的學生。這份威望不僅展現在錄取學生的SAT平均分數上，也展現在申請被拒的學生人數上。大學愈來愈常按其入學門檻高低排名，學生也愈來愈以此爲申請的考量。

一九六〇年代以前，有意就讀大學的學生通常申請離家不遠的學校，才能出眾的學生因而遍布各大專院校。但當高等教育轉爲才德取向，挑選學校也變得更加謀略。學生開始專挑入學門檻高的學校申請，尤其高所得家庭的學生更是如此[57]。

研究高等教育的經濟學家卡羅琳．霍克斯比（Caroline M. Hoxby）稱此趨勢爲「高等教育的重篩選」。高門檻大學和低門檻大學的差距愈來愈大。SAT拿高分的學生統統搶著申請同樣幾所大學，使得入學資格成爲贏者全拿的競爭。許多人以爲現在要進大學比以前更難，其實並非如此。美國絕大多數的大專院校幾乎都是來者不拒[58]。

過去幾十年來，只有少數幾所頂尖大學招生率大幅降低。就是這些學校引來媒體頭條報導，並且讓志在大學的富家子弟陷入搶進窄門的生死鬥。一九七二年，「重篩選」已經開始，史丹佛大學的錄取率剩下三分之一，現在更不到百分之五。一九八八年，過半申請者（百分之五十四）都能進入約翰霍普金斯大學，如今只剩下百分之九可以如願。芝加哥大學錄取率降幅最大，從一九九三年的百分之七十七驟降到二〇一九年的百分之六[59]。

美國目前共有四十六所大專院校錄取率不到百分之二十，其中便包括二〇一九年招生醜聞涉案家長希望兒女就讀的學校。然而，這些超級名校的學生總數只占全美大學生的百分之四，其餘八成以上學生就讀的學校錄取率都超過五成[60]。

過去五十年來，重篩選將高分學生集中到少數幾所名校，其背後的道理何在？霍克斯比從經濟學的角度提出解釋：交通費用降低減輕了學子離鄉就讀的負擔，資訊成本降低則讓他們更容易相互比較SAT分數。此外，頂尖大學投注在每位學生身上的教育資源愈來愈多，因此對有機會錄取的學生來說，進入這些學校是對個人「人力資本」的絕佳投資，就算日後可能需要捐款回饋學校也一樣[61]。

然而，由於重篩選正好也是高等教育才德轉向的時候，因此上述現象還有另一個可能的解釋：知名大專院校會變得如此炙手可熱，是因爲它們就站在新崛起的菁英階級的最頂層。有心向上的富家子弟在父母的鼓勵下搶進名校窄門，不僅因爲他們想和學業能力出眾的同學相互切磋，更由於這些名校賦予他們的菁英頭銜。名校光環不僅可以拿來自誇，還能在畢業後帶進職場。原因不只出在雇主認爲名校學生比普通學校學生學到更多，還因爲雇主相信名校的才德篩選作用，看重名校帶來的菁英聲望[62]。

受創的贏家

美國這種勝者全拿的高等教育重篩選機制並不值得追求，理由有二。首先是它強化了不平等。在這套高門檻機制裡表現最出色的學校，往往是有錢學生比例最高的學校。其次是它會對勝者造成創傷。過去的世襲菁英輕輕鬆鬆就能位居上層，新的才德菁英卻得拚死拚活才能出頭。

雖然目前新菁英也出現了世襲現象，但特權的傳承並非穩當，而是得靠「擠入」才能確保。這使得成功者產生一種矛盾的道德心理。儘管整體上看或事後觀之，誰會勝出幾乎是注定的，因爲頂尖大學基本上是有錢小孩的天下，但對拚命想擠進超級窄門的年輕人來說，他們只會認爲被學校錄取是自己努力的功勞與成就。正是這點讓勝者深信成功是自己掙來的，出於個人的功勞。我們可以批評這種想法是菁英傲慢，過度將成功歸於個人努力，忽略了那些能將努力轉為成功的優勢。然而，這種想法也隱含著哀傷，因為它是在痛苦中形成的。這份痛苦正來自才德篩選迫使他們拚命努力而造成的心靈創傷。

有錢家長可以在子女的升學路上推一把，但是往往必須付出代價，將子女的高中歲月變成高壓力、高焦慮、睡眠不足的趕場人生，塞滿了先修課、補習、體育訓練、舞蹈和音樂課，以及各式各樣的課外與公益活動。這些活動往往在私人入學顧問的建議與指導下進行，費用可能比耶魯大學四年的學費還高。有些顧問會建議家長替子女弄到殘障證明，好延長標準化測驗的應考時間（康乃狄克州某個高所得郊區有百分之十八的高中生有殘障證明，超過全美平均值的六倍），有些顧問則擅長量身訂做暑期出國計畫，好讓學生申請大學用的自傳更漂亮[63]。

這種軍備競賽導致入學競爭偏袒富裕家庭，讓有錢家長得以將特權傳承給子女。這種傳承方式有兩點值得反對：對缺乏優勢的學生來說，這種方式不公平；對享有優勢的學生來說，這種方式會形成壓迫。才德競爭促成了緊迫盯人、只看成就的教養文化，對青少年造成了傷害。才德競爭加劇的這幾十年，正好也是直升機父母出現的時候。事實上，正是在一九七〇年代，當美國社會開始將協助子女學業表現出色視為家長的重責大任，英文的 parent（家長）由名詞被當成動詞用（教養）才普遍起來[64]。一九七六至二〇一二年，美國家長協助子女完成作業的時間增加了五倍以上[65]。隨著上大學愈來愈重要，充滿焦慮的侵入式教養也成爲常見的折磨。時代雜誌二〇〇九年某一期的封面故事就提出警告，〈反對過度教養：爸媽放手的時候到了〉。文中指出我們變得「太在意兒女將來要能成功」，以致於「教養成了產品開發」，從孩子很小就開始管理他們的童年。「一九八一年至一九九七年，六到八歲孩童的自由玩耍時間減少了百分之廿五，寫作業時間增加了超過兩倍」[66]。

經濟學家馬賽厄斯．德普克（Mathias Doepke）和法布里奇奧．齊利博蒂（Fabrizio Zilibotti）進行了一項很有趣的研究，爲直升機父母的興起提出經濟學解釋。他們認爲直升機父母是「過去三十年來蔚爲風潮的一種心力與時間密集的掌控型教養方式」，是面對不平等加劇及教育報酬率提高的理性反應。雖然近幾十年來，密集教養在不少社會都有增長，但最常出現在不平等最嚴重的國家，例如美國與南韓；瑞典和日本等不平等較不嚴重的國家則不那麼風行[67]。

雖然可以理解家長想指導、管理子女的生活，協助子女通過才德篩選的動機，但這種督促卻對子女造成了嚴重的心理創傷，尤其是大學前的青少年。二〇〇〇年代初，在加州舊金山馬林郡治療青少年的心理學家麥德琳・雷文（Madeline Levine）察覺到，這個富裕郊區有許多外在表現出色的青少年很不快樂，個性疏離，而且非常依賴。「其中許多孩子看上去都很……沮喪、焦慮和憤怒……非常依賴父母、老師、教練與同儕的意見，不僅面對困難任務時經常指望他人幫忙鋪平道路，就連日常生活也常仰賴他人打通關節」。於是雷文意識到，家長的富裕及密集教養非但沒讓這些年輕人擺脫生活困境，反倒成了他們不快樂與脆弱的原因[68]。

雷文在《給孩子，金錢買不到的富足》書中提到「富裕青少年的心理流行病」。過去心理學家普遍認爲「成長於險惡環境」的內城區弱勢子女才是「高風險」族群[69]，雷文並不否認這一點。但她發現美國有一個新的高風險族群，那就是來自高學歷富裕家庭的青少年。

這些孩子雖然擁有社經優勢，出現憂鬱症、藥物濫用、焦慮症、身體症狀和不快樂的比例卻是全美青少年族群之冠。研究人員檢視所有社經階層的青少年，發現最苦惱的孩子多半來自富裕家庭[70]。

雷文引用心理學教授桑妮雅．路薩（Suniya Luthar）的研究，指出路薩發現了「違反直覺的現象，美國中上階層的青少年雖然會進最知名的大學，找到高薪工作」，情緒困擾的比例卻高於其他青少年，並且這個模式會一直持續到他們上大學。相較於一般大眾，全職大學生「符合藥物濫用或藥物依賴定義的比例高出二點五倍（百分之廿三比百分之九）」，半數全職大學生表示自己曾經暴飲、濫用非法或處方藥物[71]。

富家子弟爲何情緒困擾的比例極高？原因主要出在才德至上社會的鐵律，一個人必須不斷突破、不斷達成、不斷成功。「不論兒女或家長，」路薩寫道：「幾乎都不可能無視從小就瀰漫在他們四周的訊息：想獲得終極幸福只有一條路，就是有錢，而有錢來自上名校[72]。」

才德戰場上的贏家雖然獲勝了，卻是傷痕累累。我的學生就是這樣。闖關的習慣積重難返，許多孩子仍然被拚搏的本能推著走，以致於很難利用大學時光來思考、探索和反省自己是誰，人生值得關注什麼。心理健康出現問題的孩子多得驚人。才德競爭的心理傷害不是長春藤學生所獨有。最近一項研究調查了美國一百多所大學共六萬七千名學生，發現「大學生的精神失調程度史上最高」，除了憂鬱和焦慮症患者增加，還有五分之一大學生過去一年曾考慮自殺，四分之一被診斷出精神障礙或正在接受治療[73]。二〇〇〇至二〇一七年，美國二十至廿四歲年輕人的自殺率增加了百分之卅六，如今自殺殞命的年輕人比他殺身亡的還多[74]。

除了臨床症狀，心理學家發現這一代大學生還有一個更幽微的創傷，一種「隱性完美主義傳染病」。長年焦慮拚搏讓年輕人自我價值感低落，仰賴成就餵養，並容易受到家長、老師和招生委員的嚴苛評價影響，更難逃自我評價。「在一個人的用處與價值由其表現、地位與形象定義的世界裡，不切實際的理想自我不僅值得嚮往，甚至變得必要。」主持研究的湯瑪斯．庫蘭（Thomas Curran）以及安德魯．希爾（Andrew P. Hill）寫道。他們調查了四萬多名美國、加拿大和英國大學生，發現這些青少年的完美心態從一九八九至二〇一六年大幅飆升，其中涉及社會與家長期望的完美主義傾向就提高了百分之卅二[75]。

完美主義是典型的才德後遺症。在這個年輕人不斷被「學校、大學與職場篩選、挑揀與排名的時代，新自由主義才德至上社會讓現代人產生了強烈的拚搏需求，汲汲追求表現與成就」[76]。一個人能否滿足成就需求決定了他的才德與自我價值。

對於這些代價，才德篩選制的維繫者並非一無所知。哈佛大學招生委員會曾發表一份極有見地的文章，坦白提到學生心力枯竭的危險。他們擔心高中和大學時代不停闖關追求高成就的孩子最終會成爲「終生戰鬥營的茫然倖存者」。這篇發表於二〇〇〇年的文章有如暮鼓晨鐘，至今仍然登在哈佛大學招生委員會的網站上[77]。

繼續闖關

頂尖大學的招生制度引發了成就偏執（achievement mania），也獎勵成就偏執，卻未曾在學生入學之後採取任何作爲來矯正這種狂熱。篩選和競爭侵蝕了大學生活，讓學生再度陷入錄取與落選的泥淖。比方說，哈佛學院擁有四百多個課外社團與組織，其中部分社團如管弦樂隊和美式足球校隊出於能力需求，自然需要選拔。但如今不論社團是否需要特殊才能，爭取入社或「卡位」都成了常態。由於卡位文化愈演愈烈，部分大一新生甚至像是上了一堂「基礎閉門羹」，被迫適應未能入選社團的失望[78]。

這些學生社團和大學一樣，都以低招收率自豪。哈佛學院管理顧問社自稱「哈佛校園最難擠進的專業先修社團」，招收率不到百分之十二。負責新生訓練週和校園導覽的哈佛解說社（Crimson Key Society）也標榜高門檻，只有百分之十一點五的申請者獲准入社。「我們不希望隨隨便便派人導覽校園，」社團招生組長解釋道。然而，這樣做與其說是才能需求，更像是試圖重現才德競爭的創傷與狂熱。「你闖關成功進了哈佛之後，」一名大一新生向校刊《哈佛深紅報》表示，「只想繼續闖關，好讓腎上腺素持續飆升[79]。」

卡位文化盛行不僅凸顯了大學已經成爲菁英社會訓練營，年輕人競相包裝自己、申請各樣事物的教育場所，也反映了大專院校的角色轉變。如今大學的文憑功能已經遠遠大於教育功能，教導與學習被篩選與拚搏所取代。大學校長更在一旁煽風點火，彷彿自謙似的表示學生在課外比在課內學得多。這話或許是指（或曾經是指）學生在課堂上或自修時發現疑問，和同學在課外討論切磋，但現在愈來愈代表建立人脈。

除了卡位和人脈，還有對分數斤斤計較。雖然我無法證明近幾十年來學生變得更在意分數，但我明顯如此感覺。二〇一二年，哈佛學院發生學生舞弊事件，就我印象所及是長春藤盟校史上最嚴重的作弊醜聞，大約有七十名學生因爲課外考試作弊而休學[80]。二〇一七年，哈佛學院榮譽理事會面對多起學術詐欺事件，六十多名學生疑似在資訊科學導論課舞弊[81]。然而，作弊不是「分數控」的唯一表現。美國一所知名的法學院囑咐教職員不要告訴學生分數何時公布，因爲經驗顯示，提前告知公布日期只會引來過多焦慮。如今成績公布日期都經過謹慎安排，讓焦慮的學生有時間接受輔導。

傲慢與羞辱

我想，科南特當年主張哈佛大學和高等教育的目的在測驗及篩選美國人時，應該沒有想到自己的理想會導致無止境的才德競賽。如今大專院校作爲機會欽點者的形象已經深植人心，很難想像別的可能，但現在到了非得這樣做的時刻。重新思考高等教育的角色事關重大，不僅爲了修復優勢者受創的心靈，也爲了挽救才德篩選所導致的公民生活極化。

想拆除科南特創建的篩選機器，就要明白才德機制同時朝兩個方向施展霸權：一方面讓出頭者焦慮，受完美主義折磨，並產生菁英傲慢；另一方面則讓落敗者灰心喪志，甚至因失敗而感到羞辱。

這兩種霸權有著共同的道德源頭，也就是歷久彌新的才德思想：個人要爲自己的命運完全負責；成功是自己的功勞，失敗是自己的錯，不該怪罪別人。這種思想雖然激勵人心，但由於太過強調個人責任，使得我們很難喚起對抗當前不平等所需的互助義務和休戚與共感。

將目前的所得與社會尊嚴不平等全歸咎於高等教育並不正確。市場導向全球化、當代政治的技術官僚轉向與民主運作寡頭化都是共犯。但在進入第七章討論工作在全球化經濟體制下的轉變之前，值得先思考如何減輕才德篩選的負面效應，想出雙管齊下的方法，一邊撫平獲判勝出者的創傷，一邊抹去獲判落敗者的屈辱。

讓我們從一個簡單的大學招生制度改革建議開始，了解能從哪裡著手破除令人喪氣的篩選與拚搏循環。

抽籤招生

要改革大學招生制度，其中一種方法是減少倚賴SAT，並去除校友子女、體育特招生和捐獻者子女的入學優惠，讓頂尖大學向更多人開放[82]。雖然這種改革可以減少招生制度的不公平，卻未能動搖高等教育作為篩選機器，其目的在挑揀才能，並依據才能給予機會與獎勵的功能設定。然而，有問題的正是這套篩選機制，協助它更以才取人只會適得其反。

因此，讓我們換個做法。每年都有四萬多名學生申請哈佛和史丹佛大學的兩千個新生名額，而招生委員會告訴我們，絕大多數申請者都有能力完成學業，並且表現出色。理論上其餘幾十所名校也是如此（二〇一七年，美國共有八十七所大專院校的錄取率低於百分之三十[83]），有能力畢業的申請者比招生名額還多。一九六〇年代，想進大學的人還沒那麼多，耶魯大學一名資深招生委員曾經表示：「你有時會有一種很誇張的念頭，就算拿著幾千份申請函……往樓梯底下扔，從裡頭隨便挑一千份，得到的學生也會跟招生委員會選出的學生一樣好[84]。」

我提議的做法就是採納這位資深委員的建議，從四萬多名申請者中剔除不可能在哈佛或史丹佛大學開花結果、表現出色並和同學切磋砥礪的人，剩下的三萬、兩萬五千或兩萬名申請者不是交給招生委員會，由他們進行極為困難又不確定的篩選任務，預測哪些申請者最有才能，而是用抽籤決定誰能入學。換句話說，就是將申請函扔到樓梯底下，從裡頭挑出兩千份，就這樣搞定[85]。

這套做法並非完全無視才能，唯有能力足夠者能入學。但它只將才能視為入學的最低門檻，而非愈多愈好的必要條件[86]。首先，這在實務上很合情理。就算是最有智慧的招生委員也無法百分之百判斷哪些十八歲的年輕人真能在大學出類拔萃，不論學業或其他方面。儘管我們看重才能，但就大學招生而言，才能是個非常模糊貧乏的概念。我們或許有辦法找出數學小神童，但在整體上，才能是比幼年天才更為複雜、更難預測的東西。

就算將才幹與技能的範圍縮得很小，也很難準確評估。諾蘭・萊恩（Nolan Ryan）是美國棒球史上最偉大的投手之一，三振紀錄保持人，第一輪投票就入選名人堂。但他十八歲那年參加選秀，直到第十二輪才被簽下。在各大球隊眼中，排在他前面的兩百九十四名新秀都比他有潛力[87]。湯姆・布雷迪（Tom Brady）是美式足球史上最偉大的四分衛，他也是第一百九十九順位才被選上[88]。如果連投球和傳球這麼單一的能力都難以準確預測，要想預測一項對社會影響深遠或對未來有開創性的能力，並以此證明我們有必要精細篩選高中畢業生，根本是癡心妄想。

然而，支持抽籤招生最有力的理由來自它能對抗才德霸權。設立合格門檻，然後交給機運決定，多少可以讓高中生活正常一點，至少不再那麼戕害心靈，瘋狂追求經歷、頭銜與完美。抽籤招生還能化解菁英傲慢，清楚表明脫穎而出不是個人的功勞，而是得益於家庭環境與天賦，兩者在道德上和抽籤一樣純屬機運。

我可以想到至少四個反對抽籤招生的理由：

一、學業品質怎麼辦？

這取決於設立恰當的合格門檻。但我有預感，至少對全美排名前六十到八十名的大專院校來說，課堂討論和學業表現不會有明顯差別。我有可能預感錯誤，但要確定並不困難，只要做個實驗：半數學生以現有制度錄取，半數由抽籤決定，然後比較這兩群學生畢業時的學業表現與幾年後的職涯發展。史丹佛大學一九六〇年代晚期曾經差點嘗試這個實驗，可惜由於招生委員會主席反對而告停[89]。

二、多元性怎麼辦？

原則上可以調整抽籤方式，在大學認爲必要的項目上給予符合資格的學生重複抽籤的機會，如兩到三次，以確保多元性。這樣做既能促進多元，又不致排除機運的成分。還有一種方式也能考慮：大學可以先錄取一定人數、家長非大學畢業的申請者，其餘再由抽籤決定，以消解現行才德招生制的世襲傾向。

三、校友和捐獻者子女怎麼辦？

理想的做法是學校不再給予校友子女優惠。但對計畫延續這項政策的學校來說，他們可以讓校友子女和符合多元資格的申請者一樣抽籤兩次，必要時甚至更多。值得一提的是，某些大學若想維持目前校友子女的錄取率，可能得讓校友子女抽籤五到六次。這個做法至少可以凸顯學校給予校友子女的優惠之大，甚至引發是否該繼續這項政策的討論。

至於非校友捐獻者，他們子女的入學優惠也該取消。但若校方難以拒絕這項政策帶來的財務幫助，可以釋出一定數量的新生名額交付拍賣，甚至直接出售。比起目前某些大學以才能之名行優惠之實，這種做法更加誠實。新制度和現有制度一樣，不會公開誰的入學資格是買來的，但至少入學者不會以爲自己是因爲能力出眾而錄取。

四、抽籤招生不會拉低門檻，損害頂尖大專院校的聲望嗎？

的確有可能，但這能當成反對理由嗎？除非你認爲過去幾十年來以聲望爲導向的高等教育「重篩選」機制提升了教學品質，但這點相當可疑。將原本散布在全美各地大學的優秀學生集中到少數高門檻名校只加深了不平等，對教育幾乎沒有幫助。才德篩選導致學生焦慮拚搏，充滿闖關心態，難以在博雅教育裡探索自我。減少篩選和對學校聲望的追求是抽籤招生的好處，而非缺點。

◆ ◆ ◆

只要採用抽籤招生的頂尖大學夠多，高中生的壓力就至少能得到一定紓解。想唸大學的青少年及其家長都會明白，只要展現足以勝任大學課程的能力即可，無須再將青春歲月變成軍備競賽，競相參與活動和追逐成就，以博得招生委員會青睞。直升機教養可能會退燒，對家長和子女的情緒健康都有好處。年輕人不再身陷才德戰場拚得傷痕累累，上大學後或許不再那麼汲汲闖關，而更樂於探索智識與自我。

這些改變將能撫平才德霸權對勝者的傷害。但其他人呢？爲了擠進頂尖名校而搶破頭的學生只占兩成左右，其餘八成就讀不那麼競爭的大學或兩年制學院，甚至根本沒上大學的人呢？對他們而言，才德霸權不是展現在爲了擠進大學窄門的勞心競爭，而是令人挫折的勞動世界，由於學歷平平，只能接受經濟報償和社會尊嚴都很微薄的工作。

拆除篩選機器

唯有大膽行動才能妥善處理這個問題。我們應該降低進入知名大學的重要性，以抑制才能篩選機制的威力。此外，我們還應該更進一步，設法讓成功不再那麼倚賴四年制大專文憑。

想提高工作尊嚴，就必須認眞看待做好一項工作所需的學習與訓練。因此，我們應該重新強化公立高等教育，重視技職教育，並努力打破四年制大專和其他高等教育機構在經費與聲望上的截然二分。

減少高等教育才德篩選會遇到的阻礙（至少在美國如此），就是施行這套制度的多半是私立大專院校。不過，這些學校雖然是私立的，卻大幅仰賴聯邦奧援，尤其是獎助學金和聯邦贊助的研究。此外，有些學校握有大筆捐贈基金，其收益向來免稅，直到二〇一七年共和黨政府通過法案後，才對少數有錢大學的捐贈所得徵稅[90]。原則上，聯邦政府可以用這點爲籌碼，要求私立大專院校增加名額，錄取更多弱勢學生，甚至採用抽籤招生[91]。

然而，這些措施尚不足以降低擠進頂尖大學的重要性。更有效的做法是讓四年制大專院校向更多人開放，同時加強社區大學、技職教育和職業訓練。畢竟這些才是大多數美國人學會謀生技能的所在。

近幾十年來，美國政府補助州立大專院校的經費不斷減少，學費持續調漲，導致這些學校的公立性質愈來愈淡[92]。一九八七年，美國公立大學從州政府和地方政府拿到的人均補助是學費的三倍。但隨著經費逐年減少，學費卻逐年調漲。到了二〇一三年，公立高等教育的學費所得已經和州政府及地方政府的補助金額相當[93]。

如今許多頂尖「公立」大學早已經名存實亡[94]。威斯康辛大學麥迪遜分校只有百分之十四的預算來自州政府經費[95]，維吉尼亞大學則是百分之十[96]。德州大學奧斯汀分校一九八〇年代中期有百分之四十七的預算來自政府經費，現在只剩百分之十一，學費占預算的比例卻增長超過四倍[97]。

政府補助減少和學費上漲導致學貸大增，當前世代的年輕人往往背著如山的債務進入職場。過去十五年來，大學生的學貸總額增加超過五倍，二〇二〇年更突破一點五兆美元[98]。

大學財務的菁英偏向有跡可循，其中最明顯的徵兆莫過於聯邦政府對高等教育和技職訓練的補助落差。布魯金斯學會經濟學家伊莎貝兒·邵希爾（Isabel Sawhill）指出兩者差距有多驚人：

比起以研究經費、貸款及減稅方式提供給高等教育的各項補助，美國政府花在就業及職訓上的經費少得可憐。以二〇一四至一五學年度為例，教育部花費一千六百二十億美元協助年輕人上大學，卻只提供十一億美元補助技職教育[99]。

邵希爾接著指出，就算技職教育加上協助勞工轉業的經費，「聯邦政府每年花在職場相關項目的經費也只有兩百億美元左右[100]。」

美國政府花在訓練和再訓練勞工的經費不僅遠少於高等教育補助，比起其他國家也是微不足道。經濟學家常以「積極勞動市場政策」稱呼政府協助勞工培養就業市場所需技能的各項計畫。這些政策之所以存在，是因為勞動市場的變化並不平順，往往需要職訓及轉業方案協助勞工找到適合他們技能的工作。邵希爾指出，先進國家平均花費國內生產毛額的百分之零點五施行積極勞動市場政策；法國、芬蘭、瑞典和丹麥花費百分之一，美國只花費百分零點一左右，比獄政經費還低[101]。

美國人對積極勞動市場政策興趣缺缺，或許反映我們相信市場，相信供需（這裡是指勞動供需）無須外力就能自動均衡，但也反映我們的才德思想，認爲高等教育是機會的主要管道。「美國長期忽略就業與訓練，」邵希爾寫道，「原因之一出在我們特別重視高等教育，似乎認定人人都該上大學[102]。」

但就如前文所述，美國只有三分之一左右的人讀過大學。其餘的人雖然也可以找到高薪工作，但所需的教育與訓練卻乏人關心，令人遺憾。才德至上社會深信只要進入四年制大專，成功之門就會爲你敞開。這樣想雖然勵志，卻導致我們輕忽了大多數人需要的教育。這份輕忽不僅有害經濟，也顯示了對勞動階級從事的工作欠缺尊重。

尊嚴階序

想修補才德篩選機器造成的傷害，光靠增加職訓經費是不夠的，還必須重新思考如何看待一份工作的價值。首先要打破現有的尊嚴階序（hierarchy of esteem），不再賦予名校學生較大的榮耀與聲望，輕視社區大學和技職教育的學生。成爲水電工人或牙齒保健士應該視爲對共善做出實質貢獻，而非ＳＡＴ分數太低或家境寒微進不了長春藤盟校的安慰獎。

高等教育地位崇隆，主要來自它賦予自己更崇高的使命：不僅要傳授學生職場所需的技能，還要培養他們成爲具有道德反思能力的人類與具備民主素養的公民，可以深刻思考共善。以教授倫理學和政治哲學爲業的我，自然堅信道德與公民教育的重要。但爲何假定只有四年制大專院校能做，而且只能交給他們做呢？培養民主社會的公民不該如此畫地自限，將公民教育視爲大學的專利。

首先，我們必須明白頂尖大學在這方面表現並不出色[103]。這些學校多半很少在課程裡強調道德與公民教育，也不重視讓學生有能力對公共事務做出知情判斷的歷史研究。自詡價值中立的社會科學成爲主流，加上範圍又小又專的高度專業化課程大量出現，使得學校幾乎安排不了其他課程，讓學生思考道德與政治哲學的重大議題，批判反省自己的道德與政治信念。

當然也有例外。不少大專院校規定學生必須選修道德與公民課程，不過目前絕大多數頂尖學府還是擅長傳授技術專業與技能，勝過於培養思索、探討基礎道德與公民問題的能力。兩個世代以來的菁英治國失敗及公共論述的道德貧乏，或許都是過度偏重技術專業的結果。

然而，就算我對頂尖大學道德公民教育的批評過於嚴苛，也沒有理由主張四年制大專院校是唯一適合道德思考與公民論述的地方。其實將公民教育拉到教室外的歷史是很悠久的。

勞動騎士團（the Knights of Labor）就是很有啓發性的例子。身爲美國最早、最重要的工會組織，他們要求工廠設置閱覽室，方便勞工了解公共事務。這項要求出自共和黨的傳統。共和黨認爲人應該在工作中學習成爲公民[104]。

文化史學家克里斯多夫・拉許（Christopher Lasch）指出，十九世紀造訪美國的外國人時常驚訝於美國的平等程度。這裡的平等不是指財富分配，甚至不是向上爬的機會，而是獨立思考判斷的能力幾乎人人相當：

公民身分似乎給了這裡所有人在其他地方只有特權階級才能擁有的知識與教養，就連社會最卑微的成員也不例外……勞動不只對肌肉有幫助，也對心靈有好處。據說美國的技工「不是蒙昧的黑手，而是有反省能力的開化之人，不僅雙手靈巧，也熟悉事情的大道理」。技工雜誌不斷提到這個主題[105]。

拉許將視野推得更廣，指出十九世紀美國社會的平等不在於社會流動，而在於智慧與知識遍布於各個階級與職業[106]。才德篩選破壞的正是這種平等。它將智慧與知識圈限在高等教育的高塔內，承諾人人都能公平競爭進入其中。然而，這種分配知識的方法侵害了勞動的尊嚴，敗壞了共善。公民教育可以在爬滿長春藤的校園裡傳授，也能在社區大學、職訓場所和工會裡茁壯。我們沒有理由認為護士和水電師傅比不上管理顧問，無法掌握民主論述的技能。

洗去才德傲慢

才德思想認為人要為自己的命運負責，人人都會得到自己應得的份。這種思想最有力的對手就是認為命運不受個人掌控，成與敗都涉及外在因素，例如神的恩典、未來的突發事故或籤運。本書第二章曾經提到，清教徒發現人很難接受徹底的神恩說。一旦相信來世的救贖與今生的成功都由不得我們，就很難接受人有自由，人人會得到自己應得的份。這就是爲什麼才德往往會排擠神恩，因爲勝利者遲早會主張或相信成功是自己掙來的，落敗者不比他們配得成功。

然而，就算才德思想大獲全勝，也沒有兌現自己的許諾，更沒有成爲促進休戚與共感的基礎，而是成了霸權，輕蔑落敗者、壓迫勝出者。這時就需要祭出它的世敵，讓它有所收斂。這正是抽籤招生想在大學招生這一小塊人生領域裡做到的：讓我們有機會洗去才德傲慢。

◆ ◆ ◆

檢視才德霸權對深陷競爭的富家子弟的傷害，讓我想起自己年少時的兩個經驗。

一九六〇年代末期，我住在加州的太平洋帕薩利德，篩選與分流的熱潮開始滲入公立中學，我就讀的國中與高中也不例外。當時的分流現象嚴重到全高中明明有兩千三百多位學生，我卻發現自己總是和那三、四十個有錢人家的小孩玩在一起。我的八年級數學老師更是將分流做到極致。我不記得他教的是代數或幾何了，但永遠記得他安排座位的方式。六排座位裡有三排是所謂的榮譽座，完全按照平均成績的高低坐。

換句話說，只要每次小考或測驗之後，座位就會變。爲了加強效果，他總是在發考卷之前公布新的座位順序。我數學不錯，但不到頂尖，因此通常坐在第二桌到第四或第五桌之間。至於凱依，她是我們班上的數學天才，幾乎總是坐在第一桌。

十四歲的我以爲所有學校都是這樣，表現愈好，座位排愈前面。所有人都知道誰數學最強，誰這次考得很好，誰考得很爛。當時的我還不明白，這就是才德至上制。

但到了十年級，分流和排名的後遺症出現了。幾乎所有名列前茅的學生都開始對分數斤斤計較，不只關切自己的成績，也在意別人的分數。我們變得非常競爭，對分數的關心簡直就快超過了對智識的好奇。

這個現象讓法恩罕先生很困擾。他是我十年級的生物老師，總是繫著領結，是個冷面笑將，教室裡養滿了蛇、蠑螈、魚、老鼠和千奇百怪的野生動物。有天，他上課決定隨堂考。他要我們拿出一張白紙，在上頭寫下一到十五，然後回答對或錯。同學抱怨他沒說題目是什麼，法恩罕先生就要我們自己想十五個題目，然後寫下對或錯。同學緊張地問考試會不會算分，會不會計入成績。「當然會。」他說。

當時我只覺得這個玩笑很有趣、很扯。但現在回想起來，我才明白法恩罕先生是在用自己的方式對抗才德霸權。他希望我們放下篩選和拚搏，好好欣賞教室裡的蠑螈。

第七章

認可工作

從二戰結束一直到一九七〇年代，沒有大專文憑的美國人還是可以找到好工作，養家活口，過上舒服的中產階級生活，如今卻困難許多。過去四十年，大專和高中畢業生的所得差距（也就是經濟學家所謂的「大專溢酬」）增加了整整一倍。一九七九年，大專學歷者的所得比高中學歷者高出百分之四十，到了二〇〇〇年代已經變爲百分之八十[1]。

全球化帶給高學歷者豐厚的報償，卻對大多數一般勞工毫無幫助。從一九七九至二〇一六年，美國製造業工作數從一千九百五十萬個減少到一千兩百萬個[2]。生產力雖然提高了，勞工從自己生產所得裡分到的份額卻愈來愈小，大部分都到了執行長和股東手上[3]。一九七〇年代晚期，美國各大公司執行長的所得是一般勞工的三十倍，二〇一四年已經增加到三百倍[4]。

美國男性實質所得中位數已經五十年停滯不前。儘管人均所得自一九七九年來成長了百分之八十五，沒上四年制大專的白人男性實質所得卻比過去還低[5]。

工作尊嚴不再

可想而知，這群勞工並不開心，但經濟困境不是他們唯一的煩惱。才德至上時代還對勞動者造成了另一個更幽微的傷害，那就是削弱了他們的工作尊嚴。由於「頭腦好」才能在大學入學測驗考高分，導致篩選機制輕視學歷不高的人。這套機制告訴勞工，他們的工作在市場上比高薪專業階級的工作沒有價值，對共善貢獻較低，因此較不值得社會給予認可與尊嚴。這套機制正當化了市場給予勝出者的豐厚報償及不具大專學歷者的微薄薪資。

這套「誰配得什麼」的想法在道德上完全站不住腳。本書第五章已經討論過，將工作的市場價值視爲它對共善的貢獻度是錯的（回想一下毒販荷包滿滿和高中化學老師只能糊口的例子）。然而，過去幾十年來，「收入反映一個人對社會的貢獻大小」的想法卻愈來愈根深柢固，在大眾文化裡隨處可見。

才德篩選機制更鞏固了這套想法，而一九八〇年代以降各大中間偏右和中間偏左政黨擁抱新自由主義市場導向的全球化也是幫兇。儘管全球化造成了嚴重的不平等，才德思想和新自由主義世界觀還是削弱了反對全球化的立論基礎，打擊工作尊嚴，引發了對菁英的不滿與政治反撲。

二〇一六年以來，名嘴和學者就不斷爭論這股民粹不滿的來源。是失業和薪水凍漲的關係，還是文化錯位的緣故？然而，問題其實無法這樣截然二分，因爲工作既是經濟的，也是文化的；既是一個人的謀生方式，也是社會認可與尊嚴的來源。

這就是全球化造成的不平等會引發如此憤怒與不滿的原因。那些落隊者不僅看著自己苦苦掙扎，別人吃香喝辣，還感覺到自己的工作不再能換來社會尊嚴。在社會眼中，甚至是他們自己的眼中，其勞動付出都不再是對共善的寶貴貢獻。

不具大專學歷的美國藍領男性投給川普的比例極高。他們深受川普訴諸不滿與怨憤的政治語言吸引，顯示令他們苦惱的不是只有經濟困境。川普當選前那些年愈來愈明顯的徒勞感也反映了這一點。隨著學歷不高者的工作環境日益嚴峻，愈來愈多就業年齡男性甚至完全退出了勞動市場。

一九七一年，美國有百分之九十三的勞動階級白人男性就業，到了二〇一六年只剩下百分之八十，且無業的百分之二十只有少部分人在找工作，感覺就像勞動市場不在乎他們的工作技能，讓他們備感屈辱，於是乾脆放棄。沒上大學者放棄工作的現象尤其明顯。二〇一七年，美國高中以下學歷者只有百分之六十八的比例就業[6]。

絕望死

然而，放棄工作還不是消沉的美國勞動階級最不幸的反應，許多人甚至放棄了生命，其中最可悲的徵兆莫過於「絕望死」（death of despair）的增加。絕望死是普林斯頓大學經濟學家安・凱斯（Anne Case）和安格斯・迪頓（Angus Deaton）自創的詞彙。兩人近來發現一個令人不安的事實：二十世紀醫療進步減低了疾病的威脅，預期壽命穩定提高；但在二〇一四至二〇一七年，美國人的預期壽命非但沒有提高，反而開始減少，百年來首度連三年下降[7]。

凱斯和迪頓發現，死亡率回升不是因為醫療科學不再發現新的藥物與療法，而是藥物過量、自殺與酒精性肝病致死的案例開始流行。他們會用「絕望死」來稱呼，是因為這些死亡都是自我造成的[8]。

這類死亡十幾年來數目不斷攀升，其中又以中年白人居多。一九九〇至二〇一七年，四十五歲至五十四歲白人男性與女性的絕望死人數增加了三倍[9]；到了二〇一四年，死於藥物、酒精和自殺的人數更首度超越了死於心血管疾病的人數[10]。

生活在勞動階級活動範圍外的人起先對此幾乎一無所知，且由於媒體不關注而不曉得問題的規模與嚴重性。但到了二〇一六年，美國每年死於藥物過量者已經比死於越戰的總人數還多[11]。紐約時報專欄作家尼可拉斯．克里斯托夫（Nicholas Kristof）所舉的對比更駭人：美國目前「每兩週」死於絕望死的人數比美軍在阿富汗和伊拉克戰爭十八年殉難的人還多[12]。

這場可悲的流行病從何而來？其中線索就在絕望死最好發族群的教育背景裡。凱斯和迪頓發現，「絕望死比例提高的族群幾乎都是高中以下學歷；四年制大專畢業者很少絕望死，風險最高的是沒有大專學歷的人」[13]。

過去二十年來，美國（四十五至五十四歲）中年白人的死亡率幾乎不變，但教育程度對死亡率的影響極大。一九九〇年代以來，美國大專以上學歷者的死亡率降低了百分之四十，高中以下學歷者卻提高了百分之廿五。這又是高學歷者的另一個優勢。只要擁有大專學歷，中年死亡的風險就只有高中以下學歷者的四分之一[14]。

兩者的差距主要來自絕望死。教育程度較低者死於酒精、藥物或自殺的風險向來高於大專以上學歷者，但死亡率的學歷落差愈來愈明顯。二〇一七年時，高中以下學歷者絕望死的機率是大專以上學歷者的三倍[15]。

或許有人會想，絕望死是因爲貧窮造成的不快樂，會出現學歷落差只是由於教育程度較低者通常比較可能貧窮。凱斯和迪頓考慮過這一點，但發現證據不足。一九九九至二〇一七年絕望死人數大幅上揚，和貧困人口的增加幅度並不一致。他們還逐州檢視數據，發現自殺、酒精和藥物過量致死人數與貧困人口增加並沒有明確關聯。

引發絕望的不光是物質剝奪，還和他們缺乏才德至上社會推崇獎勵的學歷以致於處處受挫有關。凱斯和迪頓做出結論，絕望死「反映了低學歷勞動階級白人的生活方式的慢性瓦解」[16]。

擁有和不具大專學歷者差距愈來愈大，不只包括死亡方式，還有生活品質。高中以下學歷者的疼痛、疾病與嚴重精神痛苦指數持續攀升，工作與社交能力不斷下滑。差距擴大的還有所得、家庭穩定及社群。四年制大專文憑成為社會地位的「唯一」指標，感覺就像所有非大專學歷者都必須貼上紅字標籤，標籤上的「大學生」三個字用一條紅線劃掉一樣[17]。

這個情況不幸證實了麥可．楊恩的觀察，「在一個如此看重才德的社會裡被說成沒有才能……讓人難以消受。下層階級從來不曾在道德上被如此看輕」[18]。

這個情況還讓人想起了一九六〇年代初期，約翰．加德納支持「卓越」和教育篩選的主張。他在提到才德至上社會的缺點時，肯定沒想到自己是個先知。那些「認為這個機制很好，所有年輕人能爬多高全看能力與抱負的人」往往忽略了「缺乏必要能力者的痛苦，」加德納寫道：「但痛苦不僅存在，而且必然會有[19]。」

兩個世代後，當新藥物奧施康定開始幫人消疼止痛，死亡率的節節上揚顯露了才德篩選機制的黑暗後果：一個被篩掉者得不到尊嚴的勞動世界。

不滿的根源

二〇一六年美國共和黨初選期間，以挑戰建制派異軍突起的候選人川普在絕望死比例最高的地區表現最佳。逐郡分析顯示，就算排除所得影響，中年白人男性死亡率依然和川普支持度高度相關，也和不具大專學歷高度相關[20]。

主流名嘴和政治人物之所以對川普勝選感到驚訝不解，原因之一是他們忽略了（甚至暗地應和）已經醞釀多時的菁英心態。這份高高在上的菁英心態主要源自於才德篩選機制和市場導向全球化造成的不平等，卻在美國生活裡俯拾可見。電視喜劇影集裡的藍領父親，從《全家福》的阿奇．邦克到《辛普森家庭》的荷馬．辛普森，幾乎都是丑角。媒體學者發現，藍領父親在電視上常被描繪成沒用的草包和笑柄，被更有能力也更講道理的妻子踩在腳下，白領和中上階級父親的形象則是正面許多[21]。

就連日常對話也常出現對勞動階級的菁英式貶低。加州大學哈斯汀法學院教授裘安．威廉斯（Joan Williams）就曾批評進步派的「階級盲」[22]：

在我們這個通常很講禮貌的社會裡，菁英（特別是進步派）常常不自覺貶低勞動階級白人，不時調侃住在鳥不拉屎州、成天屁股露一半的拖車廢柴，把階級羞辱當幽默。這種高高在上的態度也影響了競選，因此希拉蕊才會說「可悲的傢伙」，歐巴馬則用「死抓著槍與上帝」來形容[23]。

威廉斯並不否認「經濟不滿加深了部分川普支持者（和川普本人）的種族焦慮，最終化為公然的種族歧視。但將勞動階級白人的憤怒看成不過是種族歧視，是一種理智上的鴕鳥心態，這樣做非常危險」[24]。

關注工作與階級的記者作家芭芭拉・艾倫瑞克（Barbara Ehrenreich）也有類似觀察。她引述美國社會學家杜波依斯（W. E. B. Du Bois）一九三五年的話：「我們必須切記，白人勞工雖然薪水微薄，卻從社會和心理上得到了報償。」美國勞動階級白人和黑人不同，他們「可以和其他任何階級的白人一樣，自由參加公共集會，進入公園和最好的公立學校」[25]。這份「社會和心理上的報償」正是今日所謂的「白人特權」。

艾倫瑞克指出，民權運動之後，原本提供心理報償的種族隔離惡法取消了，貧窮白人再也無法「安慰自己有人比他們更悽慘、更低賤」。自由派菁英「覺得自己理當憎惡底層白人的種族歧視」，於是加以譴責。這樣做並沒有錯[26]，但他們沒有想到將「白人特權」套在時不我與的勞動階級白人頭上是一種難堪，完全無視於才德至上社會看不太上這群人的技能，讓他們想要榮耀與認可卻不可得。

威斯康辛大學麥迪遜分校的政治學家凱瑟琳・克雷默（Katherine J. Cramer）耗費五年訪問威斯康辛州的郊區居民，提出了一套關於怨憤政治的細緻闡釋[27]。這些郊區居民認爲政府將太多稅金與關注用在不應得的人身上。「不應得的人包括領取政府福利的少數種族，」克雷默寫道，「但也包括像我這樣的懶惰都市專業階級，整天坐在辦公桌前搔腦袋瓜子。」種族歧視確實是他們怨憤的一部分，她解釋道，但其中還摻雜了更根本的擔憂，害怕「像他們這樣的人和這樣的地方被遺忘、被輕忽」[28]。

加州大學柏克萊分校社會學家愛麗爾・羅塞爾・霍克希爾德（Arlie Russell Hochschild）深入路易西安那州貝奧郡，詳實有力地記錄了勞動階級的不滿。她和保守南方的工人同桌聊天，試圖理解這些明明非常需要政府協助，對抗造成他們家園環境災難的石油和化學公司，卻憎惡和不信任聯邦政府的平民百姓。之後她完成一篇故事，以詮釋手法重述了她所聽來的一切，描繪「那些人生命裡的希望、恐懼、驕傲、羞愧、怨憤與焦慮」[29]。

她述說的是一個經濟剝奪與文化錯位交織的故事。經濟條件改善變困難了，「侷限於少數菁英」。對底層百分之九十的民眾而言，美國夢製造機「已經因爲自動化、產業外移和跨國公司壓過了他們的勞動力而停擺了。除此之外，在他們的世界裡，白人和其他族裔的競爭也加劇了，從工作、認同到政府經費無不如此」[30]。更糟的是，那些乖乖排隊等候美國夢到來的人發現別人竟然插隊，黑人、婦女、移民和難民統統搶在他們前面。他們怨憤這些插隊者，例如平權措施的受惠方，氣憤政治領袖竟然讓這些傢伙坐享其利[31]。

當排隊者抱怨有人插隊，才德菁英卻說他們是種族歧視者、白垃圾和大老粗，對他們極盡嘲諷。霍克希爾德形容這些款待她的勞工朋友，用同情的語調描述這群受挫者的無所適從：

你成了自己土地上的陌生人，再也認不出其他人眼中的那個你。你得努力才能被看見和被尊重。你必須向前進才能被尊重和被看見，而你沒做錯任何事，卻發現自己悄悄往後退[32]。

想眞心面對勞動階級的挫折，就必須對抗充斥大眾文化的菁英傲慢及學歷偏見，並且將工作尊嚴置於政治綱領的核心。這實際上並不容易。不同意識型態的人對怎樣才算尊重工作尊嚴必然意見不同，尤其在這個全球化科技時代，種種發展似乎都無可避免會破壞工作尊嚴。然而，一個社會推崇與獎勵工作的方式，攸關其如何定義共善。思考工作的意義將迫使我們正視現狀，面對不想面對卻潛藏於當前政治怨憤背後未能處理的道德與政治問題：怎樣才是有益於共善？我們作爲公民在哪些層面上互相虧欠？

重建工作尊嚴

近年由於不平等日益擴大，勞動階級的不滿持續高漲，不少政治人物開始呼籲找回工作尊嚴。柯林頓提到工作尊嚴的次數比美國歷任總統都多，川普也常掛在嘴邊[33]。工作尊嚴已經成為跨政治意識形態的熱門口號，只不過多半還是為了舊有的政治立場服務[34]。

部分保守派主張削減福利，讓怠惰者難以偷懶靠政府過活，就能恢復工作尊嚴。川普政府的農業部長就主張，減少食物券可以「協助為數可觀的同胞重拾工作尊嚴」。二〇一七年，川普為主要偏袒有錢階級的企業減稅法案辯護，宣稱法案的目的是「讓所有美國人知道什麼是工作尊嚴和領薪水的驕傲」[35]。

自由派有時也會以工作尊嚴為由要求加強安全網，提高勞動階級的購買力，例如提高最低薪資，規畫健保、家事假與育兒政策，為低所得家庭減稅等等。然而，這套說詞即使有具體政策提案支持，卻未能撫平勞動階級的憤怒與不滿，最終導致二〇一六年川普當選。不少自由派對此百思不解。這些選民裡明明有許多人的經濟條件能從這些措施得益，卻把票投給反對這些措施的人？

一個常見的回答是，勞動階級白人選民受文化錯位的恐懼影響，以致於就算經濟利益受損，也要像某些名嘴說的「用中指投票」。但這個解釋跳得太快，將經濟利益和文化地位視爲截然二分的選項。經濟考量不只涉及口袋裡有多少錢，還涉及一個人的經濟條件如何影響其社會地位。對那些因爲四十年全球化與不平等而落隊的人來說，他們所受的打擊不只是薪資停滯，還擔心自己愈來愈邊緣，他們所在的社會似乎不再需要他們擁有的技能。

一九六八年尋求民主黨提名參選總統的羅伯特．甘迺迪參議員深知這一點。失業之苦不只在於沒有收入，還在於失去工作將剝奪一個人爲共善做出貢獻的機會。「失業代表無事可做，代表跟我們所有人不再有任何關聯，」甘迺迪參議員解釋道，「失去工作，失去對同胞的用處，就等於成爲作家拉爾夫．艾里森（Ralph Ellison）筆下的看不見的人[36]。」

甘迺迪參議員當年察覺到的那份不滿，現在的自由派卻沒看見。他們不停提供勞工和中產階級更多的分配正義，更公平全面的經濟成長果實，但這些選民要的卻是更多的貢獻正義，一個提供別人需要與重視的事物以贏得社會認可與尊嚴的機會。

自由派強調分配正義，對一味追求國內生產毛額增長而言是很好的制衡。這樣的做法源自以下信念：一個公正的社會不僅追求更大的整體繁榮，還追求所得與財富的公平分配。依據這個觀點，任何目的在提高國內生產毛額或鼓勵產業將勞動力外包至低薪國家的政策，例如自由貿易協議，都必須在贏家補償輸家的前提下才值得考慮。譬如因全球化獲益的公司及個人必須繳稅，貢獻部分利潤加強社會安全網，提供失業勞工所得支持或職業訓練。

這便是一九八〇年代以來，歐美主要中間偏左（及部分中間偏右）政黨的想法：擁抱全球化和全球化帶來的經濟發達，再運用所得的獲益來補救本國勞工因全球化遭受的損失。然而，民粹反撲等於宣告這套做法沒人愛。事後檢視殘局，我們不難看出這套做法爲何失敗。

首先，這套做法從來沒有徹底實踐過。經濟確實發達了，但贏家並未補償輸家；不僅如此，新自由主義全球化反而加大了不平等。經濟成長的果實幾乎全數流向了上層，勞動階級不是分得極少，就是一無所獲，政府徵稅也不見改善。由於政治愈來愈受到金錢左右，民主機制成爲所謂的「寡頭遊戲」，造成重分配半途而廢。

然而，問題還不止於此。一味追求國內生產毛額，就算輔以對落隊者的補償，也等於將重點擺在消費，而非生產。這導致我們往往以消費者而非生產者的角度看待自己。實際上我們兩者皆是。作爲消費者，我們希望錢的效用愈大愈好，產品與服務的價格愈便宜愈好，是海外血汗工人或美國高薪勞工製造或提供的都無所謂。但作爲生產者，我們希望自己的工作令人滿足又有不錯的報償。

調和這兩種身分是政治的工作。然而，全球化只求經濟成長極大化，代表消費者利益至上，因此極少在意外包、移民和經濟金融化對生產者福祉的衝擊。一手主導全球化的菁英不僅未能化解全球化帶來的不平等，更沒看出全球化侵害了工作尊嚴。

工作即認可

不論提高勞工和中產階級的購買力或加強安全網，這些彌補不平等的政策提案都很難化解累積已久的氣憤與不滿，因爲怨憤來自社會認可與尊嚴的消失。購買力下滑當然要緊，但讓勞動階級不滿的主要理由是他們的生產者地位被傷害了，而這是才德篩選機制和市場導向全球化造成的後果。

唯有正視這份傷害、重塑工作尊嚴，這樣的政治綱領才能確實化解造成目前政治動盪的不滿。這套綱領不僅要處理分配正義，也要關切貢獻正義[37]，因爲瀰漫在我們國內的這股怨憤至少部分源自認可不足。認可不是出自我們身爲消費者，而是作爲生產者對共善做出貢獻，進而贏得認可。

從消費者或生產者角色出發，會得到兩種看待共善的角度。第一種是許多經濟政策制定者的角度，將共善定義爲個體偏好與利益的集合。依據這個觀點，共善就是消費者利益極大化，通常是靠極力追求經濟成長來實現。若共善只是滿足消費者的需求，市場提供的薪酬就足以反映某人對社會貢獻爲何。所得最高者提供消費者想要的產品與服務，對共善的貢獻也最大。

第二種角度反對用消費者定義共善，主張從公民立場出發。根據這個觀點，共善不僅僅是個體偏好的集合或消費者利益極大化，而是批判反省自己的偏好，甚至加以提升與改進，以活出充實豐富的一生。這個理想無法光靠經濟活動來達成，而是需要和其他人一起深刻思考如何造就公正良善的社會，培養公民德性，共同憑藉理性找出值得我們這個政治群體追求的目的[38]。

因此，若想實踐公民角度的共善，就需要政治制度的配合，提供公共審議的管道與機會。此外，我們還需要換個方式思考工作。從公民的角度想，一個人最重要的經濟角色不是消費者，而是生產者。因爲我們是以生產者的身分發展和發揮自己的能力，提供產品或服務滿足他人的需求，進而贏得社會尊嚴。我們做出的貢獻，其眞正價值不能用薪資衡量，因爲誠如第五章介紹的經濟哲學家法蘭克．奈特所言，薪資取決於變動不居的供需。我們做出的貢獻，其價值來自我們所服務的目的，來自其在道德與公民層面的重要性。這需要獨立的道德判斷，再有效率的勞動市場都無法提供。

經濟政策的最終目的是消費，如今這個想法太過普遍，以致很難跳脫。「消費是所有生產的唯一目的與用途，」亞當．斯密在《國富論》表示，「唯有當顧及生產者利益才能促進消費者利益時，才需要照顧生產者利益[39]。」凱因斯呼應亞當．斯密，主張消費是「所有經濟活動的唯一目的與終點」[40]，絕大多數當代經濟學家也都會同意。然而，更久之前的道德與政治傳統卻不作此想。亞里斯多德主張人的滿全來自培養與發揮我們的能力，實現本性。美國共和黨的傳統信念則認爲某些職業（最早是農業，其後是工藝，最後是各種自由勞動）能培養公民自治的德性[41]。

二十世紀以後，共和黨的生產者倫理逐漸消逝，被消費主義自由觀及成長導向的政治經濟路線所取代[42]。然而，工作作爲貢獻他人與相互認可的體制，能將所有公民連結在一起，再複雜的社會也不例外。這樣的想法並未完全消失，而是不時以發人深省的話語出現。金恩博士遇刺前不久，在田納西州曼菲斯市向罷工的清潔工人講話，就將清潔工人的工作尊嚴與他們對共善的貢獻連結在一起：

我們的社會終有一天會尊敬清潔工人。因為歸根究柢，社會要生存下去，收垃圾的人就和醫師一樣重要。他不收垃圾，疾病便會四處蔓延。所有工作都有尊嚴[43]。

一九八一年，教宗若望保祿二世在通諭〈論人的工作〉裡表示，人藉著工作「滿全了自己的人性，甚至『更像個人』」。他還認爲工作與社會不可分，「人將自己最深刻的人性與國民的身分合而爲一，設法使自己的工作也能與同胞一齊促進共善[44]。」

幾年後，美國天主教主教會發出牧函，闡述教會對經濟的社會訓導，明確定義了何謂「貢獻」正義：個人「有義務成爲社會生活之積極有益的參與者」，政府則「有責任打造經濟與社會機制，使個人能以其自由與工作尊嚴受尊重的方式貢獻社會」[45]。

不少哲學家也有類似的觀點，譬如德國社會理論家艾克塞爾・霍奈特（Axel Honneth）就主張，當前的所得與財富分配之爭其實是認可與尊嚴之爭[46]。雖然他上溯這個想法到思想極其晦澀的黑格爾，但所有關注運動員高薪問題的球迷，都明白他在講什麼。每當有球迷抱怨某位選手明明已經年薪好幾百萬，卻還想賺更多，選手總是千篇一律回答：「這是尊重的問題，跟錢無關。」

這就是黑格爾所描述的認可之爭。根據黑格爾的看法，勞動市場不只是一套有效滿足需求的系統，更是一套認可制度，不僅給予工作報償，還公開認可該工作對共善的貢獻。市場本身不會提供勞動者技能或認可，因此黑格爾提議設立一種類似同業公會或行會的機構，確保工人提供的技能足以做出值得公眾認可的貢獻。簡言之，黑格爾認為當時興起的資本主義工作型態必須符合兩個條件才能在道德上站得住腳。霍奈特簡要描述這兩個條件：「首先，這套制度必須提供最低薪資；其次，它必須賦予任何工作一個型態，讓人明瞭它對共善的貢獻」[47]。

八十年後，法國社會學家涂爾幹依據黑格爾的工作理論表示，當所有人的貢獻都按其工作對社會的眞正價值來衡量，分工就能促進團結[48]。和亞當・斯密、凱因斯或當代許多經濟學家不同，黑格爾和涂爾幹並不認為工作是滿足消費的手段，而是主張工作是一種建立社會連結的活動、一個給予認可的場域，一種褒揚我們善盡對共善做出貢獻的義務的方式。

貢獻正義

在這個嚴重極化的時代，許多勞動階級感覺遭人冷落與輕賤，社會亟需凝聚與團結的力量，這些更有道理的工作尊嚴理論似乎應該進到主流政治論述裡才對，但結果卻非如此，爲什麼？爲什麼目前的政治綱領遲遲不肯接受貢獻正義及其理論基礎，也就是以生產者爲中心的道德觀？

答案或許很簡單，因爲我們喜歡消費，並且相信經濟成長能帶來善。然而，理由不只這麼表面。對我們這樣一個充斥不同意見的多元社會來說，將經濟成長定爲公共政策的首要目標除了物質利益，還有一點很吸引人，就是它能讓我們避開爭執，不去討論充滿爭議的道德問題。

每個人對人生孰重孰輕的看法不同，對自我完滿的理解也不一樣。作爲消費者，我們的偏好與需求不盡相同。對經濟政策來說，面對這些歧異，極大化消費者利益似乎是最價值中立的目標。就算人人偏好不同，只要目標是消費者利益，多就一定比少好。如何分配經濟成長的果實一定會起爭議，因此討論分配正義必不可免。但所有人都會同意，至少感覺上大家都會贊同，將經濟大餅做大總比做小好。

反觀貢獻正義，它對自我完滿和人該如何過活不是中立的。從亞里斯多德、黑格爾到美國的共和黨傳統及天主教社會訓導，這些貢獻正義論教導我們，唯有對共善做出貢獻，從而贏得同胞的敬重，我們生而爲人才最完滿。根據這派思想，人的基本需求是被共同生活的人需要，而工作尊嚴便來自發揮己身能力滿足他人的需求。如果這樣才叫美好人生，那將消費視爲「經濟活動的唯一目的與終點」就是錯的。

當政治經濟體制只在乎國內生產毛額的規模與分配，工作尊嚴就會被剝奪，公民生活就會枯竭。甘迺迪參議員很清楚這一點。「同胞情感、群體意識和愛國心，這些美國文明的根本價值不是光靠買賣東西就有的」，而是來自「有尊嚴、收入體面的工作，讓人可以對家人、社會和國家說，尤其是對自己說，這個國家有我出的一份力，它的偉大成就有我的功勞」[49]。

現在很少有政治人物這樣說了。甘迺迪參議員之後，美國進步派數十年來大多放棄了訴諸社群、愛國主義和工作尊嚴的政治觀，轉而高談向上流動說。面對關切薪水停滯不前、外包與不平等，害怕飯碗被移民或機器人搶走的人，執政菁英只有一個建議：上大學。讓自己有能力在全球化經濟裡競爭和勝出。學多少就賺多少。只要去試就能做到。

這個理想非常符合市場導向全球化的才德至上時代。勝者得奉承，敗者受屈辱。然而這樣的時代在二〇一六年畫上了句點。從脫歐公投、川普崛起、國族主義高張到歐洲反移民政黨出頭，在在宣告了這個理想的失敗。現在的問題是，替代的政治方案會是如何？

工作尊嚴之爭

工作尊嚴是個不錯的起點。這個理想乍看沒什麼爭議，沒有政治人物會反對。但嚴肅看待工作，將工作理解為給予認可的場域，這樣的政治綱領會給主流自由派與保守派帶來一個棘手問題，因為它挑戰了市場導向全球化支持者普遍接受的前提：市場結果就代表一個人對共善做出的眞正貢獻度。

以薪資為例，絕大多數人都會同意，一個人的工作所得往往不是過度就是不足以反映那份工作對社會的眞正價值。只有死硬派放任自由主義者才會堅持賭場大亨對社會的貢獻價值是小兒科醫師的一千倍。二〇二〇年的新冠肺炎大流行讓許多人開始思考，至少腦中閃過這樣的想法，超市收銀員、送貨員、居家照護員和其他收入不高的勞動者的工作有多麼必需與重要。然而，在市場經濟主導的社會裡，我們很難不將一個人的收入和他對共善的貢獻大小相混淆。

會產生這種混淆不只是因爲思慮不清。就算哲學論證挑出這個混淆的種種問題，它還是不會消失。因爲它反映了才德理想的誘人之處：我們都希望這個世界人人都能得其所當得。從《舊約》裡的天命思想到現代人朗朗上口的「站在歷史正確面」，都根源自這個希望。

市場導向的社會很難不將物質成功視爲道德應得的象徵，而我們必須不斷抗拒這樣的誘惑。其中一個做法就是公開討論，採取措施促使所有人以民主審議的方式思考什麼才是對共善做出實質貢獻，以及市場報償爲何無法反映這些貢獻。

我們不該期待這些討論會達成共識。共善永遠有人意見不同。但重新討論工作尊嚴可以讓政黨不再安於現狀，喚醒公共論述的道德面向，並協助我們超越四十年來市場至上與菁英傲慢所促成的極化政治。

爲了說明，讓我們想像兩套政治綱領。這兩套綱領都看重工作尊嚴，並要求市場結果反映工作尊嚴。其中一套來自保守派，一套來自進步派。

開放派的傲慢

第一套政治綱領來自年輕的保守派思想家歐倫・卡斯（Oren Cass）。他曾經擔任美國共和黨總統候選人米特・羅姆尼（Mitt Romney）的政策顧問，並寫了一本充滿見地的作品《永恆工人》。他在書中提出一系列方案，希望消弭川普拿來利用卻未能化解的怨憤。卡斯主張，要重新定位工作，共和黨就必須放棄自由市場教條，不再推動企業減稅及零限制自由貿易以提高國內生產毛額，而是全力推出政策，讓勞動者找到薪資水準足以穩固家庭和社群關係的工作。卡斯認爲，對良善社會而言，這點比經濟成長還重要[50]。

在他提出的方案中，有一項是提供低所得勞工薪資補助，感覺就很不共和黨。其做法是政府依據設定的時薪標準，給予低薪員工時薪補助。薪資補助可以說和薪資稅正好相反。政府不是取走勞動者的部分所得，而是補貼勞動者部分收入，好讓低所得勞工即使其技能無法在市場上掙得足夠薪水，生活也能過得小康[51]。

二〇二〇年新冠肺炎大流行阻礙了經濟活動，部分歐洲國家便大手筆採行了薪資補助方案。英國、丹麥與荷蘭不像美國政府提供失業保險給失去工作的勞動者，而是直接負擔不裁員的公司百分之七十五至九十的薪資。薪資補助的好處是讓雇主於艱困時期有錢發薪水留住員工，而不是將之開除，讓他們只能仰賴失業保險。反觀美國的做法雖然能彌補勞動者失去的薪資，卻無法讓勞動者繼續工作，維持工作尊嚴[52]。

卡斯提出的其他方案可能更對保守派胃口，例如放寬環保法規以減少製造業和採礦業裁員等等[53]。至於棘手的移民與自由貿易問題，卡斯主張從勞動者的角度，而非站在消費者的立場去思考。他指出如果目標是消費價格愈低愈好，那麼自由貿易、外包和相對開放的移民政策就是好的。但若主要目標是打造中低所得勞動者也能衣食無虞、成家立業和維繫社群的勞動市場，貿易、外包和移民就該受到一定限制[54]。

不論這些方案優點何在，卡斯的計畫都值得一提，因為它讓我們看見將重心從極大化國內生產毛額轉向打造促進工作尊嚴與社會凝聚的勞動市場會是如何。他這樣做等於向全球化支持者提出了嚴厲的批評。一九九〇年代以來，全球化支持者不斷宣稱政治不再是左右對立，而是「開放與封閉」之別。但卡斯一針見血指出，從這個角度詮釋全球化問題，「現代經濟體制下高技能、高學歷的『贏家』」就會被塑造成開放者，批評者則被視為封閉之徒，彷彿質疑商品、資本和人力的跨國自由流動是冥頑不靈。我們很難想像對全球化的落隊者來說，還有什麼比用這種調調捍衛新自由主義全球化更傲慢的方式[55]。

這些「開放派」始終主張，對未能發達者最好的幫助就是提供更好的教育。「照理說這個願景應該很有感染力，人人都有更多機會往上爬，」卡斯寫道，「但現實卻不是這麼理想。一旦經濟環境不再對一般勞動者有利，需要變得更好的其實是他，而不是環境。」因此他結論道，「開放綱領在民主社會是不可行的。大多數人都會發現自己是落隊者，讓這個綱領失去說服力。」他提到「不負責任的民粹主義」的危險，指出問題不是「開放綱領會不會落敗，而是它敗給誰」[56]。

金融、投機與共善

第二套重新定位工作的政治綱領可能比較容易引起進步派的共鳴，因為它凸顯了主流政治人物面對全球化時常忽略的一個面向，也就是金融的地位上揚。二〇〇八年金融危機爆發，讓大眾一下注意到了金融業。當時引發的爭論主要在於納稅人出錢紓困的條件，以及如何改革華爾街以減少危機再度發生的可能。

然而，大眾幾乎沒察覺到，過去幾十年來金融業是如何重塑經濟，並悄悄改寫了才德與成功的定義，對工作尊嚴造成深遠的影響。在反全球化的民粹反撲中，貿易與移民問題比金融業更顯眼，因爲前兩者對勞動階級的工作與社會地位的影響是切膚之痛。然而，經濟金融化對工作尊嚴可能更有破壞力，也更打擊人，因爲它提供了一個最明顯的例子，讓我們看到在現代經濟體制下，市場報償和對共善的眞正貢獻度之間的落差有多大。

金融業這幾十年來成長驚人，如今在先進國家都占有極大的分量。美國金融業占國內生產毛額的比例自一九五〇年代以來成長將近三倍，到了二〇一八年已經占所有企業獲利的百分之三十以上，員工薪水比其他產業技能相當的職員多出七成[57]。

要是金融活動眞的很有生產力，讓經濟體制更能提供有價值的產品與服務，那還沒問題，但事實卻非如此。金融業就算表現再好，本身也沒有生產力。金融的功能在於調集資本到有益社會之處，例如新的公司、工廠、道路、機場、學校、醫院與住宅，以利經濟活動。然而近幾十年來，金融業占美國經濟比重直線上升，卻愈來愈少投資實體經濟活動，反而更加專注於複雜的金融工程，讓參與其中的人賺進了大把鈔票，卻不曾讓整體經濟更具生產力[58]。

英國金管局長艾岱爾．透納（Adair Turner）就直言，「過去二、三十年來，先進富裕國家的金融體系規模與複雜度不斷增長，卻沒有明確證據顯示經濟成長與經濟穩定度因而提升。原因可能出在金融行為其實是對實體經濟尋租（不正當獲益），而非創造經濟價值[59]。」

一九九〇年代，柯林頓政府和英國政府決定鬆綁金融業。透納的這番慎重說法無異於徹底推翻了當時的普遍見解。用最簡單的話來說，就是華爾街近幾十年來發明的各種複雜的衍生金融商品和工具其實對經濟是弊大於利。

舉個具體的例子。作家麥可·路易士在《快閃大對決》提到一個故事，某家公司牽了一條光纖電纜，連接芝加哥的期貨交易和紐約的股票市場。這條電纜讓多種投資標的和豬五花肉的期貨交易加快了幾毫秒，而這小小一點優勢就讓高頻交易員多賺了幾億美元[60]。然而，我們很難主張交易速度從眨眼之間加快一點對經濟有什麼實質貢獻。

經濟價值大有問題的金融發明不只有高頻交易而已。信用違約交換讓投機者無須投資任何生產活動就能押注期貨價格，實在很難說它跟賭場有什麼區別，一樣都是有人贏有人輸，有錢轉手，但沒有任何投資。當公司將獲利拿來回購股票，而非投資研發或添購新設備，這時股東收益增加了，公司的生產力卻沒有。

一九八四年，當經濟金融化開始風行，耶魯大學重量級經濟學家詹姆斯．托賓（James Tobin）出於先見之明，警告「我們的金融市場正在賭場化」。他擔心「我們正將愈來愈多資源，包括青春歲月，投入到遠離生產商品與服務的金融活動中，這些活動給予個人的報償遠遠高過其社會生產力」[61]。

我們很難確定有多少金融活動確實提升了經濟生產力，又有多少金融活動只是替自己賺進了沒有生產力的偏財。不過，透納倒是給出了值得信賴的估計。他指出，英美等先進國家的金融交易只有百分之十五導向了有生產力的新興企業，其餘都流向了現有資產投機或虛華的衍生金融商品[62]。就算金融業對經濟生產力的實際貢獻比這個數字高出一倍，仍然令人儆醒，不只在經濟上，在政治和道德上也讓我們有所警惕。

經濟上，這表示多數金融活動對經濟成長是阻力，而非助力。道德和政治上，這代表市場給予金融業的報償和金融業對共善的眞正貢獻落差極大。這份落差再加上社會對這群投機者的過度推崇，看在努力生產有用商品與服務以換取溫飽的人眼裡，等於是對他們尊嚴的嘲弄。

憂心現代金融負面經濟效應的人不少，他們也提出了一些改革方案，但我在意的是道德與政治層面。一個在乎工作尊嚴的政治綱領應該運用賦稅抑制投機，表彰生產力勞動，重新調整尊嚴的分配。

基本上，這表示我們要將勞動的稅務負擔轉移給消費和投機。比較大膽的做法是減輕甚至取消薪資稅，直接向消費、財富和金融交易徵稅以補足財源；保守一點則是減輕薪資稅（讓勞動對雇主與勞工都提高價格），減少的稅收則向經濟貢獻度極低的高頻交易徵收金融交易稅來補足。

不論採取何種措施將稅務負擔從勞動轉移給消費與投機，都會比現在的賦稅制度更有效率，更少累退計算。然而，這些考量儘管重要，卻不是全部。我們還必須考慮徵稅的象徵意義，也就是我們公共生活中所展露的看待成功與失敗、榮譽與認可的心態。徵稅不只是政府歲入的手段，也是社會對共善的表態，告訴所有人什麼才是有益於共善的貢獻。

生產者與掠奪者

我們對稅務政策的道德性質其實並不陌生，時常討論稅制是否公平，某種稅對富人或窮人負擔更重。但徵稅的象徵意義不僅涉及公平，還跟社會認為哪些活動值得推崇與認可、哪些應該抑制的道德判斷有關。有時徵稅背後的道德判斷一目了然，例如美國將香菸、酒精和賭場稅稱為「罪惡稅」，因為政府希望抑制這些咸認有害或不可取的行為（抽菸、飲酒與賭博）。這類稅收以提高從事成本的方式來表達社會不讚許這些活動。含糖汽水稅（抑制肥胖）和碳排放稅（緩和氣候變遷）也都是為了打破慣習或調整行為而提出的方案。

不是所有稅都有此目的。所得稅不是對有薪勞動表達不贊同或勸阻民眾少從事勞動，一般銷售稅也不是要阻止購物。這些都只是政府取得歲收的手段。

不過，有些看似價值中立的稅務政策其實暗藏了道德判斷，涉及工作及收入方式的稅尤其如此。例如，資本利得稅的稅率為什麼低於勞動所得稅？巴菲特就曾經提出這個疑問。他說自己身為億萬投資大亨，稅率竟然比他祕書還低[63]。

有些人主張，投資稅低於勞動稅能鼓勵投資，促進經濟成長。某方面來說，這個主張純屬實務與效益考量，其目的在提高國內生產毛額，而不是表揚大賺資本利得的有錢投資者。但從政治的角度來看，這個看似務實的主張之所以有說服力，部分來自背後的道德預設，一個關於才德的主張。這個主張就是這群投資者「創造了就業機會」，因此配得較低的稅率。

美國共和黨議員保羅・萊恩（Paul Ryan）說得更直白。他是前眾議院議長，也是放任自由主義作家艾茵・蘭德（Ayn Rand）的擁護者，經常批評福利國家政策。他將人分成對經濟貢獻最多的「生產者」及領補助比納稅多的「掠奪者」，並擔心福利國家政策擴張終將導致「掠奪者」多過「生產者」[64]。

有些人反對萊恩將經濟貢獻太過道德化，有些人則接受掠奪者與生產者之分，但主張萊恩搞反了。拉娜・福洛荷（Rana Foroohar）是金融時報和美國有線電視新聞網財經專欄作家，她就屬於後者，而《大掠奪：華爾街的擴張和美國企業的沒落》這本極有見地的作品就是明證。她在作品當中引述透納、巴菲特和其他批評零生產力金融化的專家說法，主張金融產業才是現代經濟的「掠奪者」，從事投機行爲攫取巨額偏財，卻對實體經濟毫無貢獻：

這些金融活動非但沒有讓我們更富庶，反而加深了不平等，引發更多金融危機，每回都毀掉龐大的經濟價值。金融對我們的經濟已經不是助益，而是阻礙。金融活動增加沒有讓經濟成長加速，反而拖慢了步伐[65]。

福洛荷於是指出，所謂的「生產者」其實「才是在這個社會掠奪最多的人，不僅所得稅率最低，分得的經濟大餅不成比例，推出的商業模式也往往阻礙成長」。她認爲，眞正的「生產者」是實體經濟裡提供有用商品與服務的勞動者，以及投資這些生產力活動的人[66]。

在今日的經濟體制裡誰是生產者、誰是掠奪者，這其實是貢獻正義的問題，也是哪些經濟角色值得褒揚與認可的問題。要釐清這一點，就必須進行公共對話，討論怎樣的貢獻才有益於共善。我認爲不妨用部分或全部的金融交易稅取代薪資稅，向那些類似賭博、無助於實體經濟的投機行爲徵收「罪惡稅」。我會這樣提議只是提供一個切入問題的角度，肯定還有其他角度可談。我的基本論點是，重新定位工作需要我們面對經濟體制背後的道德問題，思考近幾十年來因爲技術官僚政治當道而掩沒的爭議。

◆ ◆ ◆

在這些道德問題中，一個是何種工作值得認可與尊敬，一個是我們身爲公民互相虧欠對方什麼。這兩個問題彼此相關，因爲要判斷怎樣的貢獻值得肯定，就必須思考公共生活的目的與用意；而要確定共同生活的目的與用意，又必須有歸屬感，覺得自己是群體的一分子，生活有欠於他人。唯有我們互相倚賴，並明白這一點，才有理由釐清其他人對我們集體福祉的貢獻。公民必須擁有足夠的歸屬感，才能開口說出「我們都在一條船上」，並且眞心相信；不是每到緊要關頭才搬出來的口號，而是對我們日常生活的眞實描述。

過去四十年來，市場導向全球化和才德成功觀聯手斬斷了這些道德連結。兩者建構的全球供應鏈、資本流動與世界公民身分，讓我們不再那麼仰賴身旁的同胞、感謝他們的工作，也不再爲團結的呼聲心動。才德篩選機制教導我們成功是自己的功勞，以致削弱了我們的虧欠感。如今我們正處在連結斷裂引發的憤怒風暴中。爲了重新定位工作，我們必須修補被才德至上時代破壞的社會紐帶。

結語

漢克．阿倫（Hank Aaron）是美國職棒史上最偉大的選手之一。他在種族隔離時期的南方長大，為他作傳的霍華德．布萊恩特（Howard Bryant）描述阿倫年少時「常看見父親到店裡排隊買東西時，只要有白人進來，父親就要在隊伍裡後退一位」。傑基．羅賓森（Jackie Robinson）打破美國職棒的種族藩籬時，十三歲的阿倫深受感動，相信自己有一天也能進大聯盟。但他沒有球棒和球，只好廢物利用，拿棍子要弟弟扔瓶蓋給他打。後來他真的進了大聯盟，並且打破貝比．魯斯（Babe Ruth）所保持的全壘打紀錄[1]。

布萊恩特一針見血指出，「可以這樣說，打球讓漢克人生頭一回經歷到了什麼叫才能至上[2]。」

讀到這裡，你怎麼能不喜歡才德至上制，怎麼能不相信它可以徹底解決不正義？只有才德至上制將才能置於偏見、種族和機會不平等之上。接受了這點，結論就不遠了：一個公正的社會必須才德至上，人人都有機會往上爬，唯有才能與努力能決定一個人爬多高。

其實不然。漢克．阿倫的故事帶給我們的啓發不是才德至上很好，而是我們應該唾棄只能靠全壘打才能擺脫種族歧視的社會。機會平等是不正義的道德矯正器，但它只是補救措施，不該是良善社會的終極理想。

超越機會平等

要守住這個區分並不容易。我們看見少數人鹹魚翻身，自然心想其他人或許也能擺脫困住他們的條件。但我們選擇的做法不是修補條件，而是建構一套用社會流動來解決不平等的政治綱領。

破除障礙是好事，沒有人應該受制於貧窮或偏見。但光靠掙脫的許諾不足以建立良善社會。

將全副或大半心力擺在向上流動之上，對維繫社會紐帶與公民連結幾乎沒用。但民主需要社會紐帶與公民連結。就算有一個社會比現在的美國更能讓人民向上流動，它也需要讓沒能往上爬的人有機會自我完滿，並感覺自己是共同體的一員。由於我們未能做到這一點，使得學歷不高者生活艱難，甚至懷疑自己眞的被當成社會的一分子嗎？

許多人以爲除了機會平等之外，就只有齊頭式的結果平等，其實不然。還有一種平等是提供更平等的條件，讓未能掙得財富或權位的人也能過得小康與尊嚴，培養自己的能力，在工作中發揮所長，贏得社會尊嚴，在學習文化的氛圍中分享，並和其他公民一起審議公共事務。

關於條件平等，最出色的兩個闡述都來自大蕭條時期。英國經濟史學家兼社會評論家陶尼（R. H. Tawney）一九三一年出版《論平等》一書，主張機會平等充其量只是半個理想。「『向上流動』的機會，」他寫道，「既不是普遍實質平等的替代品，也無法讓所得與社會條件的巨幅落差變得無關緊要[3]。」

一個人的社會福祉……有賴於凝聚與連帶。這代表社會不只要有出頭的機會，還要有高度的群體文化與強烈的休戚與共感……個人幸福不僅需要向上流動的自由，有機會過得舒適與體面，還需要不論是否出人頭地都能過上有文化、有尊嚴的生活[4]。

同年在大西洋彼岸，作家詹姆斯・特拉斯洛・亞當斯（James Truslow Adams）完成了一本謳歌美國的作品。如今已經沒有幾個人記得這本《美國史詩》，但所有人都聽過他在書裡發明的那個詞：美國夢。現在重讀這本書，我們很容易將他對美國夢的描述理解成向上流動說。美國「賜給人類獨一無二的禮物，」亞當斯寫道，就是這樣一個夢想，「在這片土地上人人都能過得更好、更富裕、更滿全，一切機會都取決於個人的能力與成就[5]。」

這個夢想不只包括汽車與高薪，還包括這樣一個社會，男人女人不論出身或地位帶來的運氣大小，都能充分實現天生潛能，並以本來的樣貌受到其他人認可[6]。

然而，仔細重讀就會發現，亞當斯筆下的美國夢不只關乎向上流動，還要促成更全面、更民主的條件平等。他在書中舉了一個具體實例，美國國會圖書館「是民主憑藉自身可以成就什麼的象徵」，是吸引美國人不分各行各業一同沉浸於學習的場所。

站在大眾閱覽室放眼望去，光是這裡就有上萬冊藏書，不用問就能拿下來讀；座位上坐滿了人，男女老幼、黑白貧富、老闆工人、官員平民、教授學生統統坐在由他們的民主社會提供的屬於他們的圖書館裡靜靜看書[7]。

在亞當斯眼中，這幅景象「就是美國夢具體實現的完美範例，人民自己匯集資源打造工具，並擁有足夠的公共智慧運用它」。只要這個例子「在國民生活的所有層面都能實現，」亞當斯寫道，美國夢就將「長存不滅」[8]。

民主與謙卑

目前我們社會的條件平等不多。能不分階級、種族、族裔與信仰匯聚民眾的公共場域屈指可數。四十年來的市場導向全球化導致所得與財富不均嚴重惡化，甚至到了各過各的的地步。高所得者和低收入戶的生活幾乎沒有交集；居住、工作、購物和娛樂的地方不同，小孩就讀的學校也不一樣。才德篩選機制運作得如此順暢，以致上層階級很難不覺得成功是自己應得的，底層者是咎由自取。在這種想法的餵養下，政治變得如此怨毒與極化，導致現在許多人都覺得不同政治立場的人結婚比不同信仰的人結婚還麻煩。難怪我們失去了一同思索重大公共問題的能力，甚至傾聽對方都有困難。

功德原本是個鼓舞人心的構想，人可以藉由工作和信仰讓神開恩。當這個構想擺脫了宗教色彩，從功德轉為才德，它便成了個人自由的光明許諾：命運掌握在我們手中，只要去試就能做到。

然而，這種自由觀卻讓我們遺忘了身處民主政治的共同責任。我們在第七章提到兩種看待共善的方式，一種是消費者角度，另一種是公民角度。當共善僅只是極大化消費者利益，追求條件平等就無關緊要。當民主僅只是另一種經濟學，是個體利益與偏好的總和，其命運就和公民的道德連結無關。不論我們是否擁有活躍的公共生活，是否約束彼此不要各過各的，消費者民主多少都能運作。

但倘若唯有當我們眾人一起思辨，我們這個政治群體應該追求什麼目的，共善才能實現，民主就不能不在乎公共生活該具備哪些條件。徹底平等不是必要，但需要各行各業的公民在共同空間與公共場域互動，因為唯有這樣我們才能學會協調與包容彼此的差異，才會懂得在乎共善[9]。

才德思想認為，不論市場給予一個人的才能多少獎賞，都是他應得的報償。只要這個想法存在一天，休戚與共感就幾乎不可能實現。成功者怎麼會虧欠弱勢者任何東西？要明白其中道理，就必須體悟到，不論我們有多拚搏，成功都不是全靠自己或只需要自己就能造就的。社會看中我們的才能是我們好運，不是必然。清楚感覺命運的偶然可以讓我們心懷謙卑：「若非上帝施恩或機緣湊巧，我也難逃如此那般。」這份謙卑是個起點。它能讓我們告別無情撕裂我們的成功思想，超越才德霸權，攜手走向更少怨憤、更多包容的公共生活。

致謝

我很慶幸能在不少場合和同行一起探討書裡的部分主題。哈佛大學政府學系政治理論研討會上，強納森．古德的評論很有見地，我獲益良多。哈佛法學院暑期教授工作坊則讓我獲得許多人的指教與後續討論，感謝理查德．法倫、泰瑞．費雪、班．薩克斯和尤查．班克勒。另外，也要感謝「藝術、大眾文化與公民生活」專題討論，這是我和內人姬庫．阿達托於哈佛大學馬辛德拉人文中心共同主持的活動。

二〇一九年秋季學期，我在哈佛大學開了「菁英社會及其批判」專題討論，修課同學是我遇過最積極投入、最認眞思考的一群學生。我很感謝他們讓我對本書主題的理解更深入。耶魯法學院的丹尼爾．馬科維茲最近出了一本討論菁英社會的書，我在專題討論課上和學生一起讀過。他本人還來過一次，課上的討論令人印象深刻，我和學生都大有收穫。

我還有幸在不少學術及出版場合，以講課加討論的方式介紹本書的內容：美國聖母大學政治哲學尼邁耶講座、西班牙畢爾包德烏斯托大學加蒙迪亞紀念講座、德國柏林美國學院空中巴士講座、倫敦英國皇家藝術學會、奧地利維也納人文科學中心、義大利威尼斯喬奇歐齊尼基金會重啓文明對話協會、倫敦政經學院馬歇爾學院、美國西北大學民主綱領研討會和哈佛大學法國日創辦活動。感謝所有聽眾與討論者的專注參與。

感謝伊莉莎白・安德森、莫許・哈爾伯塔、彼得・霍爾，丹尼爾・馬科維茲、庫倫・莫菲和薩謬爾・謝佛勒針對本書各方面和我的討論及電郵往來；查爾斯・彼得森分享他討論菁英社會的博士論文部分章節；哈佛大學招生處艾拉溫德・溫妮・畢朱在搜尋資料方面的出色協助；法拉・史特勞斯・吉魯出版社的黛博拉・金姆在編輯方面的貼心支持。感謝我幾位經紀人，紐約國際創意管理經紀公司（令人敬畏的）伊瑟・紐伯格和倫敦柯提斯・布朗公司的卡洛琳娜・薩頓、海倫・曼德斯和莎拉・哈維。

為法拉・史特勞斯・吉魯出版社寫書很愉快，這已經是第三次了。感謝強納森・蓋拉希、米契・安傑爾、傑夫・瑟洛伊和謝拉・歐謝亞在智識與文學上的敏銳纖細。我要特別感謝艾瑞克・秦斯基這位出色的編輯，謝謝他一路上的明智建議。另外也很感謝我在英國企鵝出版社的編輯史都華・普拉菲特。本書每一章他都細細讀過，受人推崇實至名歸。本書在大西洋兩岸都受到編輯如此細心呵護，書中如有任何訛誤，我難辭其咎。

最後，我尤其要感謝「作者屋」的所有成員。作者屋是我和內人姬庫・阿達托，以及兩個兒子亞當・阿達托・桑德爾和艾倫・阿達托・桑德爾合取的名字。家裡只要有人寫東西，就會朗讀初稿和段落給其他人聽，彼此分享意見及評論。他們的專注、建議與愛不只大大改進了這本書，也提升了我。

註釋

序

1　美國總統川普於陸戰隊一號直升機起飛前發言，二〇二〇年二月廿三日：whitehouse.gov/briefings-statements/remarks-president-trump-marine-one-departure-83/；川普接見非裔美國人領袖時發言，二〇二〇年二月廿七日：whitehouse.gov/briefings-statements/remarks-president-trump-meeting-african-american-leaders/。

2　法哈德．曼約奧〈全世界最富有的國家為何沒有足夠的口罩？〉，紐約時報二〇二〇年三月廿五日：https://www.nytimes.com/2020/03/25/opinion/coronavirus-face-mask.html（中文版：https://cn.nytimes.com/opinion/20200326/coronavirus-face-mask/zh-hant/）。

3　瑪歌．桑格－卡茲〈面對疫情，美國人仍然信任專家〉，紐約時報二〇二〇年六月廿七日：https://www.nytimes.com/2020/06/27/upshot/coronavirus-americans-trust-experts.html。

楔子：擠入窄門

1　珍妮佛．梅迪納、凱蒂．班納和凱特．泰勒〈美國大學招生詐騙案，女星、商業大亨及有錢家長遭起訴〉，紐約時報二〇一九年三月十二日：https://www.nytimes.com/2019/03/12/us/college-admissions-cheating-scandal.html?searchResultPosition=1（中文版見〈美國大學招生醜聞：富人把孩子「買」進常春藤〉：https://cn.nytimes.com/usa/20190313/college-admissions-cheating-scandal/）。

2　出處同上。亦可參考〈聯邦調查局說明家長如何舞弊讓兒女進入一流大學〉，紐約時報二〇一九年三月十二日：https://www.nytimes.com/2019/03/12/us/admissions-scandal.html，以及美國司法部刑事告訴狀內附之宣誓書，二〇一九年三月十一日：https://www.justice.gov/file/1142876/download。

3　蘿拉．川普接受福斯晚間新聞訪問，二〇一九年三月十二日：https://www.facebook.com/FoxNews/videos/lara-trump-weighs-in-on-college-admissions-scandal/2334404040124820/。

4　美國麻州聯邦檢察官安德魯．萊林發言，美國有線新聞網逐字稿，二〇一九年三月十二日：http://edition.cnn.com/TRANSCRIPTS/1903/12/ath.02.html。

5　法蘭克．布魯尼〈買進耶魯或史丹佛？早就知道了〉，紐約時報，二〇一九年三月十二日：https://www.nytimes.com/2019/03/12/opinion/college-bribery-admissions.html（中文版見〈美國頂尖名校的醜陋、殘酷與不公正〉：https://cn.nytimes.com/opinion/20190313/college-bribery-admissions/zh-hant/dual/）；尤金．史考特〈川普長子為何奚落涉及大學招生醜聞的家長〉，華盛頓郵報，二〇一九年三月十三日：https://www.washingtonpost.com/politics/2019/03/13/why-trump-jr-mocked-parents-caught-up-college-admissions-scandal/；有關傑瑞德．庫許納的入學爭議，以及金錢於其中扮演的角色，原始報導請見丹尼爾．戈登《大學潛規則》，New York: Broadway Books，二〇〇六年，頁四四至四六；川普據傳曾經捐款給華頓商學院，參見路易斯．費爾．薩德尼〈川普或曾捐款一百四十多萬美元給賓州大學〉，賓夕法尼亞人日報，二〇一六年十一月三日：https://www.thedp.com/article/2016/11/trumps-history-of-donating-to-penn。

6　辛格於美國司法部刑事告訴狀內附宣誓書中的供詞，頁十三，二〇一九年三月十一日：https://www.justice.gov/file/1142876/download。

7　美國麻州聯邦檢察官安德魯．萊林發言，美國有線新聞網逐字稿，二〇一九年三月十二日：http://edition.cnn.com/TRANSCRIPTS/1903/12/ath.02.html。

8 安德爾．佩利〈比起 SAT 分數，學生更需要多一點財富〉，赫欽格報告，二〇一九年五月十七日：https://hechingerreport.org/students-need-a-boost-in-wealth-more-than-a-boost-in-sat-scores/。

9 朗恩．李伯〈又一項入學優勢〉，紐約時報，二〇一九年三月十六日；保羅．塔夫《關鍵四年：大學如何造就或毀了我們》，Boston: Houghton Mifflin Harcourt，二〇一九年，頁一五三至一六七。

10 〈部分大學來自全美收入前百分之一家庭的學生比來自後百分之六十家庭的學生還多〉，紐約時報，二〇一七年元月十八日：https://www.nytimes.com/interactive/2017/01/18/upshot/some-colleges-have-more-students-from-the-top-1-percent-than-the-bottom-60.html。文中數據出自拉吉．切提、約翰．佛利德曼、伊曼紐爾．賽斯、尼可拉斯．透納和丹尼．亞甘〈階級流動成績單：大專院校對跨代階級流動的影響〉，美國國家經濟研究局工作報告第二三六一八號，二〇一七年十二月修正版：https://opportunityinsights.org/paper/mobilityreportcards/。

11 卡洛林．哈克斯比〈美國大專院校的選擇變化〉，Journal of Economic Perspectives, vol. 23, no. 4，二〇〇九年秋季，頁九五至一一八。

12 出處同上，頁九五至一〇〇；保羅．塔夫《關鍵四年》，頁三九。

13 馬賽厄斯．德普克和法布里奇奧．齊利博蒂《愛、金錢和孩子：育兒經濟學》，頁八至一一、五一至八四，Princeton: Princeton University Press，二〇一九年，頁八至一一、五一至八四（簡體中文版二〇一九年六月由格致出版社出版）。

第一章 贏家與輸家

1 《經濟學人》雜誌某期封面故事就是一例，參見〈吊橋拉起：富裕國家的新分歧不在左右，而在開放與封閉〉，經濟學人，二〇一六年七月三十日：https://www.economist.com/briefing/2016/07/30/drawbridges-up。另一個較為細膩的觀點，參見〈關於開放與封閉之分的幾點思考〉，經濟學人「白芝浩專欄」，二〇一八年三月十六日：https://www.economist.com/bagehots-notebook/2018/03/16/some-thoughts-on-the-open-v-closed-divide。

2 本段和下一段引自拙文，分別是〈右翼民粹興、進步政治衰，拯救民主是否太晚？〉新政治家，二〇一八年五月廿一日：https://www.newstatesman.com/2018/05/right-wing-populism-rising-progressive-politics-fails-it-too-late-save-democracy，以及〈民粹主義、川普和民主的未來〉，開放民主網，二〇一八年五月九日：https://www.opendemocracy.net/en/populism-trump-and-future-of-democracy/。

3 美國一九八〇年以來的經濟成長果實大多流向了頂層百分之十人口，其所得成長了百分之一百二十一，底層半數人口幾乎毫無所獲，其二〇一四年的平均所得約一萬六千美元，和一九八〇年的實際平均所得差不了多少。就業年齡男性的所得中位數「二〇一四年的數字和一九六四年一樣」，均為三萬五千美元左右。參見托瑪．皮凱提、伊曼紐爾．賽斯、加柏列．祖克曼〈美國分配國民帳戶：方法與估計〉，Quarterly Journal of Economics, vol. 133, issue 2，二〇一八年五月，頁五五七、五七八、五九二至五九三：https://eml.berkeley.edu/~saez/PSZ2018QJE.pdf；法昆多．阿瓦列多、路卡斯．江瑟、皮凱提、賽斯、祖克曼《世界不平等報告》，Cambridge, MA: Harvard University Press，二〇一八年，頁三、八三至八四（中文版於二〇一八年八月由衛城出版）。美國和其他國家的所得分布數據亦可參考線上版的世界不平等資料庫：https://wid.world。另外，皮凱提於《二十一世紀資本論》（Cambridge, MA: Harvard University Press，二〇一四年，頁二九七（中文版於二〇一四年十一月由衛城出版））表示，一九七七年至二〇〇七年，美國經濟成長有四分之三落入最有錢的百分之十人口手中。美國全國所得有百分二十點二流向頂層百分之一人口，流向底層一半人口的只有百分之十二點五。美國全國所得有百分之四十七流向頂層百分之十人口，將近一半，而西歐國家為百分之卅七、中國百分之四十一、巴西和印度百分之五十五。參見托瑪・皮凱提、伊曼紐爾・賽斯、加柏列・祖克曼〈美國分配國民帳戶：方法與估計〉，Quarterly Journal of Economics, vol. 133, issue 2，二〇一八年五月，頁五七五：https://eml.berkeley.edu/~saez/PSZ2018QJE.pdf；法昆多・阿瓦列多、路卡斯・江瑟、皮凱提、賽斯、祖克曼《世界不平等報告》，Cambridge, MA: Harvard University Press，二〇一八年，頁三、八三至八四。

4 引自作者線上搜尋結果，出處為加州大學聖塔芭芭拉分校美國總統計畫（American Presidency Project）總統發言及文告檔案：https://www.presidency.ucsb.edu/。

5 根據皮尤慈善信託基金會一份研究，出身最低五等分位家庭的美國人成年後有百分之四爬到最高五等分位，百分之三十爬到中間五等分位或更高，百分之四十三留在最低五等分位。見二〇一六年七月，皮尤慈善信託基金會〈追求美國夢：跨代經濟階級流動〉，頁六圖三：https://www.pewtrusts.org/~/media/legacy/uploadedfiles/wwwpewtrustsorg/reports/economic_mobility/pursuingamericandreampdf.pdf。哈佛大學經濟學家拉吉・切提及研究夥伴則指出，出身最低五等分位家庭的美國人有百分之七點五爬到最高五等分位，百分之三十四留在最低五等分位。參見切提、納撒尼爾・亨德倫、派屈克・克萊恩和伊曼紐爾・賽斯〈機會之邦在哪裡？美國跨代階級流動地圖〉，Quarterly Journal of Economics, vol. 129, no. 4，二〇一四年，頁一五五三至一六二三：http://www.rajchetty.com/chettyfiles/mobility_geo.pdf（階級流動數據在頁十六表二）。艾奇布里吉研究中心的史考特・溫煦普在研究後表示，出身最低五等分位的美國孩童長大後只有百分之三進入最高五等分位，只有百分之廿六進入中間或以上五等分位，百分之四十六留在最低五等分位。參見〈美國經濟階級流動〉，艾奇布里吉研究中心，二〇一七年三月，頁十八圖三：https://archbridgeinst.wpengine.com/wp-content/uploads/2017/04/Contemporary-levels-of-mobility-digital-version_Winship.pdf。

6 邁爾斯・寇拉克〈所得不均、機會公平及跨代階級流動〉，Journal of Economic Perspectives, vol. 27, no. 3，二〇一三年夏季，頁七九至一一二（見頁八二圖一）：https://pubs.aeaweb.org/doi/pdfplus/10.1257/jep.27.3.79。邁爾斯・寇拉克〈窮小孩會變成窮大人嗎？世代所得流動性跨國比較之結果〉，IZA Discussion Paper No. 1993，二〇〇六年三月，頁四二表一：http://ftp.iza.org/dp1993.pdf。另見經濟合作暨發展組織二〇一八年報告〈社會電梯故障了？如何促進社會流動〉（Paris: OECD Publishing, 2018）：https://doi.org/10.1787/9789264301085-en。經濟合作暨發展組織的報告和寇拉克的研究結果類似，只有德國不同。根據經濟合作暨發展組織的報告，德國的社會流動比美國還少。各國比較請見頁一九五圖4.8。

7 史特法妮・斯坦契瓦〈美國夢的囚徒〉，世界報業辛迪加，二〇一八年二月廿二日：https://scholar.harvard.edu/files/stantcheva/files/prisoners_of_the_american_dream_by_stefanie_stantcheva_-_project_syndicate_0.pdf。

8 拉吉・切提、約翰・佛利德曼、伊曼紐爾・賽斯、尼可拉斯・透納和丹尼・亞甘〈階級流動成績單：大專院校對跨代階級流動的影響〉，美國國家經濟研究局工作報告第二三六一八號，二〇一七年十二月修正版：http://www.equality-of-opportunity.org/papers/coll_mrc_paper.pdf。

9 https://fivethirtyeight.com/features/even-among-the-wealthy-education-predicts-trump-support/及https://www.jrf.org.uk/report/brexit-vote-explained-poverty-low-skills-and-lack-opportunities。

10 艾倫・布雷克〈「可悲之人」失言風波，希拉蕊再給新說法〉，華盛頓郵報，二〇一八年三月十三日：https://www.washingtonpost.com/news/the-fix/wp/2018/03/12/hillary-clinton-takes-her-deplorables-argument-for-another-spin/。川普在高收入選民部分險勝希拉蕊，但在鄉村及小城、無大專學歷白人選民和認為外貿會導致工作流失而非增加的選民部分均大獲全勝，和希拉蕊的得票率對比分別為百分之六十二對卅四、六十七對廿八及六十五對卅一。參見〈二〇一六年總統大選出口民調〉，紐約時報，二〇一六年十一月八日：https://www.nytimes.com/interactive/2016/11/08/us/politics/election-exit-polls.html。

11 二〇一七年六月一日，川普宣布美國退出巴黎聯合國氣候變遷綱要公約，簡稱巴黎協定。參見美國總統計畫：https://www.presidency.ucsb.edu/node/328739。

12 有關孔子選賢與能說的幾種解釋，參見貝淡寧和李晨陽合編之《東亞對民主的挑戰：比較視角下的賢能政治》，New York: Cambridge University Press，二〇一三年。柏拉圖的政治主張，見《理想國》（艾倫・布魯姆英譯版，New York: Basic Books，一九六八年）卷四。亞里斯多德的政治論，見《政治學》（恩尼斯特・巴爾克英譯版，Oxford: Oxford University Press, 一九四六年）卷三及《尼各馬科倫理學》（大衛・羅斯爵士英譯版，Oxford: Oxford University Press，一九二五年）卷一與卷六。

13 約瑟夫・凱特《才能：從美國革命到廿一世紀，一個建國理念的歷史》，Ithaca: Cornell University Press，二〇一三年，頁一至十、三三至四四。湯瑪斯・傑佛遜一八一三年十月廿八日致信約翰・亞當斯，收錄於雷斯特・卡彭編輯《亞當斯與傑佛遜夫婦書信全集》，Chapel Hill: University of North Carolina，一九五九年，第二冊，頁三八七至三九二。

14 麥可・楊恩《菁英制度的興起》，Harmondsworth: Penguin Books，一九五八年。

15 出處同上，頁一零六。

第二章　「良善故偉大」：才德思想簡史

1 參見線上牛津英語詞典「lot, n.」詞條，牛津大學出版社二〇一九年六月：www.oed.com/view/Entry/110425。查詢時間為二〇一九年七月十六日。

2 例如《約拿書》第一章四至十六節。

3 《約伯記》第四章七節。此處和後段對於約伯的討論，受益於莫許・哈伯塔出色的論文〈哀慟者約伯〉，收錄於里歐拉・巴特尼茨基和伊拉納・帕德斯合編之《約伯記：美學、倫理學及詮釋學》，Berlin: de Gruyter，二〇一五年，頁三七至四六。

4 出處同上，頁三九、四四至四五。哈伯塔表示這是中世紀哲學家邁蒙尼德對《約伯記》的詮釋。雨降在無人之地，見《約伯記》第卅八章廿五至廿六節。

5 出處同上，頁卅九和四五。

6 此處和後段要歸功於安東尼・克隆曼《一位重生異教徒的告解》書中讓人醍醐灌頂的討論。參見《一位重生異教徒的告解》，New Haven: Yale University Press，二〇一六年，尤其是頁八八至九八、二四〇至二七一及三六三至三九三。

7 哈伯塔〈哀慟者約伯〉，頁三七。

8 克隆曼《一位重生異教徒的告解》，頁二四〇至二五九；耶律米・施尼溫德《自律的發明》，Cambridge: Cambridge University Press，一九九八年，頁二九至三〇。

9 艾瑞克・尼爾遜《自由主義神學：政治哲學與神的公義》，Cambridge, MA: Harvard University Press，二〇一九年；麥可・艾克斯沃西〈伯拉糾的復仇〉，新政治家，二〇一八年十二月七日，頁一八；約書亞・霍利〈伯拉糾時代〉，今日基督教，二〇一九年六月號：https://www.christianitytoday.com/ct/2019/june-web-only/age-of-pelagius-joshua-hawley.html。

10 克隆曼《一位重生異教徒的告解》，頁二五六至二七一；施尼溫德《自律的發明》，頁二七二。

11 施尼溫德《自律的發明》，頁三六三至三八一。

12 馬克斯・韋伯《新教倫理與資本主義精神》，塔爾寇特・帕森斯英譯，New York: Charles Scribner's Sons，一九五八年（初版為一九〇四至〇五年）。

13 出處同上，頁一〇四。

14 出處同上，頁一〇九至一一〇。

15 出處同上，頁一一〇至一一五。

16 出處同上，頁一一五。

17 出處同上，頁一六〇。

18 出處同上，頁一五四及一二一。

19 出處同上，頁一二一至一二二。

20 馬克斯．韋伯〈世界諸宗教的社會心理學〉，收錄於漢斯．葛爾特和查爾斯．萊特．彌爾斯合編《韋伯社會學文選》，New York: Oxford University Press，一九四六年，頁二七一，引號處在原文為粗體呈現。

21 傑克森．李爾斯《不勞而獲：機運在美國》，New York: Viking，二〇〇三年，頁三四。

22 出處同上。

23 出處同上，頁五七至六二；傳道書第九章十一至十二節，引用於《不勞而獲：機運在美國》頁五九。

24 出處同上，頁六〇。

25 出處同上，頁七六。

26 出處同上。

27 出處同上，頁二二。

28 出處同上。

29 約翰．艾爾利吉和菲利普．貝瑞斯福德〈金礦內幕〉，英國週日泰晤士報，二〇〇九年十一月八。

30 美國國家廣播公司新聞台《早安，喬》節目〈卡崔娜颶風：神的怒火？〉引述葛拉罕的發言，二〇〇五年十月五日：http://www.nbcnews.com/id/9600878/ns/msnbc-morning_joe/t/hurricane-katrina-wrath-god/#.XQZz8NNKjuQ。

31 時代雜誌〈帕特．羅伯遜為何責怪海地？〉引述羅伯遜的發言，二〇一〇年元月四日。

32 勞莉．古德斯坦〈攻擊過後：找戰犯〉引述法威爾的發言，紐約時報，二〇〇一年九月十五日。

33 德文．戴爾〈天罰？日本強震海嘯再度引起關於神的辯論〉，美國廣播公司新聞台，二〇一一年三月十八日：https://abcnews.go.com/Politics/japan-earthquake-tsunami-divine-retribution-natural-disaster-religious/story?id=13167670；哈利．哈路圖尼安〈日本人為何不信任政府〉，法國世界外交論衡月刊，二〇一一年四月十一日：https://mondediplo.com/2011/04/08japantrust。

34 肯揚的發言引自凱特．鮑勒〈死亡、成功神學與我〉，紐約時報，二〇一六年二月三日。亦可參考凱特．鮑勒《蒙福：美國成功神學史》，New York: Oxford University Press，二〇一三年。

35 鮑勒〈死亡、成功神學與我〉。

36 出處同上，鮑勒引述歐斯汀的發言。

37 大衛．凡．畢馬和朱傑夫〈神要你有錢？〉，時代雜誌，二〇〇六年九月十日。

38 鮑勒〈死亡、成功神學與我〉。

39 鮑勒《蒙福》，頁一八一；民調數字出自畢馬和朱傑夫〈神要你有錢？〉。

40 鮑勒《蒙福》，頁二二六。

41 出處同上。

42 鮑勒〈死亡、成功神學與我〉。

43 參見范恩・紐科克二世〈美國健保法案的成功神學〉，大西洋月刊，二〇一七年五月五日。

44 布魯克斯的發言引自紐科克二世，出處同上；以及強納森・切特〈共和黨失言，病患不該享有平價醫療〉，紐約雜誌，二〇一七年五月一日。

45 約翰・麥基〈歐巴馬健保？全食超市另有方案〉，華爾街日報，二〇〇九年八月十一日；亦可參見切特〈共和黨失言，病患不該享有平價醫療〉，出處同上。

46 麥基〈歐巴馬健保？全食超市另有方案〉，出處同上。

47 希拉蕊・柯林頓〈賓州費城民主黨全國代表大會接受總統候選人提名演說〉，二〇一六年七月廿八日：https://www.presidency.ucsb.edu/documents/address-accepting-the-presidential-nomination-the-democratic-national-convention。

48 艾森豪〈麻州波士頓新英格蘭「展望一九五四年」晚宴演說〉，一九五三年九月廿一日：https://www.presidency.ucsb.edu/documents/address-the-new-england-forward-54-dinner-boston-massachusetts。

49 約翰・皮特尼〈托克維爾騙局〉，標準週刊，一九九五年十一月二日：https://www.weeklystandard.com/john-j-pitney/the-tocqueville-fraud。

50 如果納入同一句話的不同說法，福特擔任總統時說了六次，雷根總統十次，小布希總統六次。次數統計資料來源為加州大學聖塔芭芭拉分校美國總統計畫的可搜尋資料檔案庫：https://www.presidency.ucsb.edu/advanced-search。

51 雷根〈俄亥俄州哥倫布市全美福音派聯會年會致詞〉，一九八四年三月六日：https://www.presidency.ucsb.edu/documents/remarks-the-annual-convention-the-national-association-evangelicals-columbus-ohio。

52 次數統計資料來源為加州大學聖塔芭芭拉分校美國總統計畫的可搜尋資料檔案庫：https://www.presidency.ucsb.edu/advanced-search。該檔案庫收錄了歷任總統的所有發言與致詞，以及部分非連任總統之總統候選人的競選發言。搜尋紀錄顯示，凱瑞於二〇〇四年總統大選期間至少說過該句一次，希拉蕊二〇一六年大選期間至少說過七次。

53 參見亞斯查・蒙克《責任時代：機運、選擇與福利國家》，Cambridge, MA: Harvard University Press，二〇一七年。

54 雷根是首位講出這句話的總統。他於一九八八年談論美國和加拿大的自由貿易協議時首度提到：https://www.presidency.ucsb.edu/documents/remarks-the-american-coalition-for-trade-expansion-with-canada。但幾個月後，他卻在美國企業研究院批評，「站在歷史的正確面」是一九七〇年代那些想容忍蘇聯主宰東歐的人愛用的「馬克斯主義髒話」：https://www.presidency.ucsb.edu/documents/remarks-the-american-enterprise-institute-for-public-policy-research。更詳盡的說明參見傑伊・諾德林格〈歷史的正確面〉，國家評論半月刊，二〇一一年三月卅一日；以及大衛・葛拉罕〈「歷史正確面」的錯誤面？〉，大西洋月刊，二〇一五年十二月廿一日。

55 小布希〈德州胡德堡基地致詞〉，二〇〇五年四月十二日：https://www.presidency.ucsb.edu/documents/remarks-military-personnel-fort-hood-texas。錢尼〈副總統於第一遠征打擊群造勢大會致詞〉，二〇〇六年五月廿三日：https://www.presidency.ucsb.edu/documents/vice-presidents-remarks-rally-for-expeditionary-strike-group-one。

56 次數統計資料來源為加州大學聖塔芭芭拉分校美國總統計畫的可搜尋資料檔案庫：https://www.presidency.ucsb.edu/advanced-search。

57 歐巴馬〈致紐約美國西點軍校畢業生演說〉，二〇一〇年五月廿二日：https://www.presidency.ucsb.edu/documents/commencement-address-the-united-states-military-academy-west-point-new-york-2；歐巴馬〈致科羅拉多州科羅拉多泉市美國空軍官校畢業生演說〉，二〇一六年六月二日：https://www.presidency.ucsb.edu/documents/commencement-address-the-

united-states-air-force-academy-colorado-springs-colorado-1。

58 柯林頓〈接受賴瑞・金專訪〉，一九九四年元月二十日：https://www.presidency.ucsb.edu/documents/interview-with-larry-king-1；歐巴馬〈總統就職演說〉，二〇〇九年元月二日：https://www.presidency.ucsb.edu/documents/inaugural-address-5。

59 歐巴馬〈總統記者會〉，二〇〇九年六月廿三日：https://www.presidency.ucsb.edu/documents/the-presidents-news-conference-1122；歐巴馬〈總統記者會〉，二〇一一年三月十一日：https://www.presidency.ucsb.edu/documents/the-presidents-news-conference-1112；歐巴馬〈總統記者會〉，二〇一一年二月廿五日：https://www.presidency.ucsb.edu/documents/the-presidents-news-conference-1113。

60 次數統計資料來源為加州大學聖塔芭芭拉分校美國總統計畫的可搜尋資料檔案庫：https://www.presidency.ucsb.edu/advanced-search。地毯上繡字，參見克里斯・海耶斯〈道德世界向著公義而行雖然激勵人心，卻也是錯的〉：https://www.nbcnews.com/think/opinion/idea-moral-universe-inherently-bends-towards-justice-inspiring-it-s-ncna859661，以及大衛・葛拉罕〈「歷史正確面」的錯誤面〉。

61 西奧多・帕克《宗教布道十講》，Boston: Little, Brown and Company，一八五五年二版，頁八四至八五。

62 谷歌圖書Ngram Viewer：<iframe name="ngram_chart" src="https://books.google.com/ngrams/interactive_chart?content=right+side+of+history&year_start=1980&year_end=2010&corpus=15&smoothing=3&share=&direct_url=t1%3B%2Cright%20side%20of%20history%3B%2Cc0" width=900 height=500 marginwidth=0 marginheight=0 hspace=0 vspace=0 frameborder=0 scrolling=no></iframe>.

63 柯林頓〈北美自由貿易協議媒體圓桌專訪〉，一九九三年十一月十二日：https://www.presidency.ucsb.edu/documents/media-roundtable-interview-nafta；柯林頓〈柏林致德國人民演說〉，一九九八年五月十三日：https://www.presidency.ucsb.edu/documents/remarks-the-people-germany-berlin。

64 柯林頓〈於參議員凱瑞波士頓競選音樂會致詞〉，一九九六年九月廿八日：https://www.presidency.ucsb.edu/documents/remarks-campaign-concert-for-senator-john-f-kerry-boston；歐巴馬〈加州聖荷西民主黨全國委員會歡迎會致詞〉，二〇一四年五月八日：https://www.presidency.ucsb.edu/documents/remarks-democratic-national-committee-reception-san-jose-california；歐巴馬〈簽署禁止歧視非異性戀員工行政命令致詞〉，二〇一四年七月廿一日：https://www.presidency.ucsb.edu/documents/remarks-signing-executive-order-lesbian-gay-bisexual-and-transgender-employment；柯林頓〈科羅拉多州丹佛市民主黨全國代表大會演說〉，二〇〇八年八月廿七日：https://www.presidency.ucsb.edu/documents/address-the-democratic-national-convention-denver-colorado。

65 歐巴馬〈LGBT驕傲月歡迎會致詞〉，二〇一三年六月十三日：https://www.presidency.ucsb.edu/documents/remarks-reception-celebrating-lesbian-gay-bisexual-and-transgender-pride-month。

66 歐巴馬〈加州比佛利山莊二〇一二年歐巴馬勝利基金會募款餐會致詞〉，二〇一六年六月六日：https://www.presidency.ucsb.edu/documents/remarks-obama-victory-fund-2012-fundraiser-beverly-hills-california。

67 艾瑞克・威斯特維爾特〈偉大不是事實：《美哉，美利堅》問我們如何做得更好〉，美國國家廣播電台，二〇一九年四月四日：https://www.npr.org/2019/04/04/709531017/america-the-beautiful-american-anthem。

68 凱瑟琳・李伊・貝茲《美哉，美利堅詩集》，New York: Thomas Y. Crowell Co.，一九一一年，頁三至四。

69 馬克・克里寇利恩〈上帝賜恩典於妳〉，國家評論半月刊，二〇一一年七月六日。

70　二〇〇一年美國職棒世界大賽雷．查爾斯演唱《美哉，美利堅》影片請見：https://www.youtube.com/watch?v=HlHMQEegpFs。

第三章 向上流動說

1　歐逸文《野心時代：在新中國追求財富、真相與信仰》，New York: Farrar, Straus and Giroux，二〇一四年，頁三〇八至三一〇（繁體中文版由八旗文化出版）。

2　柯林頓擔任總統期間用過這個說法廿一次，例如「這是我們的重責大任，確保沒有任何一個孩子會因為貧窮、出生在缺乏經濟機會的地方、身為少數種族或其他任何因素而落後，而失去機會，因為我們一個人都不能浪費。這個世界競爭激烈，需要大量人才，我們有多少人就需要多少人」。出自柯林頓〈加州聖荷西致詞〉，一九九六年八月七日，參見加州大學聖塔芭芭拉分校美國總統計畫：https://www.presidency.ucsb.edu/node/223422。

3　參見亞斯查．蒙克《責任時代：機運、選擇與福利國家》，Cambridge, MA: Harvard University Press，二〇一七年；以及雅各．哈克《風險大轉移》，New York: Oxford University Press，二〇〇六年。

4　雷根〈美國國會聯席會議國情咨文演說〉，一九八七年元月廿七日，出自美國總統計畫：https://www.presidency.ucsb.edu/node/252758。

5　柯立芝、胡佛和羅斯福總統在哪些場合用過這個說法，參見美國總統計畫：https://www.presidency.ucsb.edu/advanced-search。

6　雷根擔任總統期間說過「不是因為自身過錯」廿六次，柯林頓說過七十二次，歐巴馬五十六次。次數統計來自作者搜尋美國總統計畫可搜尋資料檔案庫的結果：https://www.presidency.ucsb.edu/advanced-search。

7　柯林頓〈總統就職演說〉，一九九三年元月二十日，參見美國總統計畫：https://www.presidency.ucsb.edu/node/219347。

8　柯林頓〈美國國會聯席會議國情咨文演說〉，一九九五年元月廿四日，參見美國總統計畫：https://www.presidency.ucsb.edu/node/221902。

9　柯林頓〈加州沙加緬度麥克萊倫空軍基地致詞〉，一九九五年四月七日，參見美國總統計畫：https://www.presidency.ucsb.edu/node/220655。

10　柯林頓〈一九九六年個人責任與工作機會調和法案簽署文告〉，一九九六年八月廿二日，參見美國總統計畫：https://www.presidency.ucsb.edu/node/222686。

11　東尼．布萊爾《顛覆左右——新世代的第三條路》，London: Fourth Estate，一九九六年，頁一九、一七三、二七三及二九二（繁體中文版由時報文化出版）。

12　二〇〇二年十二月卅一日德國總理施若德發言，引自亞斯查．蒙克《責任時代：機運、選擇與福利國家》，Cambridge, MA: Harvard University Press，二〇一七年，頁二二〇至二二一。施若德發言由蒙克英譯，亦可參見頁一至六。

13　出處同上，引文於該書頁三十；更完整的說法見頁二八至三七。

14　雷根〈於白宮向政府新任黑人官員簡報〉，一九八四年六月廿五日，參見美國總統計畫：https://www.presidency.ucsb.edu/node/260916；雷根〈全國廣播談稅制改革〉，一九八年五月廿五日，參見美國總統計畫：https://www.presidency.ucsb.edu/node/259932。

15　柯林頓〈民主黨領導委員會致詞〉，一九九三年十二月三日，參見美國總統計畫：https://www.presidency.ucsb.edu/node/218963。歐巴馬擔任總統期間用過同類說法五十次，雷根總統十五次，柯林頓總統十四次，小布希總統三次，老布希總統兩次，福特總統一次，尼克森總統一次。該說法出現在尼克森總統的文告裡三次，詹森總統的文告裡兩次，而詹森之前各任總統的發言或文告裡都不曾出現這個用語。次數統計來自作者搜尋美國總統計畫可搜尋資料檔案庫的結果：https://www.presidency.ucsb.edu/advanced-search。

16 歐巴馬〈白宮大專機會高峰會致詞〉，二〇一四年十二月四日，參見美國總統計畫：https://www.presidency.ucsb.edu/node/308043。

17 歐巴馬〈德州奧斯汀造勢大會致詞〉，二〇一二年七月十七日，參見美國總統計畫：https://www.presidency.ucsb.edu/node/301979。

18 谷歌 Ngram 書籍語詞檢索工具搜尋結果：https://books.google.com/ngrams/graph?content=you+deserve&year_start=1970&year_end=2008&corpus=15&smoothing=3&share=&direct_url=t1%3B%2Cyou%20deserve%3B%2Cc0。根據紐約時報可搜尋線上檔案庫的資料，「你值得」一詞於一九八一年出現十四次，二〇一八年出現六十九次，以十年為單位穩定增加，從一九七〇年代的一百一十一次增加到一九八〇年代的一百七十五次，一九九〇年代的兩百廿八次，二〇〇〇年代的四百八十次，再到二〇一〇年代的四百七十五次（統計至二〇一九年七月卅一日）。

19 約翰・洛夫林〈全新潛意識訊息：我值得成功，值得達成目標，值得有錢〉，紐約時報，一九八八年三月二十日：https://www.nytimes.com/1988/03/20/business/what-s-new-subliminal-messages-deserve-succeed-deserve-reach-my-goals-deserve-be.html?searchResultPosition=1；大衛・譚尼斯〈你值得更多汁的炸雞〉，紐約時報，二〇一九年三月廿九日：https://www.nytimes.com/2019/03/29/dining/chicken-paillard-recipe.html?searchResultPosition=1。

20 見本書第三章關於海耶克、羅爾斯和機運平等主義者的討論。

21 雷根總統說過「你值得」卅一次，甘迺迪、詹森、尼克森、福特與卡特總統總共說過廿七次。次數統計資料來源為美國總統計畫總統發言可搜尋資料檔案庫：https://www.presidency.ucsb.edu/advanced-search。

22 雷根〈舊金山加州聯邦俱樂部會後問答〉，一九八三年三月四日，參見美國總統計畫：https://www.presidency.ucsb.edu/node/262792。

23 雷根總統說過「你值得」卅一次，柯林頓總統六十八次，歐巴馬總統一百〇四次。次數統計資料來源為美國總統計畫總統發言可搜尋資料檔案庫：https://www.presidency.ucsb.edu/advanced-search。柯林頓〈加州聖貝納迪諾社區致詞〉，一九九四年五月二十日，參見美國總統計畫：https://www.presidency.ucsb.edu/node/220148。歐巴馬〈馬里蘭州拉納姆好市多倉庫致詞〉，二〇一四年元月廿九日，參見美國總統計畫：https://www.presidency.ucsb.edu/node/305268。歐巴馬〈俄亥俄州帕馬市凱霍加社區大學西校區致詞〉，二〇一〇年九月八日，參見美國總統計畫：https://www.presidency.ucsb.edu/node/288117。

24 梅伊〈英國，偉大的才德之邦：首相談話〉，二〇一六年九月九日：https://www.gov.uk/government/speeches/britain-the-great-meritocracy-prime-ministers-speech。

25 出處同上。

26 歐巴馬〈ESPN 比爾・西門斯專訪〉，二〇一二年三月一日，參見美國總統計畫：https://www.presidency.ucsb.edu/node/327087。

27 希拉蕊〈佛州奧蘭多市前線遊民中心致詞〉，二〇一六年九月廿一日，參見美國總統計畫：https://www.presidency.ucsb.edu/node/319595；希拉蕊〈密西根州底特律市東方市場致詞〉，二〇一六年十一月四日，參見美國總統計畫：https://www.presidency.ucsb.edu/node/319839；希拉蕊〈俄亥俄州哥倫布市俄亥俄州立大學致詞〉，二〇一六年十月十日，參見美國總統計畫：https://www.presidency.ucsb.edu/node/319580。

28 艾琳・切赫〈死硬派賢能主義者：顯性偏誤與賢能意識形態對川普支持者反對社會正義工程之影響〉，Socius: Sociological Research for a Dynamic World，卷三，二〇一七年元月一日，頁一至二〇：https://journals.sagepub.com/doi/full/10.1177/2378023117712395。

29 出處同上，頁七至十二。

30 美國頂層百分之一人口所得占全國所得的百分之二十點二，底層半數人口所得只占百分之十二點五。美國頂層百分之十人口所得占全國所得的將近一半（百分之四十七），西歐為百分之卅七，中國百分之四十一，巴西和印度百分之五十五。參見托瑪・皮凱提、伊曼紐爾・賽斯、加柏列・祖克曼〈美國分配國民帳戶：方法與估計〉，Quarterly Journal of Economics, vol. 133, issue 2，頁五七五，二〇一八年五月：https://eml.berkeley.edu/~saez/PSZ2018QJE.pdf；法昆多・阿瓦列多、路卡斯・江瑟、皮凱提、賽斯、祖克曼《世界不平等報告》，頁三、八三至八四，Cambridge, MA: Harvard University Press，二〇一八年。美國和其他國家的所得分布數據亦可參考線上版的世界不平等資料庫：https://wid.world。

31 美國一九八〇年以來的經濟成長果實大多流向了頂層百分之十人口，其所得成長了百分之一百二十一，底層半數人口幾乎毫無所獲，其二〇一四年的平均所得約一萬六千美元，和一九八〇年的實際平均所得差不了多少。就業年齡男性的所得中位數「二〇一四年的數字和一九六四年一樣」，均為三萬五千美元左右。參見托瑪・皮凱提、伊曼紐爾・賽斯、加柏列・祖克曼〈美國分配國民帳戶：方法與估計〉，Quarterly Journal of Economics, vol. 133, issue 2，頁五五七、五七八、五九二至五九三，二〇一八年五月：https://eml.berkeley.edu/~saez/PSZ2018QJE.pdf；另外，一九七七年至二〇〇七年，美國經濟成長有四分之三落入最有錢的百分之十人口手中，參見皮凱提《二十一世紀資本論》，頁二九七。

32 大多數美國人（百分之七十七對百分之二十）都同意「只要肯努力工作，絕大多數人都能成功」，德國人同意的比例為百分之五十一對四十八。法國和日本則有過半數受訪者（法國為百分之五十四對四十六，日本為百分之五十九對四十）更同意「努力工作對絕大多數人來說都不是成功的保證」。參見二〇一二年七月十二日，皮尤研究中心全球態度調查：https://www.pewresearch.org/global/2012/07/12/chapter-4-the-casualties-faith-in-hard-work-and-capitalism/。

33 百分之七十三的美國人表示努力工作是「出人頭地的關鍵」。德國為百分之四十九，法國只有百分之廿五。南韓和日本的數字分別為百分之卅四及四十二。參見二〇一四年十月七日，皮尤調查中心二〇一四年春季全球態度調查：https://www.pewresearch.org/global/2014/10/09/emerging-and-developing-economies-much-more-optimistic-than-rich-countries-about-the-future/inequality-05/。

34 回答某些人為什麼會有錢時，百分之四十三的美國人表示因為那些人更努力，百分之四十二的受訪者說那些人占有優勢。回答某些人為什麼貧窮時，百分之五十二的美國人認為出於那些人無法掌控的因素，百分之卅一的受訪者認為那些人缺乏努力。民主黨和共和黨支持者對這兩個問題的回答並不相同。參見二〇一八年十月四日，埃米娜・鄧恩〈美國經濟公平嗎？為什麼有些人有錢，有些人貧窮？各政黨意見分歧〉，皮尤研究中心，二〇一八年十月四日：https://www.pewresearch.org/fact-tank/2018/10/04/partisans-are-divided-over-the-fairness-of-the-u-s-economy-and-why-people-are-rich-or-poor/。

35 被問到是否同意「人生的成就多半取決於我們無法掌控的因素」時，百分之七十四的韓國受訪者、百分之六十七的德國受訪者和百分之六十六的義大利受訪者表示同意，持相同意見的美國受訪者只有百分之四十。參見皮尤調查中心二〇一四年春季全球態度調查，二〇一四年十月九日：https://www.pewresearch.org/global/2014/10/09/emerging-and-developing-economies-much-more-optimistic-than-rich-countries-about-the-future/。

36 拉吉・切提、大衛・格魯斯基、麥克西米連・黑爾、納撒尼爾・亨德倫、羅伯特・曼杜卡和吉米・納蘭〈凋零的美國夢：一九四〇年以來的絕對所得流動性趨勢〉，Science 356 (6336)，二〇一七年，頁三九八至四〇六：https://opportunityinsights.org/paper/the-fading-american-dream/。比較父親與兒子的所得差距會發現變化更明顯：一九四〇年出生的美國男性有百分之九十五其所得超過父親，一九八四年出生的美國男性只有百分之四十一。

37 根據皮尤慈善信託基金會一份研究，出身最低五等分位家庭的美國人成年後有百分之四爬到最高五等分位，百分之三十爬到中間五等分位或更高，百分之四十三留在最低五等分位。

見皮尤慈善信託基金會〈追求美國夢：跨代經濟階級流動〉，二〇一六年七月，頁六圖三：https://www.pewtrusts.org/~/media/legacy/uploadedfiles/wwwpewtrustsorg/reports/economic_mobility/pursuingamericandreampdf.pdf。哈佛大學經濟學家拉吉．切提及研究夥伴則指出，出身最低五等分位家庭的美國人有百分之七點五爬到最高五等分位，百分之三十四留在最低五等分位。參見切提、納撒尼爾．亨德倫、派屈克．克萊恩和伊曼紐爾．賽斯〈機會之邦在哪裡？美國跨代階級流動地圖〉，Quarterly Journal of Economics, vol. 129, no. 4，二〇一四年，頁一五五三至一六二三： http://www.rajchetty.com/chettyfiles/mobility_geo.pdf（階級流動數據在頁十六表二）。艾奇布里吉研究中心的史考特．溫煦普在研究後表示，出身最低五等分位的美國孩童長大後只有百分之三進入最高五等分位，只有百分之廿六進入中間或以上五等分位，百分之四十六留在最低五等分位。參見艾奇布里吉研究中心〈美國經濟階級流動〉，二〇一七年三月，頁十八圖三：https://archbridgeinst.wpengine.com/wp-content/uploads/2017/04/Contemporary-levels-of-mobility-digital-version_Winship.pdf。

38 邁爾斯．寇拉克〈所得不均、機會公平及跨代階級流動〉，Journal of Economic Perspectives, vol. 27, no. 3，二〇一三年夏季，頁七九至一一二（見頁八二圖一）。線上版見：https://pubs.aeaweb.org/doi/pdfplus/10.1257/jep.27.3.79。邁爾斯．寇拉克〈窮小孩會變成窮大人嗎？世代所得流動性跨國比較之結果〉，IZA Discussion Paper No. 1993，二〇〇六年三月，頁四二表一。線上版見：http://ftp.iza.org/dp1993.pdf。另見經濟合作暨發展組織二〇一八年報告〈社會電梯故障了？如何促進社會流動〉，Paris: OECD Publishing，二〇一八年：https://doi.org/10.1787/9789264301085-en。經濟合作暨發展組織的報告和寇拉克的研究結果類似，只有德國不同。根據經濟合作暨發展組織的報告，德國的社會流動比美國還少。各國比較請見頁一九五圖4.8。

39 切提、納撒尼爾．亨德倫、派屈克．克萊恩和伊曼紐爾．賽斯〈機會之邦在哪裡？美國跨代階級流動地圖〉，頁十六。亦可參見茱莉亞．以撒克斯、伊莎貝爾．索希爾和朗恩．哈士金斯〈搶先或落後：美國經濟階級流動〉，皮尤慈善信託基金會「經濟階級流動專案」，二〇〇八年：https://www.pewtrusts.org/-/media/legacy/uploadedfiles/wwwpewtrustsorg/reports/economic_mobility/economicmobilityinamericafullpdf.pdf。美國和丹麥的經濟階級流動數據見頁四〇圖一。

40 哈維爾．赫南德茲和裴國中（音譯）〈要圓美國夢，去中國〉，紐約時報，二〇一八年十一月八日：https://www.nytimes.com/interactive/2018/11/18/world/asia/china-social-mobility.html。

41 出處同上。

42 出處同上。世界銀行比較中國和美國跨代階級流動的數據來自安巴爾．納拉揚等人〈公平進步？全球跨代經濟階級流動調查〉，世界銀行，二〇一八年，頁一〇七圖3.6、頁一四〇地圖4.1及頁一四一圖4.2。世界銀行調查報告線上版：https://openknowledge.worldbank.org/handle/10986/28428。經濟合作暨發展組織一項研究引用數據指出，中國的階級流動度低於美國，參見〈社會電梯故障了？如何促進社會流動〉，經濟合作暨發展組織，二〇一八年，頁一九五圖4.8，： https://doi.org/10.1787/9789264301085-en。

43 柏拉圖《理想國》卷三，艾倫．布魯姆英譯版，New York: Basic Books，一九六八年頁九三至九六，四一四b至四一七b。

44 阿爾貝托．阿萊西納、史蒂芬妮．斯坦齊瓦和艾德瓦多．泰索〈跨代階級流動與重分配偏好〉，American Economic Review, vol. 108, no. 2，二〇一八年二月，頁五二一至五五四：https://pubs.aeaweb.org/doi/pdfplus/10.1257/aer.20162015。

45 桑默斯的話引自朗恩．蘇斯金《自信之士：華爾街、華盛頓和一位總統的養成》，New York: Harper，二〇一一年，頁一九七。

46 歐巴馬〈總統每週談話〉，二〇一二年八月十八日，參見美國總統計畫：https://www.presidency.ucsb.edu/node/302249。

47 出處同上。

第四章 文憑主義：最後的主流偏見

1 葛瑞絲．艾許福特〈律師透露，川普要他不讓學校提供成績〉，紐約時報，二〇一九年二月廿七日：https://www.nytimes.com/2019/02/27/us/politics/trump-school-grades.html；〈麥可．柯恩國會聽證會開場發言全文逐字稿〉，紐約時報，二〇一九年二月廿七日：https://www.nytimes.com/2019/02/27/us/politics/cohen-documents-testimony.html?module=inline。

2 瑪姬．哈伯曼〈川普質疑，歐巴馬怎麼能進長春藤名校？〉，政治（Politico）雜誌，二〇一一年四月廿五日：https://www.politico.com/story/2011/04/trump-howd-obama-get-into-ivies-053694。

3 妮娜．柏雷〈分析發現，川普說話是小四水準，美國十五任總統最低〉，新聞週刊，二〇一八年元月八日：https://www.newsweek.com/trump-fire-and-fury-smart-genius-obama-774169；數據及方法學，參見：https://blog.factba.se/2018/01/08/；芮貝卡．莫林〈白癡、蠢蛋、智障：川普助理如何辱罵老闆〉，政治雜誌，二〇一八年九月四日：https://www.politico.com/story/2018/09/04/trumps-insults-idiot-woodward-806455。瓦樂莉．史特勞斯〈川普總統比你聰明，不信你問他〉，華盛頓郵報，二〇一七年二月九日：https://www.washingtonpost.com/news/answer-sheet/wp/2017/02/09/president-trump-is-smarter-than-you-just-ask-him/；安德魯．雷斯圖西亞〈川普就愛用智商看人〉，政治雜誌，二〇一九年五月三十日：https://www.politico.com/story/2019/05/30/donald-trump-iq-intelligence-1347149；大衛．史密斯〈川普如何攻擊黑人？羞辱對方智商就對了〉，衛報，二〇一八年八月十四：https://www.theguardian.com/us-news/2018/aug/10/trump-attacks-twitter-black-people-women。

4 瓦樂莉．史特勞斯〈川普總統比你聰明，不信你問他〉，華盛頓郵報，二〇一七年二月九日：https://www.washingtonpost.com/news/answer-sheet/wp/2017/02/09/president-trump-is-smarter-than-you-just-ask-him/；川普〈中央情報局致詞〉，二〇一七年元月廿一日，美國總統計畫：https://www.presidency.ucsb.edu/node/323537。

5 川普發言引自麥可．克拉尼希〈川普稱自己拿到華頓學位是「超級天才」〉，華盛頓郵報，二〇一九年七月八日：https://www.washingtonpost.com/politics/trump-who-often-boasts-of-his-wharton-degree-says-he-was-admitted-to-the-hardest-school-to-get-into-the-college-official-who-reviewed-his-application-recalls-it-differently/2019/07/08/0a4eb414-977a-11e9-830a-21b9b36b64ad_story.html。

6 瓦樂莉．史特勞斯〈川普總統比你聰明，不信你問他〉，華盛頓郵報，二〇一七年二月九日：https://www.washingtonpost.com/news/answer-sheet/wp/2017/02/09/president-trump-is-smarter-than-you-just-ask-him/。

7 川普〈亞利桑那州鳳凰城「讓美國再次偉大」造勢活動致詞〉，二〇一七年八月廿二日，美國總統計畫：https://www.presidency.ucsb.edu/node/331393。

8 拜登發言影片請見：https://www.youtube.com/watch?v=QWM6EuKxz5A。川普與拜登比較，參見梅根．克魯格〈誰是世界上最聰明的人？川普和拜登都說「我」〉，華盛頓郵報，二〇一九年七月十七日：https://www.washingtonpost.com/opinions/whos-the-smartest-of-them-all-trump-and-biden-both-say-me/2019/07/17/30221c46-a8cb-11e9-9214-246e594de5d5_story.html。

9 詹姆斯．狄金森〈拜登學歷「不正確」〉，華盛頓郵報，一九八七年九月廿二日：https://www.washingtonpost.com/archive/politics/1987/09/22/biden-academic-claims-inaccurate/932eaeed-9071-47a1-aeac-c94a51b668e1/。

10 〈卡瓦諾聽證會逐字稿〉，華盛頓郵報，二〇一八年九月廿七日：https://www.washingtonpost.com/news/national/wp/2018/09/27/kavanaugh-hearing-transcript/。

11 老布希〈針對全國教育策略對國民講話〉，一九九一年四月十八日，美國總統計畫：https://www.presidency.ucsb.edu/node/266128；布萊爾的發言引自伊旺．麥卡斯奇爾〈布萊爾保證人人都能成為贏家〉，衛報，一九九六年十月二日：https://www.theguardian.com/education/1996/oct/02/schools.uk。

12 柯林頓〈民主黨全國委員會晚宴致詞〉，一九九六年五月八日，美國總統計畫：https://www.presidency.ucsb.edu/node/222520。柯林頓使用這類說法（「學多少」或「學愈多」）共卅二次，數據來自美國總統計畫線上檔案庫的搜尋結果：https://www.presidency.ucsb.edu/advanced-search。麥坎的說法則是和柯林頓順序顛倒：「在全球化經濟體制下，想賺多少就要學多少。」參見麥坎〈維吉尼亞州亞歷山德利市亞艾匹斯科波高中演講〉，二〇〇八年四月一日，美國總統計畫：https://www.presidency.ucsb.edu/node/277705。

13 歐巴馬〈紐約市科技進路大學預科學校（Pathways in Technology Early College High School）致詞〉，二〇一三年十月廿五日，美國總統計畫：https://www.presidency.ucsb.edu/node/305195。

14 出處同上。

15 出處同上。

16 克里斯多夫・海耶斯《菁英的黃昏：後菁英政治時代的美國》，頁四八，New York: Crown Publishers, 二〇一二年（簡體中文版由上海譯文出版社出版）。

17 出處同上。

18 湯馬斯・法蘭克《聽見沒！自由派：人民的黨怎麼了？》，頁卅四至卅五，New York: Metropolitan Books，二〇一六年。

19 出處同上，頁七二至七三。一九七九年以來生產力與薪資的落差，相關數據參見美國經濟政策研究所〈生產力與薪資落差〉，二〇一九年七月：https://www.epi.org/productivity-pay-gap/。

20 二〇一八年，廿五歲以上美國人有百分之卅五取得四年制大專學歷，一九九九年為百分之廿五，一九八八年為百分之二十。參見美國人口普查局二〇一八年現住人口調查歷史時間序列表，表A-2：https://www.census.gov/data/tables/time-series/demo/educational-attainment/cps-historical-time-series.html。

21 強納森・奧爾塔《承諾：歐巴馬總統就任第一年》，頁六四，New York: Simon and Schuster，二〇一〇年。

22 出處同上。

23 派屈克・艾根〈艾許頓・卡特與歐巴馬的學霸內閣〉，華盛頓郵報，二〇一四年十二月五日：https://www.washingtonpost.com/news/monkey-cage/wp/2014/12/05/ashton-carter-and-the-astoundingly-elite-educational-credentials-of-obamas-cabinet-appointees/，引自湯馬斯・法蘭克《聽見沒！自由派》，頁一六四。

24 大衛・哈伯斯坦《出類拔萃之輩》，New York: Random House，一九六九年。

25 強納森・奧爾塔《承諾：歐巴馬總統就任第一年》，頁六三。

26 湯馬斯・法蘭克《聽見沒！自由派》，頁四〇。

27 出處同上，頁一六五至一六六。

28 出處同上，頁一六六；尼爾・巴洛夫斯基《紓困：華府如何背棄平民，拯救華爾街》，New York: Free Press，二〇一二年。

29 尼爾・巴洛夫斯基《紓困》，頁一三九。

30 根據作者於美國總統計畫總統演講線上檔案庫的搜尋結果：https://www.presidency.ucsb.edu/advanced-search。

31 使用谷歌Ngram書籍語詞檢索工具的搜尋結果：https://books.google.com/ngrams/。「聰明

（smart）」一詞一九八〇年於紐約時報出現六百二十次，二〇〇〇年出現兩千六百七十二次。數據出自逐年語詞搜尋結果：https://www.nytimes.com/search?query=smart。

32 柯林頓〈總統廣播講話〉，二〇〇〇年八月十九日，美國總統計畫：https://www.presidency.ucsb.edu/node/218332；柯林頓〈針對健保處方藥福利法案發言及記者問答〉，二〇〇〇年六月十四日，美國總統計畫：https://www.presidency.ucsb.edu/node/226899；柯林頓〈總統廣播講話〉，二〇〇〇年九月二日，美國總統計畫：https://www.presidency.ucsb.edu/node/218133。

33 歐巴馬〈國際婦女節文告〉，二〇一三年三月八日，美國總統計畫：https://www.presidency.ucsb.edu/node/303937；歐巴馬〈聯合國大會致詞〉，二〇一六年九月二十四，美國總統計畫：https://www.presidency.ucsb.edu/node/318949；歐巴馬〈針對移民法案改革發言〉，二〇一三年十月廿四日，美國總統計畫：https://www.presidency.ucsb.edu/node/305189；歐巴馬〈北卡羅來納州溫斯頓撒冷市福賽斯科技社區大學致詞〉，二〇一〇年十二月六日，美國總統計畫：https://www.presidency.ucsb.edu/node/288963。

34 希拉蕊發言引自歐巴馬〈宣布國務院重要任命〉新聞稿，二〇〇九年三月六日，美國總統計畫：https://www.presidency.ucsb.edu/node/322243。

35 歐巴馬二〇〇二年演講逐字稿：https://www.npr.org/templates/story/story.php?storyId=99591469。

36 歐巴馬發言引自《外交政策》雜誌記者大衛・羅斯寇普夫專文，二〇一四年六月四日：https://foreignpolicy.com/2014/06/04/obamas-dont-do-stupid-shit-foreign-policy/。

37 歐巴馬〈維吉尼亞州新港市新港紐斯造船公司（Newport New Shipbuilding）致詞〉，二〇一三年二月廿六日，美國總統計畫：https://www.presidency.ucsb.edu/node/303848；歐巴馬〈總統記者會〉，二〇一三年三月一日，美國總統計畫：https://www.presidency.ucsb.edu/node/303955。

38 出處同上：歐巴馬〈總統記者會〉，二〇一三年三月一日。

39 圖恩・庫本斯、羅素・史培爾斯、安東尼・曼斯戴德、布雷姆・史普伊特、馬修・伊斯特布魯克〈教育歧視和才德至上制的諷刺：高學歷者對低學歷者的負面觀感〉，實驗社會心理學期刊（Journal of Experimental Social Psychology），vol. 76，二〇一八年五月，頁四二九至四四七。

40 出處同上，頁四四一至四四二。

41 出處同上，頁四三七、四四四。

42 出處同上，頁四三八至四三九、四四一至四四三。

43 出處同上，頁四四四。

44 出處同上，頁四四一、四四五。

45 珍妮佛・曼寧〈第一百一十六屆國會成員檔案〉，頁五，美國國會研究服務處，二〇一九年六月七日：https://crsreports.congress.gov/product/pdf/R/R45583；艾比蓋兒・蓋格、克麗絲登・比亞利克、約翰・葛拉姆利奇〈六張圖表說明國會面貌的改變〉，皮尤研究中心，二〇一九年二月十五日：https://www.pewresearch.org/fact-tank/2019/02/15/the-changing-face-of-congress/。

46 尼可拉斯・卡恩斯《金錢天花板：為何只有富人競選公職，我們又該如何是好？》，頁五至六，Princeton: Princeton University Press，二〇一八年。

47 下議院議員的資料來自芮貝卡・蒙塔丘特和提姆・卡爾〈國會特權：二〇一七年下議院議員〉，頁一至三，薩頓信託（The Sutton Trust）研究簡報，二〇一七年六月：https://www.suttontrust.com/research-paper/parliamentary-privilege-the-mps-2017-education-background/。亦可參見路卡斯・奧迪奇喀斯和理查・克拉克內爾〈一九七九年至二〇一七年下議院議員社會背景〉，下議院圖書館，二〇一八年十一月十二日：https://researchbriefings.parliament.uk/ResearchBriefing/Summary/CBP-7483#fullreport，文中提到的大專學歷下議院議員比例較低，為百分之八十二。一般英國民眾的數據（百分之七十沒有大專學歷）出自經濟學人「白芝浩專欄」〈不具大專學歷者是最缺乏代表的族群〉，二〇一八年五月十二日。

48 出處同上，〈一九七九年至二〇一七年下議院議員社會背景〉，頁十一至十二，下議院圖書館；艾胥莉．考伯恩〈長文：政黨如何失去勞動階級〉，新政治家，二〇一七年六月二日：https://www.newstatesman.com/2017/06/long-read-how-political-parties-lost-working-class；奧利佛．希斯〈政策異化、社會異化及勞動階級棄權在英國：一九六四年至二〇一〇年〉，英國政治科學期刊（British Journal of Political Science），vol. 48, issue 4，二〇一八年十月，頁一〇六三：https://doi.org/10.1017/S0007123416000272。

49 馬克．博文斯和安齊利特．威爾《文憑民主：政治菁英制的誕生》，頁一至二、五，Oxford: Oxford University Press，二〇一七年。

50 出處同上，頁一一二至一一六、一二〇；康諾．迪倫〈政治人物為求博士學位鋌而抄襲〉，德國之聲，二〇一三年二月十三日：https://p.dw.com/p/17dJu。

51 馬克．博文斯和安齊利特．威爾《文憑民主》，頁一一三至一一六。

52 出處同上。

53 賈姬．畢修夫〈歷史學家評鑑美國最偉大總統〉，石英（Quartz）雜誌，二〇一七年二月十九日：https://qz.com/914825/presidents-day-the-best-us-presidents-in-history-as-ranked-by-presidential-historians/；布蘭登．羅廷豪斯和賈斯丁．范恩〈川普和歷任美國總統比高低〉，紐約時報，二〇一八年二月十九日：https://www.nytimes.com/interactive/2018/02/19/opinion/how-does-trump-stack-up-against-the-best-and-worst-presidents.html。

54 參見賓雅明．艾波包姆《經濟學家的時刻：假先知、自由市場與社會斷裂》，頁三至十八，New York: Little, Brown and Company，二〇一九年。

55 法蘭克《聽見沒！自由派》，頁三九。

56 英國就讀私校的人口比例（百分之七）與就讀劍橋或牛津大學的人口比例（百分之一），數據出自〈菁英化的英國：二〇一九年英國頂尖人物的教育背景〉，頁四，薩頓信託及英國社會流動委員會，二〇一九年：https://www.suttontrust.com/wp-content/uploads/2019/06/Elitist-Britain-2019.pdf；強森內閣與歷年英國內閣成員為私校畢業生的比例，數據出自芮貝卡．蒙塔丘特和露比．南丁格爾〈二〇一九年薩頓信託英國內閣分析報告〉：https://www.suttontrust.com/research-paper/sutton-trust-cabinet-analysis-2019/。

57 出處同上，〈二〇一九年薩頓信託英國內閣分析報告〉；亞當．戈普尼克〈別再提邱吉爾了，艾德禮才是真榜樣〉，紐約客，二〇一八年元月二日：https://www.newyorker.com/news/daily-comment/never-mind-churchill-clement-attlee-is-a-model-for-these-times。

58 出處同上，戈普尼克〈別再提邱吉爾了，艾德禮才是真榜樣〉；有關貝文和莫理森的勞動階級背景的討論，參見麥可．楊恩〈菁英社會去死吧〉，衛報，二〇〇一年六月廿八日：https://www.theguardian.com/politics/2001/jun/29/comment；貝凡的出身背景參見英國國家廣播公司〈安奈林．貝凡，1897-1960〉：http://www.bbc.co.uk/history/historic_figures/bevan_aneurin.shtml。

59 川普在不具大專學歷白人選民中的得票率，見美國有線電視新聞網（CNN）二〇一六年出口民調：https://www.cnn.com/election/2016/results/exit-polls；柯林頓在高學歷選民中的得票率引自托瑪．皮凱提〈不平等加劇與政治衝突的結構變化〉，圖3.3b，WID.world Working Paper Series，二〇一八年三月：http://piketty.pse.ens.fr/files/Piketty2018.pdf；教育程度和所得的關聯參見奈特．席佛〈教育程度更能預測誰投給川普，而非所得〉，五三八網站，二〇一六年十一月廿二日：https://fivethirtyeight.com/features/education-not-income-predicted-who-would-vote-for-trump/。

60 出處同上，奈特·席佛〈教育程度更能預測誰投給川普，而非所得〉。川普發言引自蘇珊·佩吉〈川普再次完成不可能的任務〉，今日美國報，二〇一六年二月廿五日：https://www.usatoday.com/story/news/politics/elections/2016/02/24/analysis-donald-trump-does-impossible-again/80843932/。

61 托瑪·皮凱提〈婆羅門左派與商人右派：不平等加劇與政治衝突的結構變化〉。

62 出處同上，圖1.2c及1.2d。

63 出處同上，頁三；美國有線電視新聞網二〇一八年出口民調：https://www.cnn.com/election/2018/exit-polls。

64 美國有線電視新聞網二〇一八年出口民調：https://www.cnn.com/election/2018/exit-polls；艾倫·齊特納和安東尼·迪巴洛斯〈政治新鴻溝：教育程度〉，華爾街日報，二〇一八年十一月十日：https://www.wsj.com/articles/midterm-results-point-to-a-new-divide-in-politics-education-1541865601。

65 奧利佛·希斯〈政策異化、社會異化及勞動階級棄權在英國：一九六四年至二〇一〇年〉，頁一〇六四圖4；奧利佛·希斯〈中產階級政治人物崛起是否導致英國階級投票減少？〉，倫敦政經學院部落格，二〇一五年二月十二日：https://blogs.lse.ac.uk/politicsandpolicy/the-rise-of-middle-class-politicians-and-the-decline-of-class-voting-in-britain/。

66 經濟學人〈不具大專學歷者是最缺乏代表的族群〉，二〇一八年五月十二日：https://www.economist.com/britain/2018/05/12/people-without-degrees-are-the-most-under-represented-group；馬修·古德溫和奧利佛·希斯〈解釋脫歐公投結果：貧窮、低技能及缺乏機會〉，約瑟夫·朗特里基金會，二〇一六年八月卅一日：https://www.jrf.org.uk/report/brexit-vote-explained-poverty-low-skills-and-lack-opportunities。

67 出處同上，馬修·古德溫和奧利佛·希斯〈解釋脫歐公投結果：貧窮、低技能及缺乏機會〉。

68 托瑪·皮凱提〈婆羅門左派與商人右派：不平等加劇與政治衝突的結構變化〉，頁十三圖2.3a-2.3e。

69 出處同上，頁二、六一。

70 耶若姆·富爾凱〈支持馬克宏的法國選民是誰？〉，石板（Slate）雜誌，二〇一七年二月七日：http://www.slate.fr/story/136919/francais-marchent-macron。

71 巴斯卡－艾曼紐·戈布里〈法國菁英的失敗〉，華爾街日報，二〇一九年二月廿九日。亦可參考克里斯多夫·喀德威爾〈人民危機〉，新共和（The New Republic）週刊，二〇一九年四月廿二日：https://newrepublic.com/article/153507/france-yellow-vests-uprising-emmanuel-macron-technocratic-insiders。

72 琴慕·帕克〈從高等教育看政黨鴻溝加大〉，皮尤研究中心，二〇一九年八月廿九日：https://www.pewsocialtrends.org/essay/the-growing-partisan-divide-in-views-of-higher-education/。

73 歐巴馬發言引自亞當·懷特〈Google.gov〉，新亞特蘭提斯（The New Atlantis）期刊，二〇一八年春季號，頁十五：https://www.thenewatlantis.com/publications/googlegov。歐巴馬在谷歌演講的影片請見：https://www.youtube.com/watch?v=m4yVlPqeZwo&feature=youtu.be&t=1h1m42s。

74 出處同上。亦可參見史蒂芬·李維《Google總部大揭密：Google如何思考？如何運作？如何形塑你我的生活？》，New York: Simon & Schuster, 2011，頁三一七（繁體中文版由財信出版社出版）。

75 作者於美國總統計畫線上檔案庫搜尋「成本曲線」一詞：https://www.presidency.ucsb.edu/advanced-search。

76 作者於美國總統計畫線上檔案庫搜尋「誘使」一詞：https://www.presidency.ucsb.edu/advanced-search。

77 作者於美國總統計畫線上檔案庫搜尋「聰明」一詞：https://www.presidency.ucsb.edu/advanced-search。

78 亨利・曼斯〈戈夫表示，英國受夠專家了〉，金融時報，二〇一六年六月三日：https://www.ft.com/content/3be49734-29cb-11e6-83e4-abc22d5d108c。

79 彼得・貝克〈歐巴馬與貝克：感嘆共識不再〉，紐約時報，二〇一八年十一月廿八日：https://www.nytimes.com/2018/11/28/us/politics/obama-baker-consensus.html。

80 發言出自二〇一八年二月廿三日，歐巴馬於麻省理工學院史隆體育分析會議上的發言。雖然會議沒有正式紀錄，但放任自由主義雜誌《理性》貼出了歐巴馬的致詞影片：https://reason.com/2018/02/26/barack-obama-mit-sloan-sports。

81 歐巴馬發言引自彼得・貝克〈歐巴馬與貝克：感嘆共識不再〉。確切發言內容引C-SPAN有線電視網的影片〈歐巴馬於萊斯大學致詞〉，二〇一八年十一月廿七日：https://www.c-span.org/video/?455056-1/president-obama-secretary-state-james-baker-discuss-bipartisanship。

82 希拉蕊〈賓州費城民主黨全國大會接受總統候選人提名演說〉，二〇一六年七月廿八日，美國總統計畫：https://www.presidency.ucsb.edu/node/317862；歐巴馬〈伊利諾州春田市伊利諾州眾議院致詞〉，二〇一六年二月十日，美國總統計畫：https://www.presidency.ucsb.edu/node/312502；凱蒂・帕瑪〈口號喊得好，希拉蕊，但科學不是信仰〉，連線（Wired）雜誌，二〇一六年七月廿九日：https://www.wired.com/2016/07/cool-catchphrase-hillary-science-isnt-belief/。

83 歐巴馬多次引用莫尼漢的話，包括他本人的著作《無畏的希望：歐巴馬的總統之路》，New York: Three Rivers Press，二〇〇六年（繁體中文版由福隆出版社出版）；二〇〇七年於谷歌的造勢活動（引自亞當・懷特〈Google.gov〉，新亞特蘭提斯，二〇一八年春季號，頁十六）；二〇一八年於麻省理工學院致詞，他還表示莫尼漢很聰明：https://reason.com/2018/02/26/barack-obama-mit-sloan-sports。

84 法蘭克・紐波特和安德魯・杜根〈大專以上學歷共和黨員最不相信全球暖化〉，蓋洛普諮詢公司，二〇一五年三月廿六日：https://news.gallup.com/poll/182159/college-educated-republicans-skeptical-global-warming.aspx。二〇一八年，百分之六十九的共和黨員認為全球暖化普遍遭到誇大，持同樣意見的民主黨員只有百分之四；百分之八十九的民主黨員認為人類活動導致全球暖化，持同樣意見的共和黨員只有百分之卅五。參見梅根・布瑞南和莉迪雅・薩德〈雖然黨派意見有變，但對全球暖化的關切維持穩定〉，蓋洛普諮詢公司，二〇一八年三月廿八日：https://news.gallup.com/poll/182159/college-educated-republicans-skeptical-global-warming.aspx。

85 出處同上。

86 凱特琳・杜魯蒙德和巴洛奇・費許霍夫〈科學素養和教育程度較高者對科學爭議的見解更極化〉，美國國家科學院院刊，二〇一七年九月五日，vol. 114, no. 36，頁九五八七至九五九二：https://doi.org/10.1073/pnas.1704882114。

87 歐巴馬發言引自羅比・索阿夫〈歐巴馬總統在麻省理工大學說的五件事〉，理性雜誌，二〇一八年二月廿七日：https://reason.com/2018/02/26/barack-obama-mit-sloan-sports，文中還收錄了致詞錄音。

88 出處同上。

89 教宗方濟各《願你受讚頌》通諭〈論愛惜我們共同的家園〉，段二二，二〇一五年五月廿四日：http://w2.vatican.va/content/dam/francesco/pdf/encyclicals/documents/papa-francesco_20150524_enciclica-laudato-si_en.pdf（繁體中文版參見https://laudato-si.catholic.org.hk/?p=185&fbclid=IwAR1E9bYm-pdxxZmCLKlirfERL2s6P3dTh3CQZIUChi3tq6LKGMk6Is1gdK0）。

第五章 成功觀

1 這個例子裡提到的不平等正是美國的現狀。所得數據出自托瑪・皮凱提、伊曼紐爾・賽斯、加柏列・祖克曼〈美國分配國民帳戶：方法與估計〉，Quarterly Journal of Economics, vol. 133, issue 2，頁五七五，二〇一八年五月。財富分配更加不平等，大多數財富（百分之七十七）由頂層百分之十人口持有，頂層百分之一人口的財富更遠多於底層百分之九十人口的總財富。參見法昆多・阿瓦列多等人合撰之《世界不平等報告》，頁二三七，Cambridge, MA: Harvard University Press, 2018（繁體中文版於二〇一八年八月由衛城出版）。此外，世界不平等資料庫可以查到美國和其他各國的最新現況，是很有用的線上資源：https://wid.world/。

2 皮凱提、賽斯和祖克曼〈美國分配國民帳戶〉，頁五七五。

3 麥可・楊恩《菁英制度的興起》，Harmondsworth: Penguin Books，一九五八年。

4 出處同上，頁一〇四。

5 出處同上，頁一〇四至一〇五。

6 出處同上，頁一〇五。

7 出處同上，頁一〇六。

8 出處同上。

9 出處同上，頁一〇六至一〇七。

10 出處同上，頁一〇七。

11 https://www.nytimes.com/2016/09/11/us/politics/hillary-clinton-basket-of-deplorables.html。

12 楊恩《菁英制度的興起》，頁一〇八至一〇九。

13 皮凱提、賽斯和祖克曼〈美國分配國民帳戶〉，頁五七五。

14 記錄菁英特權強化的文獻非常豐富，而且正持續累積，例如馬修・史都華〈美國新貴族的誕生〉，大西洋月刊二〇一八年六月，頁四八至六三；經濟學人〈世襲菁英社會〉，二〇一五年元月廿二日；理查德・李夫斯《囤夢者》，Washington, D.C.: Brookings Institution Press，二〇一七年；羅伯特・帕特南《我們的孩子：美國夢凋零中》，New York: Simon & Schuster，二〇一五年；塞謬爾・鮑爾斯、賀伯特・金提斯和梅莉莎・奧斯朋・葛洛夫斯合編《機會不平等：家庭背景與經濟成就》，Princeton: Princeton University Press，二〇〇五年；史蒂芬・麥納梅和小羅伯特・米勒《菁英迷思》，Lanham, MD: Rowman & Littlefield，二〇一四年三版。

15 腕力比賽和其他小眾運動的觀眾及財務前景似乎都在成長。參見保羅・紐貝利〈腕力比賽走出酒吧，面向全世界〉，美聯社二〇一八年九月六日：https://apnews.com/842425dc6ed44c6886f9b3aedaac9141；凱文・德拉波〈小眾運動上線啦〉，紐約時報二〇一八年七月十七日。

16 賈斯汀・帕瑪〈博爾特：布雷克練得比我勤，但拿不到冠軍〉，路透社二〇一一年十一月十二日：https://www.reuters.com/article/us-athletics-bolt/blake-works-harder-than-me-but-wont-take-200-title-bolt-idUSTRE7AB0DE20111112；艾倫・馬西〈怪獸跑得過閃電嗎？〉，英國電訊報二〇一二年八月六日：https://www.telegraph.co.uk/sport/olympics/athletics/9455910/Can-a-Beast-ever-prevail-against-a-Bolt.html。

17 本段引自拙著《訂製完美：基因工程時代的人性思辨》，Harvard University Press，二〇〇七年，頁二八至二九（繁體中文版於二〇一八年三月由先覺出版社出版）。

18 皮尤研究中心〈全球態度調查〉，二〇一二年七月十二日：https://www.pewresearch.org/global/2012/07/12/chapter-4-the-casualties-faith-in-hard-work-and-capitalism/。

19 弗雷德里希·海耶克《自由的憲章》，Chicago: The University of Chicago Press，一九六〇年，頁九二至九三。

20 出處同上，頁八五至一〇二。

21 出處同上，頁九三。

22 出處同上，頁九四。

23 約翰·羅爾斯《正義論》，Cambridge, MA: Harvard University Press，一九七一年（繁體中文版二〇〇三年十一月由桂冠圖書出版）。

24 出處同上，頁七三至七四。

25 出處同上，頁七五。

26 庫特·馮內果〈哈里森·布吉朗〉（1961），收錄於馮內果《歡迎到猴子籠來》，New York: Dell Publishing，一九九八年（繁體中文版於一九九四年七月由麥田出版社出版）。相關討論參見拙著《正義：一場思辨之旅》，New York: Farrar, Straus and Giroux，二〇〇九年，頁一五五至一五六（繁體中文版於二〇一八年九月由先覺出版社出版）。

27 羅爾斯《正義論》，頁一〇二。

28 出處同上，頁一〇一至一〇二。

29 出處同上，頁一〇四。

30 關於這個主張，更詳細的討論請見拙著《自由主義與正義的侷限》，Cambridge, UK: Cambridge University Press，一九八二年，頁九六至一〇三、一四七至一五四（簡體中文版於二〇一一年七月由譯林出版社出版）。

31 歐巴馬〈維吉尼亞州洛亞諾克市競選活動發言〉，二〇一二年七月十三日：https://obamawhitehouse.archives.gov/the-press-office/2012/07/13/remarks-president-campaign-event-roanoke-virginia。

32 出處同上。

33 此觀點的另一個例子，請見托馬斯·史坎倫《不平等為何重要？》，Oxford: Oxford University Press，二〇一八年，頁一一七至一三二。

34 海耶克《自由的憲章》，頁九四、九七。

35 羅爾斯《正義論》，頁三一〇至三一一；海耶克《自由的憲章》，頁九四。

36 關於自由主義和一般民眾對「應得」的看法差異，以下文章有清楚的討論：塞謬爾·謝佛勒〈哲學與政治裡的責任、反動態度及自由主義〉，Philosophy & Public Affairs, vol. 21, no 4，一九九二年秋季，頁二九九至三二三。

37 海耶克《自由的憲章》，頁九八。

38 查爾斯·克洛斯蘭《社會主義的未來》，London: Jonathan Cape，一九五六年，頁二三五，轉引自海耶克《自由的憲章》，頁四四〇。

39 尼可拉斯·曼昆〈財富分配：水電工喬的啟發〉，Eastern Economic Journal 2010, vol. 36，頁二九五。

40 出處同上。

41 法蘭克·海因曼·奈特《競爭倫理學》New Brunswick, NJ: Transaction Publishers，一九九七年，頁四六。書中收錄了奈特的論文〈競爭倫理學〉，原載於The Quarterly Journal of Economics, vol. xxxvii，一九二三年，頁五七九至六二四。關於奈特的討論，參見理查德·布義德為學報版所撰寫的導論。

42 有關羅爾斯受到奈特哪些影響，以下文章很有參考價值：安德魯·李斯特〈市場、應得與互惠〉，Politics, Philosophy & Economics, vol. 16，二〇一七年，頁四七至六九。

43 出處同上，頁四八至四九。

44 出處同上，頁三四。

45 出處同上，頁三八。

46 出處同上，頁四一。

47 出處同上，頁四七。

48 出處同上，頁四三至四四。

49 羅爾斯《正義論》，頁三一〇至三一五。

50 出處同上，頁三一一。

51 出處同上，頁三一一至三一二。

52 出處同上，頁三一二至三一三。

53 出處同上，頁三一三。

54 這個薪資差異的解釋某些方面跟我想像中大學寫給申請者，解釋為何接受或拒絕他們的入學申請的信很像，參見拙著《自由主義與正義的侷限》，頁一四一至一四二。

55 討論到看待成功與失敗的心態時，史坎倫似乎承認很難區分「好」與「對」。參見史坎倫《不平等為何重要？》，頁二九、三二至三五。

56 湯瑪斯·內格爾〈偏好的政策〉，Philosophy & Public Affairs, vol. 2, no. 4，一九七三年夏季，收錄於內格爾《人的問題》，Cambridge, UK: Cambridge University Press，一九七九年，頁一〇四（簡體中文版於二〇〇四年七月由上海譯文出版社出版）。

57 羅爾斯《正義論》，頁一〇二。

58 理查德·安德森〈羅爾斯、責任與分配正義〉，收錄於馬克·弗勒貝、莫利斯·沙勒斯和約翰·威馬克合編之《正義、政治自由主義與效益主義：來自海薩尼與羅爾斯的議題》，Cambridge, UK: Cambridge University Press，二〇〇八年，頁八〇。

59 機運平等主義一詞出自伊莉莎白·安德森。我在這裡的討論要歸功於她對這個理論的大力批判。參見伊莉莎白·安德森〈平等有什麼意義？〉，Ethics, vol. 109, no. 2，一九九九年元月，頁二八七至三三七。

60 出處同上，頁三一一。

61 出處同上，頁二九二、二九九至二九六。安德森提到的沒買保險者的例子，引自艾瑞克·拉珂夫斯基《平等正義》，New York: Oxford University Press，一九九一年。

62 安德森〈平等有什麼意義？〉，頁三〇二至三一一。

63 亞斯查·蒙克《責任時代：機運、選擇與福利國家》，Cambridge, MA: Harvard University Press，二〇一七年，頁一四至二一。

64 出處同上，。

65 出處同上，頁三〇八、三一一。

66 羅納德·德沃金〈何為平等？第二部分：資源平等〉，Philosophy & Public Affairs, vol. 10, no. 4，一九八一年秋季，頁二九三。

67 出處同上，頁二九七至二九八。

68 如同塞謬爾·謝弗勒所指出的，機運平等主義者強調選擇與環境的區別，隱然假定了「一個人做出選擇後，其後果確實是他應得的。這意謂機運平等主義賦予應得的角色，比其支持者以為的還要基本」。參見謝弗勒〈自由主義理論中的正義與應得〉，California Law Review,

vol. 88, no. 3，二〇〇〇年五月，頁九六七、no.2。

69 傑拉德·科恩〈平等主義正義的流傳〉，Ethics, vol. 99, no. 4，一九八九年七月，頁九三三。

70 內格爾〈偏好的政策〉，頁一〇四。

71 安德森〈平等有什麼意義？〉，頁三二五。

72 美國法學教授約瑟夫·費許金（Joseph Fishkin）認為「沒有『天生』才能或個人努力這種東西，一切都摻雜了世界加之於我們的機運，例如出生條件」，並反對「基因和環境是獨立運作的兩股因果力量」。人的發展包含「基因、個人和環境的互動」，不可能如大多數平等機會理論主張的，可以拆解成『天生』和『社會塑造』的部分。參見費許金《瓶頸：機會平等新論》，New York: Oxford University Press，二〇一四年，頁八三至九九。

73 布萊爾的發言引自大衛·齊納斯頓〈菁英之路被私校封住了〉，衛報二〇〇八年二月廿二日。

74 布萊爾〈我要菁英社會，不要適者生存〉，英國獨立報，二〇〇一年二月九日：https://www.independent.co.uk/voices/commentators/i-want-a-meritocracy-not-survival-of-the-fittest-5365602.html。

75 麥可·楊恩〈菁英社會去死吧〉，衛報二〇〇一年六月廿八日。

76 出處同上。

77 出處同上。

第六章　篩選機器

1 傑羅姆·卡拉貝爾《寵兒：哈佛、耶魯和普林斯頓大學招生秘史》，Boston: Houghton Mifflin，二〇〇五年，頁二一至二三、三九至七六、二三二至二三六。

2 尼可拉斯·里曼《大考：美國才德篩選秘史》，New York: Farrar, Straus and Giroux，一九九九年，頁七。

3 出處同上，頁八。

4 出處同上，頁五至六。

5 出處同上。

6 出處同上，頁二八。

7 詹姆斯·布萊恩特·科南特〈無階級社會的教育：傑佛遜派的傳統〉，大西洋月刊，一九四〇年五月：https://www.theatlantic.com/past/docs/issues/95sep/ets/edcla.htm。科南特引述的特納對社會流動的看法，出自〈西方世界對美國民主的貢獻〉，大西洋月刊，一九〇三元月，後收錄於弗雷德里克·傑克森·特納《美國史裡的邊疆》，New York: Henry Holt and Co.，一九二一年，頁二六六。

8 有關透納最早使用「社會流動」一詞，參見克里斯多夫·拉許《菁英的反叛》，New York: W. W. Norton，一九九五年，頁七三（繁體中文版二〇一四年七月由商周出版社出版）；亦可參考里曼《大考》頁四八。一八六九至一九〇九年擔任哈佛大學校長的查爾斯·艾略特於一八九七年發表〈教育在民主社會的功能〉，文中也使用了「社會流動」一詞。參見卡拉貝爾《寵兒》頁四一。

9 科南特〈無階級社會的教育〉。

10 出處同上。

11 出處同上。

12 出處同上。

13 出處同上。科南特引述的傑佛遜發言出自一七八四年出版的《論維吉尼亞州》（威廉．佩登編輯，Chapel Hill: University of North Carolina Press，一九五四年），第十四及十九問。

14 出處同上。

15 傑佛遜一八一三年十月廿八日寫給約翰．亞當斯的信，收錄於《亞當斯夫婦與傑佛遜書信全集》（萊斯特．卡彭編輯，The University of North Carolina Press，一九五九年）。

16 傑佛遜《論維吉尼亞州》，一七八四年。

17 出處同上。

18 科南特的說法引自里曼《大考》，頁四七。該段落出自科南特一九四〇年代初期寫完但未出版的書中：科南特《我們在捍衛什麼》，未出版書稿，科南特文集第三十箱，哈佛大學檔案館。

19 卡拉貝爾《寵兒》，頁一五二；里曼《大考》，頁五九。

20 卡拉貝爾《寵兒》，頁一七四、一八九。

21 出處同上，頁一八八。

22 出處同上，頁一七二、一九三至一九七。

23 參見安德魯．戴爾班科〈我們的大學怎麼了：新菁英社會之我思〉，Proceedings of the American Philosophical Society, vol. 156, no. 3，二〇一二年九月三日，頁三〇六至三〇七。

24 安德．佩利〈除了SAT逆境分數，學生還要有錢〉，海辛格報告，二〇一九年五月十七日：https://www.brookings.edu/blog/the-avenue/2019/05/17/students-need-more-than-an-sat-adversity-score-they-need-a-boost-in-wealth/，圖二；札查利．戈德法珀〈四張表告訴你SAT偏袒高學歷有錢家庭〉，華盛頓郵報，二〇一四年三月五日：https://www.washingtonpost.com/news/wonk/wp/2014/03/05/these-four-charts-show-how-the-sat-favors-the-rich-educated-families/。美國大學理事會上一次公布SAT平均分數和家庭所得相關數據是在二〇一六年，參見《計畫上大學的高三生》，總體分析報告，二〇一六年，https://secure-media.collegeboard.org/digitalServices/pdf/sat/total-group-2016.pdf，表十。

25 保羅．塔夫《關鍵四年：大學是成就我們或毀了我們》，Boston: Houghton Mifflin Harcourt，二〇一九年，頁一七一；文中引用家教、測驗顧問兼作家詹姆斯．莫菲二〇一七年為美國大學理事會撰述的一份未出版分析。

26 丹尼爾．馬科維茲《才德篩選的陷阱》，New York: Penguin Press，二〇一九年，頁一三三。書中引文出自查爾斯．莫瑞《崩解》，New York: Crown Forum，二〇一二年，頁六十。莫瑞指出，二〇一〇年SAT數學和語文測驗超過七百分的高三生當中，百分之八十七至少有一位家長擁有大學文憑，百分之五十六有一位家長擁有研究所學歷。據莫瑞表示（頁三六五），這些未發表的數據來自大學理事會。安東尼．卡內瓦爾和史蒂芬．羅斯發現，SAT總分超過一千三百分（前百分之八）的學生當中，有百分之六十六來自高社經地位（家庭所得和學歷為最高五等分位）家庭，只有百分之三來自低社經地位家庭（最低五等分位）。參見卡內瓦爾和羅斯〈社經地位、種族／族裔和大學入學高門檻〉，收錄於理查德．卡倫伯格編輯《美國尚未開發的資源：高等教育裡的低所得學生》，New York: The Century Foundation，二〇〇四年，頁一三〇，表3.14。

27 道格拉斯．貝爾金〈高級入學顧問的合法手段〉，華爾街日報，二〇一九年三月十三日：https://www.wsj.com/articles/the-legitimate-world-of-high-end-college-admissions-11552506381；黛娜．戈德斯坦和傑克．希利〈一窺昂貴合法的大學入學顧問業〉，紐約時報，二〇一九年三月十三日：https://www.nytimes.com/2019/03/13/us/admissions-cheating-scandal-consultants.html；詹姆斯．威勒邁爾〈有錢家長花一萬美元替孩子補習SAT〉，市場觀察網，二〇一九年七月七日：https://www.marketwatch.com/story/some-wealthy-parents-are-dropping-up-to-

10000-on-sat-test-prep-for-their-kids-2019-06-21；馬科維茲《才德篩選的陷阱》，頁一二八至一二九。

28 塔夫《關鍵四年》，頁八六至九二。

29 出處同上，頁一七二至一八二。

30 出處同上。

31 例如，普林斯頓大學二〇一九年新生有百分之五十六註明自己是有色人種，參見普林斯頓大學通訊傳播處〈普林斯頓歡迎二〇一九年一千八百九十五位新生〉，二〇一九年三月廿八日：https://www.princeton.edu/news/2019/03/28/princeton-pleased-offer-admission-1895-students-class-2023。哈佛大學則是百分之五十四，參見招生統計報告，哈佛大學招生及獎助學金處：https://college.harvard.edu/admissions/admissions-statistics。其他長春藤大學的統計數據，參見艾美・卡普蘭〈二〇一九年長春藤盟校新生分析〉，賓大日報，二〇一九年四月一日：https://www.thedp.com/article/2019/04/ivy-league-admission-rates-penn-cornell-harvard-yale-columbia-dartmouth-brown-princeton。

32 一項針對全美一百四十六所知名大專院校的研究發現，這些學校有百分之七十四的學生來自社經地位前百分之廿五的家庭，參見卡內瓦爾和羅斯〈社經地位、種族／族裔和大學入學高門檻〉，頁一〇六表3.1。另一項類似的研究發現，全美九十一所入學競爭最激烈的大專院校有百分之七十二的學生來自最高四等分位的家庭，參見珍妮佛・吉安可拉和理查德・卡倫伯格〈真材實料：確保最聰明的學生能進頂尖大學〉，傑克・肯特・庫克基金會，二〇一六年元月，圖一：https://www.jkcf.org/research/true-merit-ensuring-our-brightest-students-have-access-to-our-best-colleges-and-universities/。

33 拉吉・切提、約翰・佛利德曼、伊曼紐爾・賽斯、尼可拉斯・透納和丹尼・亞甘，美國國家經濟研究局工作報告第二三六一八號之〈階級流動成績單：大專院校對跨代階級流動的影響〉，二〇一七年十二月修正版：http://www.equality-of-opportunity.org/papers/coll_mrc_paper.pdf。亦可參考〈美國部分大學來自所得前百分之一家庭的學生比來自底層百分之六十家庭的學生還多，你的學校呢？〉，紐約時報，二〇一七年元月十八日：https://www.nytimes.com/interactive/2017/01/18/upshot/some-colleges-have-more-students-from-the-top-1-percent-than-the-bottom-60.html。紐約時報線上互動專欄根據切提的研究繪製了兩千所大學的學生家境側寫，其中耶魯大學的部分參見：https://www.nytimes.com/interactive/projects/college-mobility/yale-university，普林斯頓大學的部分參見：https://www.nytimes.com/interactive/projects/college-mobility/princeton-university。

34 出處同上，切提等人〈階級流動成績單〉，頁一。各所得階層學生的大學錄取率請見https://www.nytimes.com/interactive/2017/01/18/upshot/some-colleges-have-more-students-from-the-top-1-percent-than-the-bottom-60.html。

35 卡拉貝爾《寵兒》，頁五四七。

36 切提等人〈階級流動成績單〉，以及〈階級流動成績單〉，主管摘要：https://opportunityinsights.org/wp-content/uploads/2018/03/coll_mrc_summary.pdf。

37 出處同上。哈佛和普林斯頓大學的階級流動率，參見https://www.nytimes.com/interactive/projects/college-mobility/harvard-university和https://www.nytimes.com/interactive/projects/college-mobility/princeton-university。

38 出處同上。密西根大學和維吉尼亞大學的階級流動率，參見https://www.nytimes.com/interactive/projects/college-mobility/university-of-michigan-ann-arbor和https://www.nytimes.com/interactive/projects/college-mobility/university-of-virginia。

39 出處同上，切提等人〈階級流動成績單〉，表IV；切提等人〈階級流動成績單〉，主管摘要：https://opportunityinsights.org/wp-content/uploads/2018/03/coll_mrc_summary.pdf。

40 出處同上，切提等人〈階級流動成績單〉，表II。

41 關於向上流動至少兩個五等分位的學生比例，請見紐約時報根據切提的研究所做的線上互動專欄。例如，哈佛大學有百分之十一的學生向上流動兩個五等分位，普林斯頓大學則是百分之八點七：https://www.nytimes.com/interactive/projects/college-mobility/harvard-university；各校的「整體流動指數」代表向上流動至少兩個五等分位的機率。

42 有關校友子女入學，參見威廉・波文、馬丁・庫爾茲威和尤金・托賓《美國高等教育的公平與卓越》，Charlottesville, VA: University of Virginia Press，二〇〇五年，頁二六六至二七二、二八三、三五九至三六三、五〇六、五五〇至五五一；丹尼爾・戈爾德《錄取的代價》，New York: Broadway Books，二〇〇六年，頁一一七至一四四。「六倍」這個估計出自戈爾德〈有錢家庭如何操弄頂尖大學的招生制度〉，城鄉雜誌，二〇一六年十一月廿一日：https://www.townandcountrymag.com/society/money-and-power/news/a8718/daniel-golden-college-admission/。哈佛大學校友子女入學的相關數據來自二〇一八年一樁訴訟案的公開資料，參見彼得・艾希迪亞科諾、賈許・金斯勒和泰勒・蘭瑟姆〈哈佛大學的校友子女和體育特招生優惠〉，二〇一九年十二月六日，頁一四和四〇（表一）：http://public.econ.duke.edu/~psarcidi/legacyathlete.pdf；以及德蘭諾・法蘭克林和薩謬爾・齊威克爾〈訴訟紀錄顯示，校友子女錄取率是非校友子女的五倍〉，哈佛深紅報，二〇一八年六月二十日：https://www.thecrimson.com/article/2018/6/20/admissions-docs-legacy/。

43 丹尼爾・戈爾德〈許多大學為了有錢申請者而扭曲制度〉，華爾街日報，二〇〇三年二月二十日：https://online.wsj.com/public/resources/documents/golden2.htm；亦可參考戈爾德《錄取的代價》，頁五一至八二。

44 根據二〇一八年反對哈佛大學平權措施的訴訟紀錄，哈佛大學二〇一五年新生有百分之十以上和哈佛大學行政單位有捐獻關係。二〇〇九至二〇一五這六年間，哈佛大學全體新生有百分之九點三四出自捐獻人名單，錄取率為百分之四十二，大約是整體錄取率的七倍。德蘭諾・法蘭克林和薩謬爾・齊威克爾〈內部電郵顯示，哈佛招生偏好金主子女〉，哈佛深紅報，二〇一八年十月十八日：https://www.thecrimson.com/article/2018/10/18/day-three-harvard-admissions-trial/。哈佛大學那六年間的整體錄取率約為百分之六，參見黛芬妮・湯普森〈專家指出，哈佛招生率持續下降〉，哈佛深紅報，二〇一五年四月十六日：https://www.thecrimson.com/article/2015/4/16/admissions-downward-trend-experts/。

45 戈爾德《錄取的代價》，頁一四七至一七六。

46 大衛・雷恩哈特〈招生醜聞其實是運動醜聞〉，紐約時報，二〇一九年三月十三日：https://www.nytimes.com/2019/03/13/opinion/college-sports-bribery-admissions.html；凱瑟琳・哈特菲爾德〈輸掉非國家大學體育協會錦標賽吧：別再錄取體育特招生了〉，威廉斯紀錄報，二〇一九年十一月二十日：https://williamsrecord.com/2019/11/lets-lose-the-directors-cup-a-call-to-end-athletic-recruitment/。

47 波文、庫爾茲威和托賓《美國高等教育的公平與卓越》，頁一〇五至一〇六，表5.1。

48 塔夫《關鍵四年》，頁一七二至一八二。

49 丹尼爾・戈爾德〈新法案要求大學公布校友子女及提前錄取者資料〉，華爾街日報，二〇〇三年十月廿九日，https://online.wsj.com/public/resources/documents/golden9.htm；馬科維茲《才德篩選的陷阱》，New York: Penguin Press，二〇一九年，頁二七六至二七七。

50 參見里曼《大考》，頁四七，文中所引段落（注釋18）出自科南特一九四〇年代初期一本未出版著作：科南特《我們在捍衛什麼》，未出版書稿，科南特文集第三十箱，哈佛大學檔案館。

51 約翰・加德納《卓越：我們能既平等又卓越嗎？》，New York: Harper & Brothers，一九六一年，頁三三、三五至三六。

52 出處同上，頁六五至六六。

53 出處同上，頁七一至七二。

54 出處同上，頁八〇至八一。

55 出處同上，頁八二。

56 布魯斯特的文字引自傑佛瑞．卡巴瑟威斯〈新機構的誕生〉，耶魯校友雜誌，一九九九年十二月：http://archives.yalealumnimagazine.com/issues/99_12/admissions.html。

57 卡羅琳．霍克斯比〈美國大學招生方式的改變〉，Journal of Economic Perspectives, vol. 23, no. 4，二〇〇九年秋季，頁九五至一一八。

58 出處同上。關於美國絕大多數大學的錄取率極高，參見德魯．戴希維爾〈美國多數大學幾乎來者不拒〉，皮尤研究中心，二〇一九年四月：https://www.pewresearch.org/fact-tank/2019/04/09/a-majority-of-u-s-colleges-admit-most-students-who-apply/；艾莉亞．王〈為了大學擠破頭並非常態〉，大西洋月刊，二〇一九年四月十日：https://www.theatlantic.com/education/archive/2019/04/harvard-uchicago-elite-colleges-are-anomaly/586627/。

59 史丹佛大學一九七二年的錄取率為百分之卅二，參見杜以爾．麥克馬努斯〈報告透露大學招生偏好〉，史丹佛日報，一九七三年十月廿三日：archives .stanforddaily.com/1973/10/23?page=1&section =MODSMDARTICLE4#article；朴凱琳〈史丹佛大學二〇一九年錄取率百分之四點三四創新低〉，史丹佛日報，二〇一九年十二月十八日：https://www.stanforddaily.com/2019/12/17/stanford-admit-rate-falls-to-record-low-4-34-for-class-of-2023/；約翰霍普金斯大學一九八八年錄取率出自傑佛瑞．塞林戈〈大學窄門背後的科學〉，華盛頓郵報，二〇一七年十月十三日：https://www.washingtonpost.com/news/grade-point/wp/2017/10/13/the-science-behind-selective-colleges/；梅根．匹珀斯〈本校二〇一九年錄取兩千三百零九位新生〉，約翰霍普金斯電子報，二〇一九年三月十六日：https://www.jhunewsletter.com/article/2019/03/university-admits-2309-students-for-the-class-of-2023；芝加哥大學一九九三年錄取率出自丹尼斯．羅德金〈大學反攻：芝加哥大學狀態火熱〉，芝加哥雜誌，二〇〇一年三月十六日：https://www.chicagomag.com/Chicago-Magazine/March-2011/College-Comeback-The-University-of-Chicago-Finds-Its-Groove/；賈斯汀．史密斯〈芝加哥大學二〇一九年錄取率百分之五點九創新低〉，芝加哥栗報，二〇一九年四月一日：https://www.chicagomaroon.com/article/2019/4/1/uchicago-acceptance-rate-drops-record-low/。

60 戴希維爾〈美國多數大學幾乎來者不拒〉，皮尤研究中心。

61 霍克斯比〈美國大學招生方式的改變〉。

62 塔夫《關鍵四年》，頁一三八至一四二，文中參考洛倫．李維拉《血統：菁英學生如何拿下菁英職位》，Princeton: Princeton University Press，二〇一五年。

63 黛娜．戈德斯坦和朱格爾．帕特爾〈延長考試時間？有錢有差〉，紐約時報，二〇一九年七月三十日：https://www.nytimes.com/2019/07/30/us/extra-time-504-sat-act.html；珍妮．安德森〈為了大學自傳，申請者暑假忙翻天〉，紐約時報，二〇一一年八月五日：https://www.nytimes.com/2011/08/06/nyregion/planning-summer-breaks-with-eye-on-college-essays.html。專門安排暑期活動美化高中生活充實自傳的公司，參見https://www.everythingsummer.com/pre-college-and-beyond。

64 parent，動詞：線上牛津詞典，牛津大學出版社，二〇一九年：www.oed.com/view/Entry/137819，查詢日期二〇二〇年元月廿四日；克蕾兒．凱恩．米勒〈馬不停蹄的當代教養術〉，紐約時報，二〇一八年十二月廿五日：https://www.nytimes.com/2018/12/25/upshot/the-relentlessness-of-modern-parenting.html。

65 馬賽厄斯．德普克和法布里奇奧．齊利博蒂《愛、金錢和孩子：育兒經濟學》，Princeton: Princeton University Press，二〇一九年，頁五七。

66 南西．吉布斯〈這些家長還有救嗎？〉，時代雜誌，二〇〇九年十一月十日。

67 德普克和齊利博蒂《愛、金錢和孩子》，頁五一、五四至五八、六七至一〇四。

68 麥德琳・雷文《特權的代價：教養壓力和物質豐沛如何造就了一代孤獨又不快樂的孩子》，New York: HarperCollins，二〇〇六年，頁五至七。

69 出處同上，頁一六至一七。

70 出處同上，引用桑妮雅・路薩的研究。

71 桑妮雅・路薩、薩謬爾・巴爾金和伊莉莎白・葛羅斯曼〈我能夠，所以我應該：中上階級的脆弱〉，Development & Psychopathology, vo. 25, pp. 1529-1549，二〇一三年十一月：https://www.ncbi.nlm.nih.gov/pubmed/24342854。

72 出處同上。亦可參見麥德琳・雷文《特權的代價》，頁二一、二八至二九。

73 蘿拉・克朗茲〈五分之一大學生想過自殺〉，波士頓環球報，二〇一八年九月七日，數據來自辛蒂・劉、寇特妮・史帝文斯、席維雅・王、安井光和及賈斯汀・陳〈 美國大學生心理健康問題與自殺傾向之盛行率與預測因子：對服務落差的啟示〉，Depression & Anxiety，二〇一八年九月六日：https://doi.org/10.1002/da.22830。

74 莎莉・克汀和梅隆妮・賀倫〈十至廿四歲人口的自殺與他殺死亡率：美國二〇〇〇至二〇一七年〉，美國國家衛生統計中心資料簡報第三五二號，二〇一九年十月：https://www.cdc.gov/nchs/data/databriefs/db352-h.pdf。

75 湯瑪斯・庫蘭和安德魯・希爾〈完美主義與日俱增：出生世代差異整合分析，一九八九至二〇一六年〉，Psychological Bulletin, vol. 145，二〇一九年，頁四一〇至四二九：https://www.apa.org/pubs/journals/releases/bul-bul0000138.pdf；庫蘭和希爾〈完美主義如何成為年輕族群的隱性傳染病〉，對話新聞網，二〇一八年元月三日：http://theconversation.com/how-perfectionism-became-a-hidden-epidemic-among-young-people-89405；蘇菲・馬克班〈完美主義教興起〉，新政治家週刊，二〇一八年五月四至十日。

76 出處同上，庫蘭和希爾〈完美主義與日俱增〉，頁四一三。

77 https://college.harvard.edu/admissions/apply/first-year-applicants/considering-gap-year。

78 露西・王〈卡位哈佛〉，哈佛深紅報，二〇一七年十一月二日：https://college.harvard.edu/admissions/apply/first-year-applicants/considering-gap-year；珍娜・王〈學會被拒絕〉，二〇一七年十月十七日：https://www.thecrimson.com/article/2017/10/17/wong-acing-rejection-10a/。

79 露西・王〈卡位哈佛〉。

80 理查・裴瑞茲－佩尼亞〈哈佛作弊事件學生受罰〉，二〇一三年二月一日：https://www.nytimes.com/2013/02/02/education/harvard-forced-dozens-to-leave-in-cheating-scandal.html；芮貝卡・羅賓斯〈哈佛調查「創校以來最重大」的學術詐欺事件〉，哈佛深紅報，二〇一二年八月三十日：https://www.thecrimson.com/article/2012/8/30/academic-dishonesty-ad-board/。

81 漢娜・納坦森〈六十多名選修CS50課程的學生面臨學術詐欺指控〉，哈佛深紅報，二〇一七年五月三日：https://www.thecrimson.com/article/2017/5/3/cs50-cheating-cases-2017/。

82 約翰霍普金斯大學於二〇一四年取消校友子女優惠，參見羅納・丹尼爾斯〈約翰霍普金斯大學為何取消校友子女入學優惠〉，大西洋月刊，二〇二〇年元月十八日：https://www.theatlantic.com/ideas/archive/2020/01/why-we-ended-legacy-admissions-johns-hopkins/605131/。

83 計算數據來自戴希維爾〈美國多數大學幾乎來者不拒〉，皮尤研究中心。

84 凱瑟琳・金基德《長春藤盟校如何決定招生方式》，New York: W.W. Norton，一九六一年，頁六九。

85 這幾十年來有不少人建議抽籤招生。最早的提議者包括羅伯特・保羅・沃爾夫，他於一九六四年提議大學隨機錄取高中生，參見沃爾夫〈大學成為殺戮戰場：申請大學與焦慮〉，異議雜誌，一九六四年冬季號；巴瑞・史瓦茲〈頂尖學校應該隨機錄取「夠好」的高中生〉，The Chronicle of Higher Education，二〇〇五年二月廿五日；彼得・史東〈抽籤上大學〉，Comparative Education Review, vol. 57，二〇一三年八月；拉尼．吉尼耶〈招生儀式作為政治行動：民主理想的守門人〉，Harvard Law Review, vol. 117，二〇〇三年十一月，頁二一八至二一九；本段討論還得益於查爾斯．彼得森的博士論文〈美國菁英社會，一九三〇至二〇〇年〉，哈佛大學，二〇二〇年。

86 以才德為最低門檻的構想出自我和丹尼爾．馬科維茲及大學部「菁英社會及其批判」討論課學生的討論。

87 安德魯．西蒙〈選秀史上最佳後段新人〉，美國職棒大聯盟新聞網，二〇一六年六月八日：https://www.mlb.com/news/best-late-round-picks-in-draft-history-c182980276。

88 美國國家美式足球聯盟於二〇〇〇年選秀：http://www.nfl.com/draft/history/fulldraft?season=2000。

89 史丹佛大學計畫進行實驗一事，出自彼得森〈美國菁英社會，一九三〇至二〇〇年〉裡的檔案研究。

90 莎拉．瓦德克〈高等教育注意了，大學巨額捐款必須繳稅〉，對話新聞網，二〇一九年八月廿七日：https://theconversation.com/a-new-tax-on-big-college-and-university-endowments-is-sending-higher-education-a-message-120063。

91 如上所述，丹尼爾．馬科維茲建議以捐獻所得的減稅資格來誘導私立大學提高學生的多元性，最好的做法是增加招生人數。參見馬科維茲《才德篩選的陷阱》，New York: Penguin Press，二〇一九年，頁二七七至二七八。

92 麥可．米切爾、麥可．利奇曼和麥特．薩恩茲〈州政府刪減高等教育經費將成本轉嫁給學生，導致不平等惡化〉，美國政策與預算優先中心，二〇一九年十月廿四日：https://www.cbpp.org/research/state-budget-and-tax/state-higher-education-funding-cuts-have-pushed-costs-to-students。

93 吉利安．伯曼〈州立大學經費一半來自學費，一半來自政府〉，市場觀察網，二〇一七年三月廿五日。文中引用克里夫蘭聯邦儲備銀行經濟學家彼得．辛利齊斯的分析：https://www.marketwatch.com/story/state-colleges-receive-the-same-amount-of-funding-from-tuition-as-from-state-governments-2017-03-24。

94 參見安德魯．戴爾班科《大學的過去、現在與未來》，Princeton: Princeton University Press，二〇一二年，頁一一四。

95 威斯康辛大學麥迪遜分校二〇一八學年度預算簡報，摘自威斯康辛大學麥迪遜分校二〇一八學年度預算報告，頁三：https://budget.wisc.edu/content/uploads/Budget-in-Brief-2018-19-Revised_web_V2.pdf。

96 〈大學現狀：校長泰瑞莎．蘇利文訪問紀要〉，維吉尼亞人，二〇一一年夏季：https://uvamagazine.org/articles/the_state_of_the_university。

97 德州大學學費：收益來源：https://tuition.utexas.edu/learn-more/sources-of-revenue。數據不包含產生石油和天然氣利潤的捐獻所得。學雜費占學校收入比例從一九八四學年度的百分之三升到二〇一八學年度的百分之廿二。

98 奈傑．齊瓦亞〈五張表告訴你學貸問題多嚴重〉，美國國家廣播公司新聞網，二〇一九年四月廿四日：https://www.nbcnews.com/news/us-news/student-loan-statistics-2019-n997836；查克．弗里德曼〈二〇二〇年學貸統計：一點六兆美元創新高〉，富比世雜誌，二〇二〇年二月三日：https://www.forbes.com/sites/zackfriedman/2020/02/03/student-loan-debt-statistics/#d164e05281fe。

99 伊莎貝兒．邵希爾《被遺忘的美國人》，頁一一四。

100 出處同上。

101 出處同上，頁一一一至一一三。經濟合作暨發展組織國家數據。

102 出處同上，頁一一三。

103 雖然這純屬個人印象，但我不是第一個這樣說的人。亦可參見安德魯・戴爾班科《大學的過去、現在與未來》；安東尼・克隆曼《教育的終結：我們的大學為何棄人生意義於不顧》，New Haven: Yale University Press，二〇〇八年；威廉・德瑞西威茲《卓越的羊群：美國菁英的教育錯誤與有意義的人生》，New York: Free Press，二〇一四年。

104 邁可・桑德爾《民主的不滿：追求公共哲學的美國》，Cambridge, MA: The Belknap Press of Harvard University Press，一九九六年，頁一六八至二〇〇。

105 克里斯多夫・拉許《菁英的反叛》，頁五九至六〇。

106 出處同上，頁五五至七九。

第七章 認可工作

1 安・凱斯和安格斯・迪頓《美國怎麼了：絕望的死亡與資本主義的未來》，Princeton: Princeton University Press，二〇二〇年，頁五一（簡體中文版於二〇二〇年九月由中信出版社出版）。亦可參見伊莎貝兒・邵希爾《被遺忘的美國人：分裂之國的經濟綱領》，New Haven: Yale University Press，二〇一八年，頁六〇；歐倫・卡斯《永恆工人》，New York: Encounter Books，二〇一八年，頁一〇三至一〇四。

2 凱斯和迪頓《美國怎麼了：絕望的死亡與資本主義的未來》，頁一六一；邵希爾《被遺忘的美國人》，頁八六。

3 邵希爾《被遺忘的美國人》，頁一四〇至一四一；凱斯和迪頓《美國怎麼了：絕望的死亡與資本主義的未來》，頁一五二。

4 邵希爾《被遺忘的美國人》，頁一四一。

5 凱斯和迪頓《美國怎麼了：絕望的死亡與資本主義的未來》，頁七；邵希爾《被遺忘的美國人》，頁一九。

6 邵希爾《被遺忘的美國人》，頁一八；凱斯和迪頓《美國怎麼了：絕望的死亡與資本主義的未來》，頁五一。亦可參見尼可拉斯・艾伯斯塔特《沒工作的男人：美國的隱形危機》，West Conshohocken, PA: Templeton Press，二〇一六年。

7 凱斯和迪頓《美國怎麼了：絕望的死亡與資本主義的未來》，頁二；三七至四六；美聯社〈美國人預期壽命四年來首度提高，一點點〉，紐約時報，二〇二〇年元月三十日：https://www.nytimes.com/aponline/2020/01/30/health/ap-us-med-us-life-expectancy-1st-ld-writethru.html；尼可拉斯・克里斯多夫和雪柔・伍敦《走鋼索：追逐希望的美國人》，New York: Alfred A. Knopf，二〇二〇年。

8 出處同上，凱斯和迪頓《美國怎麼了：絕望的死亡與資本主義的未來》。

9 凱斯和迪頓《美國怎麼了：絕望的死亡與資本主義的未來》，頁四〇、四五。

10 出處同上，頁一四三。

11 二〇一六年，美國有六萬四千人死於藥物過量。數據來自美國疾病管制與預防中心：https://www.cdc.gov/nchs/nvss/vsrr/drug-overdose-data.htm。死於越戰則有五萬八千兩百二十人喪生，越戰美軍死傷統計，美國國家檔案暨文書總署：https://www.archives.gov/research/military/vietnam-war/casualty-statistics。

12 尼可拉斯・克里斯多夫〈川普未能化解隱藏的憂鬱〉，紐約時報，二〇二〇年二月八日：https://www.nytimes.com/2020/02/08/opinion/sunday/trump-economy.html。亦可參見克里斯多夫和伍敦《走鋼索：追逐希望的美國人》，頁一〇。

13 凱斯和迪頓《美國怎麼了：絕望的死亡與資本主義的未來》，頁三。

14 出處同上，頁五七。

15 出處同上，頁五七至五八。

16 出處同上，頁一三三、一四六。

17 出處同上，頁三。

18 麥可・楊恩〈菁英社會去死吧〉，衛報，二〇〇一年六月廿八日：https://www.theguardian.com/politics/2001/jun/29/comment。

19 約翰・加德納《卓越：平等又卓越可能嗎？》，頁六六。

20 郭傑夫〈死法可以預測誰投給川普〉，華盛頓郵報，二〇一六年三月四日：https://www.washingtonpost.com/news/wonk/wp/2016/03/04/death-predicts-whether-people-vote-for-donald-trump/。

21 理查德・布奇〈拉夫、弗瑞德、阿奇和荷馬：電視節目為何一直打造勞動階級白人男性丑角〉，收錄於蓋兒・黛恩斯和珍・胡梅茲合編《媒體裡的性別、種族與階級讀本》，二版，Sage，二〇〇三年，頁五七五至五八五；潔西卡・特洛伊羅〈別轉台，父親角色要來囉〉，Psychology of Popular Media Culture, vol. 6, no. 1，二〇一七年，頁八二至九四；艾瑞卡・夏勒〈從聰明到愚蠢：一九五〇至一九九〇年代喜劇影集中的父親角色〉，Journal of Broadcasting & Electronic Media, vol. 45, no. 1，二〇〇一年，頁二三至四〇。

22 裘安・威廉斯《勞動階級白人：克服美國的階級盲》，Boston: Harvard Business Review Press，二〇一七年。

23 裘安・威廉斯〈菁英傲慢的愚蠢政治〉，紐約時報，二〇一七年五月廿七日：https://www.nytimes.com/2017/05/27/opinion/sunday/the-dumb-politics-of-elite-condescension.html。

24 裘安・威廉斯〈為什麼大家都不懂美國勞動階級〉，哈佛商業評論，二〇一六年十一月十日：https://hbr.org/2016/11/what-so-many-people-dont-get-about-the-u-s-working-class。

25 芭芭拉・艾倫瑞克〈死、白、藍〉，TomDispatch.com，二〇一五年十二月一日：https://www.tomdispatch.com/post/176075/tomgram:_barbara_ehrenreich,_america_to_working_class_whites:_drop_dead!/；杜波依斯的文字引自《美國黑人的國家重建》，一九三五年。

26 芭芭拉・艾倫瑞克〈死、白、藍〉。

27 凱瑟琳・克雷默《怨憤的政治：威斯康辛的郊區意識與史考特・沃克的崛起》，Chicago: The University of Chicago Press，二〇一六年。

28 凱瑟琳・克雷默〈多年來，我看著反菁英怒火在威斯康辛州醞釀，然後川普出現了〉，Vox，二〇一六年十一月十六日：https://www.vox.com/the-big-idea/2016/11/16/13645116/rural-resentment-elites-trump。

29 愛麗爾・羅塞爾・霍克希爾德《自己土地上的陌生人：美國右翼的憤怒與哀悼》，New York: The New Press，二〇一六年，頁一三五。

30 出處同上，頁一四一。

31 出處同上，頁一三六至一四〇。

32 出處同上，頁一四四。

33 出自作者於美國總統計畫線上資料檔案庫搜尋「勞動尊嚴」的結果：https://www.presidency.ucsb.edu/advanced-search。

34 珍娜・強森〈拖車：民主黨為何高喊「工作尊嚴」？〉，華盛頓郵報，二〇一九年二月廿一日：https://www.washingtonpost.com/politics/paloma/the-trailer/2019/02/21/the-trailer-why-democrats-are-preaching-about-the-dignity-of-work/5c6ed0181b326b71858c6bff/。莎拉・瓊斯〈拜登不該再提「工作尊嚴」了〉，紐約雜誌，二〇一九年五月一日：https://nymag.com/

intelligencer/2019/05/joe-biden-should-retire-the-phrase-dignity-of-work.html。馬可．盧比歐〈美國需要重振工作尊嚴〉，大西洋月刊，二〇一八年十二月三日，https://www.theatlantic.com/ideas/archive/2018/12/help-working-class-voters-us-must-value-work/578032/；謝羅德．布朗〈當工作失去尊嚴〉，紐約時報，二〇一六年十一月十七日：https://www.nytimes.com/2016/11/17/opinion/when-work-loses-its-dignity.html；亞瑟．德蘭尼和麥克斯威．史特拉臣〈布朗參議員呼籲共和黨重振「工作尊嚴」〉，赫芬頓郵報，二〇一九年二月廿七日：https://dignityofwork.com/news/in-the-news/huffpost-sherrod-brown-wants-to-reclaim-the-dignity-of-work-from-republicans/；塔爾．艾克索洛德〈布朗有意參選總統，和盧比歐針對「工作尊嚴」互嗆〉，國會山報，二〇一九年二月廿二日：https://thehill.com/homenews/campaign/431152-brown-and-rubio-trade-barbs-over-dignity-of-work-as-brown-mulls。

35 美國農業部長桑尼．普杜的發言引自珍娜．強森〈拖車：民主黨為何高喊「工作尊嚴」？〉，華盛頓郵報，二〇一九年二月廿一日；川普〈針對稅務改革法案發言〉，美國總統計畫：https://www.presidency.ucsb.edu/node/331762；減稅的分配效應，參見丹尼爾．庫爾茲雷班〈圖表看共和黨減稅對中產階級的影響〉，美國國家公共廣播電台，二〇一七年十二月十九日：https://www.npr.org/2017/12/19/571754894/charts-see-how-much-of-gop-tax-cuts-will-go-to-the-middle-class。

36 羅伯特．甘迺迪〈新聞稿〉，洛杉磯，一九六八年五月十九日，收錄於艾德溫．古斯曼和理查德．艾倫合編《羅伯特．甘迺迪演說集》，New York: Viking，一九九三年，頁三八五。

37 有關「貢獻正義」的討論，參見保羅．岡伯格〈為何分配正義行不通，貢獻正義可以〉，Science & Society, vol. 80, no. 1，二〇一六年元月，頁一至一六；克里斯岑．提莫曼〈分配正義：更多有意義的工作〉，Social Justice Research, vol. 31, no. 1，頁八五至一一一；美國天主教主教會議牧函〈全民經濟正義：論天主教社會訓導與美國經濟〉，一九八六年，頁一七：http://www.usccb.org/upload/economic_justice_for_all.pdf。

38 關於公民和消費者角度出發的政治學差異，更詳細的說明可見邁可．桑德爾《民主的不滿：追求公共哲學的美國》，Cambridge, MA: The Belknap Press of Harvard University Press，一九九六年，頁四至七、一二四至一六七、二〇一至二四九；桑德爾《正義：一場思辨之旅》，New York: Farrar, Straus and Giroux，二〇〇九年，頁一九二至一九九。

39 亞當．斯密《國富論》，卷四第八章，一七七六年，New York: The Modern Library一九九四年再版，頁一七五。

40 約翰．梅納德．凱因斯《就業、利息與貨幣的一般理論》，一九三六年，London: Macmillan, St. Martin's Press一九七三年再版，頁一〇四。

41 參見桑德爾《民主的不滿》，頁一二四至二〇〇。

42 出處同上，我對這個轉變的說明在頁二五〇至三一五。

43 金恩博士田納西州曼菲斯市演講，一九六八年三月十八日：https://kinginstitute.stanford.edu/king-papers/publications/autobiography-martin-luther-king-jr-contents/chapter-31-poor-peoples。

44 若望保祿二世通諭〈論人的工作（Laborem Exercens）〉，一九八一年九月十四日，第九和第十節：http://www.vatican.va/content/john-paul-ii/en/encyclicals/documents/hf_jp-ii_enc_14091981_laborem-exercens.html。

45 美國天主教主教會議牧函〈全民經濟正義：論天主教社會訓導與美國經濟〉，一九八六年，頁一七：http://www.usccb.org/upload/economic_justice_for_all.pdf。

46 艾克塞爾．霍奈特〈認可或重分配？社會道德秩序的觀點轉變〉，Theory, Culture & Society, vol. 18, issue 2-3，二〇〇一年，頁四三至五五。

47 艾克塞爾．霍奈特〈重新定義工作與認可〉，收錄於漢斯－克里斯多夫．舒密特．安姆．布許和克里斯多夫．佐恩合編《認可哲學：今昔觀點》，Lanham: Lexington Books，二〇一〇年，頁二二九至二三三。黑格爾相關段落，參見黑格爾《法權哲學》，艾倫．伍德編輯，休伊．巴爾．尼斯貝特翻譯，Cambridge: Cambridge University Press，一九九一年，段一九九至二〇一、二〇七、二三五至二五六（伍德版之頁二三三之二三四、二三八至二三九、二六一至二七四。亦可參見尼可拉斯．史密斯和讓－菲利普．德朗提合編《新勞動哲學：工作與社會紐帶》，Leiden: Brill，二〇一二年，及亞當．艾達多．桑德爾〈定位工作〉，American Affairs, Volume I, Number 1，二〇一七年春季，頁一五二至一六二：https://americanaffairsjournal.org/2017/02/putting-work-place/。我對黑爾格論工作的理解來自和亞當．桑德爾的討論。

48 艾克塞爾．霍奈特〈重新定義工作與認可〉，頁二三四至二三六。參見愛彌兒．涂爾幹《社會分工論》，一九〇二年，史蒂芬．路克斯編輯，威弗瑞德．道格拉斯．霍爾斯翻譯，New York: Free Press，二〇一四年。

49 羅伯特．甘迺迪〈新聞稿〉，洛杉磯，一九六八年五月十九日，收錄於古斯曼和艾倫合編《羅伯特．甘迺迪演說集》，頁三八五至三八六。

50 歐倫．卡斯《永恆工人：在美國重新定位工作》，New York: Encounter Books，二〇一八年。

51 出處同上，頁一六一至一七四。有關薪資補助的討論，亦可參見馬科維茲《才德篩選的陷阱》，頁二八二至二八三。

52 彼得．古德曼〈經濟救濟的北歐方案〉，紐約時報，二〇二〇年三月廿八日：https://www.nytimes.com/2020/03/28/business/nordic-way-economic-rescue-virus.html；理查德．帕丁頓〈疫情期間無法工作者，英國政府將負擔八成薪資〉，衛報，二〇二〇年三月二十日：https://www.theguardian.com/uk-news/2020/mar/20/government-pay-wages-jobs-coronavirus-rishi-sunak；伊曼紐爾．賽斯和加柏列．祖克曼〈其他地方工作沒消失得這麼快，為什麼？〉，紐約時報，二〇二〇年三月三十日：https://www.nytimes.com/2020/03/30/opinion/coronavirus-economy-saez-zucman.html。

53 歐倫．卡斯《永恆工人》，頁七九至九九。

54 出處同上，頁一一五至一三九。

55 出處同上，頁二五至二八、二一〇至二一二。

56 出處同上，頁二六、二一一至二一二。

57 羅賓．葛林伍德和大衛．夏爾夫斯坦〈金融成長〉，Journal of Economic Perspectives, vol. 27, no. 2，二〇一三年春季，頁三至五：https://pubs.aeaweb.org/doi/pdfplus/10.1257/jep.27.2.3。該文引述湯瑪斯．菲利朋和艾瑞爾．雷謝夫〈美國金融業薪資與人力資本：一九〇九至二〇〇六年〉，美國國家經濟研究局討論稿一四六四四號，二〇〇九年；艾岱爾．透納《債務和魔鬼：貨幣、信貸和全球金融體系重建》，Princeton: Princeton University Press，二〇一六年，頁一、七、一九至二一（簡體中文版二〇一六年四月由中信出版集團出版）；亦可參見葛瑞塔．克利普納《大發危機財：金融崛起的政治源由》，Cambridge, MA: Harvard University Press，二〇一一年，頁二八。

58 拉娜．福洛荷《大掠奪：華爾街的擴張與美國企業的沒落》，New York: Crown Business，二〇一六年（繁體中文版二〇一七年七月由時報出版社出版）；艾岱爾．透納《後危機經濟：目標與手段》，Cambridge, MA: MIT Press，二〇一二年，頁三三至五五；布雷德福特．德隆〈餓死烏賊〉，世界報業辛迪加，二〇一三年六月廿八日：https://www.project-syndicate.org/commentary/time-to-bypass-modern-finance-by-j--bradford-delong。

59 艾岱爾．透納〈銀行怎麼辦？信貸擴張與危機為何發生？公共政策該如何處置？〉，收錄於《金融的未來：倫敦政經學院報告》，倫敦政經學院，二〇一〇年：https://harr123et.wordpress.com/download-version/。

60 麥可．路易士《快閃大對決：一場華爾街起義》，New York: W. W. Norton & Company，二〇一五年，頁七至二二（繁體中文版二〇一四年九月由早安財經出版）。

61 詹姆斯・托賓〈論金融體制的效率〉，勞埃德銀行評論，一九八四年七月，頁一四，摘錄自拉娜・福洛荷《大掠奪》，頁五三至五四。

62 福洛荷《大掠奪》，頁七。

63 華倫・巴菲特〈停止嬌慣超級富豪〉，紐約時報，二〇一一年八月十四日：https://www.nytimes.com/2011/08/15/opinion/stop-coddling-the-super-rich.html。

64 萊恩後來修正了自己的說法，參見保羅・萊恩〈擺脫貧窮更好的方法〉，華爾街日報，二〇一四年八月十五日：https://www.wsj.com/articles/paul-ryan-a-better-way-up-from-poverty-1408141154。葛雷格・沙貞特〈萊恩參議員後悔禍從口出，算是啦，隨便〉，華盛頓郵報，二〇一六年三月廿三日：https://www.washingtonpost.com/blogs/plum-line/wp/2016/03/23/paul-ryan-regrets-that-makers-and-takers-stuff-sort-of-anyway/。

65 福洛荷《大掠奪》，頁一三。

66 出處同上，頁二七七。

結語

1 霍華德・布萊恩特《最後的英雄：漢克・阿倫的一生》，New York: Pantheon Books，二〇一〇年，頁二三至二七。

2 出處同上，頁二五。

3 理查德・亨利・陶尼《論平等》，一九三一年，HarperCollins Publishers重印，一九六四年五版。

4 出處同上。

5 詹姆斯・特拉斯洛・亞當斯《美國史詩》，Garden City, NY: Blue Ribbon Books，一九三一年，頁四〇四。

6 出處同上。

7 出處同上，頁四一四至四一五。

8 出處同上，頁四一五。

9 本段取自邁可・桑德爾《錢買不到的東西：金錢與正義的攻防》，New York: Farrar, Straus and Giroux，二〇〇九年，頁二〇三（繁體中文版二〇一二年九月由先覺出版社出版）。

Eurasian Publishing Group
圓神出版事業機構
用心與你對話．視野無限寬廣
先覺出版社
Prophet Press

www.booklife.com.tw　　reader@mail.eurasian.com.tw

人文思潮 150

成功的反思

混亂世局中，我們必須重新學習的一堂課

作　　者／邁可．桑德爾（Michael J. Sandel）
譯　　者／賴盈滿
發 行 人／簡志忠
出 版 者／先覺出版股份有限公司
地　　址／臺北市南京東路四段50號6樓之1
電　　話／（02）2579-6600．2579-8800．2570-3939
傳　　真／（02）2579-0338．2577-3220．2570-3636
總 編 輯／陳秋月
資深主編／李宛蓁
責任編輯／李宛蓁
校　　對／林亞萱．李宛蓁
美術編輯／林韋伶
行銷企畫／陳禹伶．黃惟儂
印務統籌／劉鳳剛．高榮祥
監　　印／高榮祥
排　　版／杜易蓉
經 銷 商／叩應股份有限公司
郵撥帳號／18707239
法律顧問／圓神出版事業機構法律顧問蕭雄淋律師
印　　刷／祥峰印刷廠
2021年2月　初版
2024年3月　20刷

The Tyranny of Merit: What's Become of the Common Good?
Copyright © 2020 by Michael J. Sandel
This edition arranged with ICM Partners, through Bardon-Chinese Media Agency.
Complex Chinese edition copyright © 2021 by Prophet Press,
an imprint of Eurasian Publishing Group

ALL RIGHTS RESERVED

定價 490 元　　ISBN 978-986-134-370-9　　版權所有．翻印必究
◎本書如有缺頁、破損、裝訂錯誤，請寄回本公司調換　　Printed in Taiwan

徹底思考市場的道德極限，會使我們更清楚了解：生活在這個每樣東西都待價而沽的社會中，我們所付出的代價是什麼。

——邁可．桑德爾，《錢買不到的東西》

◆ **很喜歡這本書，很想要分享**

圓神書活網線上提供團購優惠，
或洽讀者服務部 02-2579-6600。

◆ **美好生活的提案家，期待為您服務**

圓神書活網 www.Booklife.com.tw
非會員歡迎體驗優惠，會員獨享累計福利！

國家圖書館出版品預行編目資料

成功的反思：混亂世局中，我們必須重新學習的一堂課／
邁可．桑德爾（Michael J. Sandel）著；賴盈滿 譯 . -- 初版 .
-- 臺北市：先覺，2021.02
384 面；14.8×20.8 公分 --（人文思潮；150）
譯自：The tyranny of merit : what's become of the common good?
ISBN 978-986-134-370-9（平裝）

1. 政治社會學　2. 政治倫理　3. 社會正義

570.15　　109020877

桑德爾（Michael J. Sandel）代表作

正義：一場思辨之旅

【桑德爾指定授權，10周年全新譯本，收錄台灣版獨家序言】

桑德爾：思考「正義」，才能促使我們思考最好的生活方式。
★全世界最有影響力的政治哲學家，引領當代思潮的重要指標
★引燃全球公共辯論火苗，跨世代熱烈品讀經典
★哈佛大學最受歡迎、最具影響力的一門課
★美國電視史上第一次向公眾播放的大學課程

社會和政治讓人充滿挫折感，究竟出了什麼問題？如果我們希望過好自己的人生，扮演良好的公民角色，就無法迴避這些問題。《正義》囊括桑德爾在課堂上與學生討論的各種深度議題，帶領大家踏上思辨之旅，例如該如何處理財富不平等的問題？說謊一定是錯的？十人的命比一人的命珍貴？安樂死應該得到許可？個人自由應受限制？殺人有可能具有正當性？
他以淺白清楚的方式詮釋亞里斯多德、邊沁、康德、諾齊克、羅爾斯等諸多哲學大家的觀念，探討各種衝突爭議的概念，邀請大眾持續對我們在生活中面對的兩難困境，進行自我檢視和深度思考。

訂製完美：基因工程時代的人性思辨

桑德爾爭議性最大、影響最深遠的一部作品！

當人人都能訂製完美，這將帶來個體的徹底解放，還是社會的無限混亂？

基因工程科技快速演進，滿足了人類「追求完美」的欲望，
貌似群體的狂歡，實則蘊藏著深切的危機。
當「人」能夠被完美訂製，當科技進步比道德的理解快速時，
我們將面臨怎樣的道德挑戰？又該如何解釋並化解心中的不安？
基因改良本是為了治療疾病，卻被人類用來追求完美特質，並成為一種愈演愈烈的趨勢：人人都能打造完美的自己。父母可以訂製子女的先天特質，修正後天智力或體能上的缺陷、運動員可以透過基因改造提升賽場表現、學生可以透過服用記憶藥片代替寒窗苦讀……

《訂製完美》將再次激發你的思辨力，帶你探索基因工程全面衝擊我們生活與價值觀的不安根源！

錢買不到的東西：
金錢與正義的攻防
【暢銷十萬冊典藏版】

在這個「錢」能買到一切的世界，我們面對的，不只是財富的分配不公，而是必須去思考金錢的本質，以及我們要選擇怎樣的人生！
★台灣暢銷十萬冊，榮登博客來、誠品書店、金石堂排行榜冠軍
★金石堂年度十大影響力好書．《金融時報》年度最佳商業圖書大獎決選．台灣閱讀節「名家推薦百大好書」

你想過嗎？政治人物付錢給網紅，就能為自己打造全新形象；
病患只要多付費，可以獲得醫師的手機號碼，全年無休醫療諮詢；
役男不想當兵，政府可以花錢請外國傭兵去打仗；
以獎金激勵閱讀，竟會逐漸侵蝕孩子的內在動力；
棒球選手奔回本壘，是一件可以收錢接受企業贊助的事……
金錢交易的市場機制，已經滲透到生活的各面向。桑德爾投入15年蒐集各界案例，引導讀者層層拆解經濟制度、各種行為背後蘊含的意義，提醒我們反思：世上有什麼東西是無論如何都不該用錢去買的？當一切都被標上價格，事物的價值難道也跟著變質了？當每樣東西都能買賣，是否有錢就有了天壤之別？
在金錢掛帥的世界裡，我們必須理解錢的本質與市場經濟的極限。無論你是想迎合市場卻害怕違背本心的商業決策者、期許自己鍛鍊邏輯思考的學生、盼能啟發深度反思的教育者、為金錢苦惱的平凡人，都能透過桑德爾教授的引導，開啟一場精采的思辨之旅。